F. AUREAU — IMPRIMERIE DE LAGNY

LES HOMMES DE PROIE

LA POLICE

CE QU'ELLE ÉTAIT
CE QU'ELLE EST — CE QU'ELLE DOIT ÊTRE

PAR

HOGIER-GRISON

PARIS
LIBRAIRIE ILLUSTRÉE
7, RUE DU CROISSANT, 7

Tous droits réservés

INTRODUCTION

On se tromperait fort si l'on s'imaginait que ce livre est écrit contre la police. Nous avons au contraire pour cette institution, utile entre toutes, un respect profond et sincère et notre plus vif désir serait, loin de l'attaquer, de la voir grande, forte, solide, inattaquable.

Et c'est précisément à cause de cela que nous avons voulu traiter la question.

Il n'est personne à qui il ne soit plus ou moins arrivé l'histoire suivante :

Vous possédez une montre, un bijou de famille, légué par le grand-père au père qui l'a portée longtemps et qui enfin un jour vous l'a donnée. Cette montre était excellente. Comme on dit vulgairement « elle réglait le soleil ». Pendant quarante ans elle n'a pas varié d'une minute et n'a jamais eu besoin du secours de l'horloger.

Mais voilà qu'un beau jour cette montre parfaite se met à avoir de singulières fantaisies. Tantôt elle avance, tantôt elle retarde. Quelquefois même, elle s'arrête tout à fait. C'est étrange, une montre si bonne !

Vous êtes tellement étonné que pendant longtemps vous cherchez à vous persuader que ce n'est là qu'un accident passager et que bientôt votre montre va reprendre sa marche plus régulièrement que jamais. Vous lui inventez des excuses ; elle aura été montée trop tôt ou trop tard, ou avec une mauvaise clef. Elle a été au froid, à la chaleur, à l'humidité...

Hélas ! Rien de tout cela. Votre montre ne marche plus parce qu'elle est trop vieille, parce que ses ressorts petit à petit se sont usés, détraqués. Vous en ferez remplacer un et, pendant quelques jours, elle pourra reprendre sa marche. Mais bientôt il en faudra changer un second, un troisième, un quatrième, tout : le couteau de Jeannot. Il faudra refaire en entier une montre neuve dans la vieille boîte. C'est le seul moyen de sauver son honneur.

Eh bien ! pour la Police, il est arrivé la même chose. Son organisation, telle qu'elle a été faite, il y a bientôt cent ans, était excellente pour l'époque. Mais au fur et à mesure que le siècle marchait, l'institution, comme la montre de tout à l'heure, vieillissait et ne se trouvait plus en rapport avec le progrès.

Aujourd'hui, la montre est tout à fait détraquée, les ressorts sont usés, ce n'est qu'à force de coups de pouce qu'on arrive à donner de temps en temps aux aiguilles un semblant de marche pour faire croire qu'elles vont encore...

Mais l'illusion est difficile à entretenir. Bien des gens s'aperçoivent du subterfuge et traitent le pauvre vieux bijou de mauvaise *toquante*, qu'il faut mettre au rancart. Il faut que l'horloger intervienne et rapidement, sinon tout est perdu.

C'est donc dans le but de sauvegarder à la fois l'existence et l'honneur de l'institution menacée que, à l'exemple du chirurgien qui met le fer rouge dans la plaie pour la cicatriser, nous allons impitoyablement signaler les imperfections, les erreurs, les fautes qui compromettent l'existence de la police et, du même coup, la nôtre que la police a pour mission de sauvegarder.

Loin de nous savoir gré de cette entreprise, on nous en voudra peut-être. Les vieux routiniers qui trouvent que tout est pour le mieux dans le meilleur des mondes, pourvu qu'ils touchent leurs appointements, pousseront les hauts cris. Peu nous importe. Nous aurons fait notre devoir et comme dit la devise célèbre : Advienne que pourra !

LA POLICE

I

LES DEUX POLICES

Et d'abord quand nous disons la police, nous employons une expression impropre, nous devrions dire : les polices.

On s'imagine, en effet, bien à tort, que la police en France est *une*, c'est-à-dire que les agents marchent tous sous la même direction, peuvent opérer partout, faire partout cette chasse la plus importante de toutes : la chasse aux malfaiteurs.

Eh ! bien, on se trompe.

Il y a en France deux sortes de police : la police parisienne et la police générale.

Le Préfet de police est à la tête de la première, et la seconde dépend du ministère de l'intérieur. Sans être rivales, ces deux polices se jalousent un peu, et en tout cas, comme toutes les administrations françaises, elles sont à cheval sur leurs prérogatives.

De cet antagonisme les malfaiteurs profitent largement.

Le ressort de la préfecture de police s'étend sur le département de la Seine et sur quatre communes de Seine-et-Oise, Meudon, Sèvres, Saint-Cloud et Enghien. Cela date de l'Empire. Meudon, Sèvres et Saint-Cloud avaient été réunis à la juridiction parisienne à cause des résidences impériales ; Enghien, probablement à cause de certaine villa princière. Bref, tels sont les domaines du préfet de police, et il ne doit pas les dépasser.

Vous voyez la situation ; un voleur force une boutique à Paris, prend le train et s'en va à Saint-Germain. La police parisienne n'a pas le droit d'aller l'y arrêter. Son mandat expire à mi-chemin, entre Nanterre et Chatou, et le commissaire de Saint-Germain, qui appartient à la police générale, n'a point à recevoir ni à exécuter d'ordres du préfet de Paris. Par conséquent, le voleur est bien tranquille.

Il arrive souvent que, dans des caricatures, on représente un caissier filant sur la Belgique. Derrière lui est un gendarme qui le poursuit. Mais le fugitif arrive à un poteau sur lequel est écrit ce mot magique : *frontière*. Triomphant, il se retourne et fait un pied de nez au pauvre Pandore qui agite les bras désespérément.

Eh bien ! c'est ce qui se passe tous les jours pour les voleurs parisiens. Les limites du département de la Seine ne sont pas fort éloignées et il suffit de les franchir pour être à l'abri des atteintes des agents de la sûreté, comme des gardiens de la paix.

Nous devons dire que le bon limier ne tient pas toujours bien compte de ces limites et se laisse souvent entraîner à continuer sa battue dans la *chasse* resserrée. Mais il le fait à ses risques et périls. Un jour, un agent de la sûreté qui recherchait un voleur depuis deux jours l'aperçoit entrant dans la salle d'attente de la gare Saint-Lazare. Il se précipite après lui. Le voleur est déjà dans le train. L'agent prend un billet et monte sur l'impériale. A chaque station il regarde si son homme ne descend pas. Ils vont ainsi jusqu'à Versailles. Là, le voleur détale. L'agent lui court dessus, une bataille s'engage. Les sergents de ville interviennent et comme l'agent de la sûreté paraissait être l'agresseur, ce fut lui qui fut arrêté, tandis que l'autre continuait tranquillement sa route.

Ce fait n'est pas isolé et nous connaissons certain procureur de la République qui jadis déclara que tout « mouchard parisien » qui mettrait les pieds dans sa juridiction, ne s'en tirerait pas à bon compte. Charbonnier veut être maître chez lui.

Que faire dans ce cas? Suivre la filière, c'est-à-dire envoyer — de parquet à parquet, un mandat d'amener. Mais cela demande du temps et les voleurs en profitent. Pendant que l'agent de la sûreté, ayant reconnu que son voleur se dirigeait sur Versailles, fait son rapport au juge d'instruction, afin que celui-ci avertisse son confrère de Seine-et-Oise, le fugitif a le temps de gagner l'Amérique.

Il faut donc, forcément, faire arrêter chaque individu par la police ou la gendarmerie du pays où il s'est réfugié. Quand on le connaît, c'est encore possible. Mais pour les contumaces, c'est une véritable plaisanterie.

Les Cours d'assises de toute la France condamnent chaque année, par défaut, plusieurs centaines, — plusieurs milliers peut-être, — d'individus. Pour chacun une feuille de signalement, avec mandat, est envoyée à chaque parquet, à chaque brigade de gendarmerie. Il faudrait une cervelle d'enfer pour se rappeler tous ces noms et tous ces signalements. On ne cherche pas même à le faire. On les classe et, une fois classés, on n'y pense plus. Si le hasard fait rencontrer un des individus cherchés : tant mieux; sinon tant pis.

La meilleure preuve c'est que Gamahut, l'assassin de madame veuve Ballerich, exécuté le 24 avril 1885, avait, aussitôt son crime commis, quitté Paris et commencé son tour de France, ne cachant pas son nom, et demandant quelquefois asile aux gendarmes qui avaient reçu huit jours auparavant l'ordre de le rechercher et de l'arrêter.

Pour Marchandon, l'assassin de madame Cornet, rue de Sèze, la chose était plus curieuse encore. Condamné déjà plusieurs fois pour vol, il vivait tranquillement à Compiègne, en bon bourgeois et, le jour même où fut prononcée sa dernière condamnation, il se rendait au bureau des hypothèques faire enregistrer le bail qui mettait en son nom propre, la maison de campagne, louée jusqu'alors au nom de sa maîtresse.

Quelle audace! Quel aplomb! se dit-on. Ce Marchandon était vraiment un homme extraordinaire.

Non, il profitait simplement d'une de ces anomalies que nous nous sommes donné mission de signaler.

Songez donc, le Parquet de Paris avait envoyé au

Parquet de Compiègne un mandat contre un nommé Marchandon, insoumis, repris de justice, exerçant la profession de domestique, sans domicile par conséquent, venant de voler chez ses maîtres. Comment soupçonner M. Marchandon, propriétaire, établi à Compiègne depuis plusieurs mois, ayant peu ou point quitté sa maison et ne pouvant, par conséquent, avoir été récemment au service des autres. Rien que cette dénomination de domestique impliquait un long séjour à Paris, et ceux qui avaient vu Marchandon trois ou quatre jours auparavant et qui le revoyaient encore, eussent les premiers témoigné de son alibi.

Si le brigadier de gendarmerie ou le commissaire de police eussent rencontré Marchandon chez le receveur de l'enregistrement au moment où il faisait inscrire son bail, ils lui auraient dit en riant de bien bon cœur :

— Dites donc, c'est très drôle, nous avons reçu un mandat contre un voleur qui s'appelle comme vous.

Et voilà tout.

Pourtant, nous direz-vous, lorsque Marchandon eut commis son crime, la sûreté sut bien le trouver.

Oui, parce que, pour un assassin, on a des concessions qu'on n'aurait pas pour un voleur.

Marchandon n'est pas le seul que la sûreté ait arrêté hors du ressort de la préfecture de police. En 1881, deux agents, déguisés en marchands ambulants, sont allés rechercher à Creil, Bistor, l'assassin de la veuve Stordeur; mais il leur a fallu, une fois l'assassin découvert, demander l'assistance du maréchal des logis de gendarmerie. En 1882, d'autres agents habillés, l'un en cantonnier, l'autre en ouvrier des carrières, arrêtèrent, à la Chapelle-en-Serval, l'un des assassins de la veuve Galsterrer, le ficelèrent, l'emballèrent et l'apportèrent à Paris. Si un garde champêtre les eût rencontrés, ils les aurait fait certainement incarcérer comme malfaiteurs dangereux.

Qu'on ne croie pas à une plaisanterie, cela est arrivé quelquefois.

Et même, une fois Marchandon pris, pour agir régulièrement, M. Kuehn aurait dû, l'ayant arrêté à Compiègne avec l'assistance et sous la responsabilité du commissaire de police, M. Leloux, le faire consigner à la prison. Là, le juge, en vertu d'une commission rogatoire, l'aurait interrogé sur son identité, sur sa culpabilité, sur ses complices, etc., etc., et, au bout de huit jours — peut-être quinze — l'aurait expédié à Paris où il aurait fallu que M. Guillot recommençât toute l'instruction.

Grâce à une entente, dont M. Macé a été l'intelligent promoteur, les juges d'instruction de province ont renoncé presque généralement à revendiquer leur droit au premier interrogatoire et laissent tranquillement la police parisienne emmener son prisonnier. Mais il en est encore qui, dignes fils du célèbre Bridoison, tiennent à la *fôoorme* et ne laisseraient jamais partir un prisonnier sans l'avoir compendieusement examiné.

Nous en aurions encore beaucoup à dire sur cette division incompréhensible et nuisible des protecteurs de la société désarmés en face de l'armée du mal qui, elle, s'unit contre eux, s'occupant peu des délimitations d'arrondissements ou de provinces. Pourquoi des polices locales, municipales, spéciales, administratives, judiciaires, etc.? Ayons donc une bonne police, une et indivisible, comme la République idéale, et marchant sous une unique impulsion. Elle servira peut-être moins aux élections, mais elle nous défendra mieux contre les malfaiteurs.

Le besoin d'une répression sérieuse se fait tellement sentir que nous nous demandons pourquoi on ne rétablit pas tout simplement un Ministère de la police, exerçant à pleins pouvoirs par toute la France. Il serait aussi utile que le Ministère de la guerre, car le combat contre les ennemis du dedans est de tous les instants et plus urgent, par conséquent, que le combat intermittent contre les ennemis du dehors. Il serait aussi utile que le Ministère de la justice, car, au bout du compte, avant de juger les malfaiteurs, il faut les prendre, et quand la police chôme, les tribunaux n'ont pas grand'chose à faire.

Et à la tête de ce ministère il faudrait surtout mettre un homme qui connût un peu son métier. « C'est au pied du mur, dit le proverbe, qu'on connaît le maçon » et il serait temps d'avoir des maçons sérieux pour bâtir des choses solides, et ne pas refaire constamment le travail de Pénélope qui nous coûte si cher et qui nous profite si peu.

Mais nous allons là bien vite en besogne, et avant d'avoir et même de demander le Ministère de la police, tâchons d'obtenir de celle que nous possédons au moins les réformes nécessaires pour que d'ici au jour du grand remaniement, la montre ne s'arrête pas tout à fait.

II

LE PRÉFET DE POLICE

Commençons l'examen par le rouage le plus important : celui qui est, ou qui du moins devrait être, le *grand ressort*. Nous voulons parler du Préfet de police.

Le Préfet de police est un magistrat spécial à la ville de Paris et qui est chargé de tout ce qui concerne la police municipale et générale.

Ce magistrat a été créé par l'art. 16 de la loi du 28 pluviôse An VIII, et ses attributions ont été fixées par les arrêtés du 12 messidor An VIII, 3 brumaire An IX, par la loi du 22 germinal An XI et par les arrêtés des 1er et 21 messidor An XII.

Le Préfet de police, à Paris, est chargé de la police municipale, qui, dans les autres communes de France, est exercée par les maires ; mais il n'est pas comme les maires, soumis à la surveillance du préfet du département ; il ne relève que du Ministre de l'intérieur qui, seul, a le droit de réformer ses règlements de police.

L'article 10 du code d'instruction criminelle classe en outre le Préfet de police au nombre des officiers de police judiciaire ; il a donc le droit de faire personnellement ou de requérir les autres officiers de faire les actes nécessaires à l'effet de constater les crimes, délits ou contraventions.

Un arrêté du gouvernement du 3 brumaire An IX, article premier, a même étendu les attributions du Préfet de police hors du département de la Seine et a fait entrer dans le ressort de la Préfecture de police les communes de Saint-Cloud, Meudon et Sèvres du département de Seine-et-Oise ; mais c'est seulement par exception et pour les objets spécifiés par l'arrêté du 12 messidor An VIII, savoir : 1° la mendicité et le vagabondage ; 2° la police des prisons ; 3° les maisons publiques ; 4° les attroupements; 5° l'imprimerie et la librairie ; 6° les poudres et salpêtres ; 7° les déserteurs et prisonniers de guerre, lorsqu'ils se sont réfugiés de Paris dans les communes ; 8° la salubrité ; 9° les débordements et les débâcles ; 10° la sûreté du commerce : 11° les places et lieux publics ; 12° les approvisionnements.

En conséquence, l'article 2 de l'arrêté du 3 brumaire An IX place les maires et adjoints de ces communes, pour ces divers objets, sous les ordres du Préfet de police, qui correspond directement avec eux et peut requérir directement par ses agents l'assistance de la garde nationale de ces communes.

De tout temps, il y a eu une autorité dans les mains de laquelle se centralisait la police de la capitale. Celui qui en était investi anciennement s'appelait *Lieutenant* de police. On peut voir à cet égard l'édit de 1667. Sept ans après, par la déclaration du 18 avril 1674, les fonctions de Lieutenant civil au Châtelet et de Lieutenant de police furent réunis sous le titre de *Lieutenant général*. Le premier qui fut investi de cette dignité fut M. de la Reynie qui fit exécuter l'Edit de Nantes, et qui présida la Chambre ardente où fut jugée la célèbre empoisonneuse La Voisin, brûlée le 22 février 1682. Le quinzième et dernier fut Theroux de Crosne, nommé en 1785 et qui était encore en fonctions lors de la prise de la Bastille.

Le premier Préfet de police fut M. Dubois. Il resta en fonctions dix ans et demi, du 17 ventôse An VIII (8 mars 1800) au 14 octobre 1810.

Après lui, vinrent :

PASQUIER, conseiller d'Etat ; du 14 octobre 1810 au 13 mai 1814 ;

BEUGNOT, directeur général exerçant les fonctions de Préfet de police du 13 mai 1814 au 3 décembre 1814 ;

D'ANDRÉ, directeur général, exerçant les fonctions de Préfet de police du 3 décembre 1814 au 14 mars 1815 ;

BOURRIENNE, conseiller d'État ; du 14 mars 1815 au 20 mars 1815 ;

RÉAL, conseiller d'État ; du 20 mars 1815 au 3 juillet 1815 ;

COURTIN, procureur impérial près le tribunal de première instance de la Seine ; du 3 juillet 1815 au 9 juillet 1815 ;

Decazes, conseiller à la Cour royale de Paris; du 9 juillet 1815 au 20 septembre 1815;

Anglès, ministre d'État; du 20 septembre 1815 au 20 décembre 1821;

Delavau, conseiller à la Cour royale; du 20 décembre 1821 au 6 janvier 1828;

Debelleyme, procureur du roi près le Tribunal de première instance de la Seine; du 6 janvier 1828 au 13 août 1829;

Mangin, conseiller à la Cour de cassation; du 13 août 1829 au 30 juillet 1830;

Bavoux, député de la Seine, du 30 juillet 1830 au 1er août 1830;

Girod (de l'Ain), conseiller à la cour royale de Paris, du 1er août 1830 au 7 novembre 1830;

Treilhard, préfet (Seine-Inférieure), du 7 novembre 1830 au 26 décembre 1830;

Baude, sous-secrétaire d'État à l'intérieur, du 27 décembre 1830 au 21 février 1831.

Vivien, procureur général (cour royale d'Amiens), du 22 février au 17 septembre 1831.

Gisquet, secrétaire général de la préfecture de police, intérimaire, du 16 octobre au 26 novembre 1831.

Gisquet, du 27 novembre 1831 au 10 septembre 1836.

Delessert (Gabriel), préfet d'Eure-et-Loire, du 11 septembre 1836 au 24 février 1848.

Caussidière et Sobrier, délégués au département de la police, du 24 au 28 février 1848.

Caussidière, seul délégué du 29 février au 15 mars 1848.

Caussidière, préfet du 15 mars au 18 mai 1848.

Trouvé-Chauvel, du 18 mai au 19 juillet 1848.

Ducoux, représentant du peuple, du 19 juillet au 14 octobre 1848.

Gervais (de Caen), du 14 octobre au 20 décembre 1848.

Rebillot, colonel de la gendarmerie de la Seine, du 21 décembre 1848 au 8 novembre 1849.

Carlier, chef de la police municipale, du 9 novembre 1849 au 26 octobre 1851.

De Maupas, préfet de la Haute-Garonne, du 27 octobre 1851 au 22 janvier 1852.

Blot (Sylvain), secrétaire général (Intérieur), délégué du 23 au 27 janvier 1852.

Pietri (Joachim), préfet de la Haute-Garonne, du 28 janvier 1852 au 16 mars 1858.

Boitelle, préfet de l'Yonne, du 17 mars 1858 au 21 février 1866.

Pietri (Giuseppe), préfet du Nord, 21 février 1866 au 4 septembre 1870.

Comte de Kératry, député, du 4 septembre au 11 octobre 1870.

Edmond Adam, du 11 octobre au 2 novembre 1870.

Cresson, avocat à la cour d'appel, du 3 novembre 1870 au 10 février 1871.

Choppin, Chef de cabinet, délégué du 11 février au 15 mars 1871.

Général Valentin, commandant la garde républicaine, détaché de l'état-major général, pour remplir les fonctions de préfet, du 15 mars au 18 novembre 1871 (du 19 mars au 23 mai, la préfecture de police est transportée à Versailles. Les bureaux à Paris sont occupés par les chefs de l'insurrection.)

E. Duval, général commandant l'ex-préfecture de police, délégué militaire, et Raoul Rigault, délégué civil, du 18 mars au 28 avril 1871.

Raoul Rigault, Cournet et Th. Ferré, délégués, se succédant jusqu'au 23 mai 1871.

Léon Renault, du 10 novembre 1871 au 10 février 1876.

Félix Voisin, député, chargé des fonctions, du 10 février au 8 mars 1876.

Félix Voisin, du 8 mars 1876 au 17 décembre 1877.

Albert Gigot, du 17 décembre 1877 au 8 mars 1879.

Louis Andrieux, du 9 mars 1879 au 16 juillet 1881.

Ernest Camescasse, du 16 juillet 1881 au 23 avril 1885.

Gragnon, préfet actuel depuis 1885.

III

PROFILS DE PRÉFETS DE POLICE

Vu l'importance et la multiplicité des fonctions dont nous avons donné tout à l'heure une courte analyse empruntée à une encyclopédie, il paraît évident que le Préfet de police capable de les remplir doit être fort difficile à rencontrer.

On doit donc chercher pour cette position si difficile un homme ayant à la fois les connaissances policières, judiciaires et administratives, — même un peu militaires puisqu'il y a sept à huit mille hommes armés.

Cet homme, où le trouver? Evidemment parmi les anciens commissaires, les vieux serviteurs blanchis sous le harnais...

Il paraît rationnel que dans la police, comme dans l'armée, on gravisse les degrés un à un et qu'on n'arrive maréchal de France qu'après avoir débuté comme sous-lieutenant.

Eh ! bien, pas du tout. Parcourez la liste des préfets, surtout depuis une vingtaine d'années et vous verrez que la nomination du préfet de police a toujours été exclusivement politique.

C'est toujours la fameuse formule « pour cette place il fallait un mathématicien, ce fut un danseur qui l'obtint ».

Pour les préfets on a nommé de temps en temps des avocats, des journalistes...

Puis on a eu la toquade des députés.

Ce n'est pas à dire qu'un député ne soit capable de bien des grandes choses. Mais, de ce que quelques milliers d'électeurs lui ont donné leurs voix, il ne ressort pas directement qu'il ait la science infuse, et que, placé tout à coup à la tête d'une administration aussi complexe que celle dont nous nous occupons, il en connaisse du premier coup d'œil tous les rouages....

MM. Andrieux et Camescasse nous ont bien prouvé le contraire.

Et d'ailleurs, le député eût-il la science infuse, ne reste jamais assez longtemps en fonctions, non seulement pour faire quelque chose d'utile, mais même pour se rendre compte des erreurs qu'il a pu commettre ou qu'un entourage maladroit lui a inspirées.

Nous croyons être très modérés, en disant qu'un préfet qui part, après dix-huit mois ou deux ans de préfectorat, commence à peine à être au courant des principaux rouages de son administration et cède la place juste au moment où il pourrait commencer à faire quelque chose de sérieux.

Mais le ministère change et le Préfet tombe du coup. Eh! mon Dieu, pourquoi donc lier si étroitement le sort du Préfet de police à la destinée du ministère? Pourquoi vouloir absolument faire du Chef de la police un homme politique? Faites-en donc un bon « gardien supérieur de la paix publique », un bon arrêteur de voleurs et d'assassins. Ce sera plus utile...

Mais non. Aujourd'hui, comme sous l'Empire, comme sous la Restauration, comme toujours, la police réelle, la police utile, cède la place, est subordonnée, est sacrifiée à la *police politique* et c'est pour cela qu'au lieu d'un Préfet, connaissant son métier, on veut un homme dévoué — un homme politique.

Et, le plus terrible, c'est que c'est surtout dans les temps de troubles, c'est-à-dire au moment où une main ferme serait nécessaire, que le Préfet de police est le plus changé. Par exemple Caussidière et Sobrier (1848), Trouvé-Chauvel (1848), Ducoux (1848), Gervais, de Caen (1848), le colonel Rebillot (1848-49), Carlier (1849-1851)....

Sept Préfets en trois ans.

Au contraire, dans les dix-huit années d'Empire, nous comptons trois Préfets seulement.

Avec la révolution de 1870 est revenue la série multiple que nous avons malheureusement continuée.

On ne peut s'imaginer le trouble que jettent dans une administration comme celle de la Préfecture, tous ces changements. Chaque Préfet apporte des idées nouvelles, un caractère différent, des plans qui anéantissent tout ce qu'a créé son prédécesseur, et que son successeur mettra de côté, comme absurdes. Que d'innovations n'avons-nous pas vu annoncer comme des merveilles, et qui ont été reconnues impraticables dès les premiers essais; les commissaires de nuit, les visites de postes, etc.

Tous les deux ans, cette malheureuse administration est obligée de se métamorphoser de fond en comble... On ne sait jamais, comme on dit : « sur quel pied danser ». Sous le général Valentin — une vieille moustache, — bref, ponctuel et carré par la base, il fallait que tout marchât carrément et militairement. Le sergent de ville en uniforme était le roi de la situation, l'agent en bourgeois n'était qu'un *pékin*... et les commissaires, lorsqu'ils étaient convoqués à la Préfecture, relevaient leur moustache en croc et mettaient le poing sur la hanche.

Arriva M. Léon Renault, qui mit un peu de frein à cette verve soldatesque. Nous n'avons point ici à faire la biographie ni le portrait de M. Léon Renault. Nous savons seulement qu'ayant eu occasion, comme secrétaire général de M. Cresson, d'étudier les rouages de la Préfecture, il fut excellent Préfet, et prit de très justes et très utiles mesures...

Mais à M. Léon Renault, succéda M. Voisin. Excellent homme, pétri des meilleures intentions, M. Voisin s'appliqua à détruire tout ce que son prédécesseur avait fait de bien. M. Félix Voisin était avant tout un magistrat, et comme tel, il ne voyait dans son Administration que la partie magistrature... Plus d'airs conquérants, plus de chic militaire... On se demandait si le sabre des sergents de ville n'allait pas être remplacé par un Code, et leur tunique par une robe noire... *Cedant arma togæ!*... Vous jugez quelle perturbation dans tout le système! Elle fut telle que M. Voisin s'en aperçut bientôt, et voulut revenir sur le pli qu'il donnait involontairement...

Il commençait à bien comprendre et à bien connaître son métier de Préfet de police... On le remplaça.

Avec M. Albert Gigot, ce fut bien pis encore. Magistrat aussi, M. Gigot, et de plus, myope, comme il ne devrait pas être permis de l'être. Tout Paris l'a vu, lors de la catastrophe de la rue Béranger, où il se conduisit avec un dévouement et un courage au-dessus de tout éloge, restant nuit et jour sur le lieu du sinistre, excitant les travailleurs, donnant lui-même l'exemple... Mais hélas! là encore sa terrible myopie lui joua de bien vilains tours! Tantôt il s'empêtrait les jambes dans un câble, tantôt il allait se jeter devant une pompe qui le couvrait d'eau des pieds à la tête... Mais, de tout cela, il ne faisait que rire et ne se décourageait pas...

Malheureusement cette myopie, il l'eut dans ses fonctions de préfet, comme il l'avait eue dans la rue Béranger. Savant jurisconsulte, il accentua encore la note procédurière donnée par M. Voisin. C'est lui qui élabora ce fameux règlement sur la police des mœurs, d'après lequel avant d'arrêter une femme en flagrant délit, les inspecteurs devaient s'informer d'une demi-douzaine de choses, — entre autres, si elle n'avait pas un amant avec lequel elle vécut maritalement, ce qui lui enlevait la qualité de prostituée... — Ce préfet de Préfet de police de Paris, dans sa candeur de magistrat, ignorait l'existence des souteneurs et les considérait comme une circonstance atténuante!...

Ce fut également M. Gigot qui inventa la fameuse plaque bleue, avec le mot Loué, pour les cochers. Cette plaque, avec laquelle il croyait bénévolement résoudre toute difficulté entre cochers et clients, fût baptisée, on s'en souvient, *le manche à Gigot*. Elle disparut au bout de quelques mois.

Et, puisque nous parlons de cochers, nous devons rappeler que c'est encore M. Albert Gigot, qui, toujours dans une excellente intention et croyant rendre service aux Parisiens, a, sur la demande de M. Bixio, lors de la grève des cochers, introduit dans la circulation toute cette plèbe de vauriens insolents, voleurs, ne sachant pas conduire, ne connaissant pas Paris, et qui depuis lors nous tyrannise...

Toutes les fois qu'il a voulu prendre une mesure utile, M. Gigot a eu la main malheureuse. Ceux qui sapaient déjà la Préfecture de police, qui les gêne, eux et les électeurs, en ont profité pour le vilipender et le démolir. Il est parti avec M. de Marcère, le 25 février 1879. Il a été peu regretté. C'est pourtant un bien digne homme, mais il est vraiment trop myope. Nous l'avons aperçu l'été dernier à Dieppe. Il était immobile sur la plage, regardant attentivement un grand mur blanc... nous sommes sûrs qu'il le prenait pour la mer!

La Préfecture de police, refusée successivement par M. Regnault, préfet de la Charente-Inférieure et par M. Cambon, passa aux mains de M. Andrieux.

Celui-là, était un caractère tout à fait différent. Sorti au 4 septembre de la prison où l'avait mis l'Empire pour un article virulent, il avait été nommé Procureur de la République à Lyon. Il s'était montré courageux et énergique contre les insurgés.

Il promettait d'être un Préfet à poigne. Il le fut. Ceux qui avaient jeté bas M. Gigot, croyant trouver en lui un ami, lui firent d'abord des mamours; mais ils virent bientôt qu'il n'était pas un homme qu'on pût mener par le bout du nez. Il ne voulut pas prendre les vessies pour des lanternes; il envoya même au diable les « lanternes » avec lesquelles on prétendait le diriger.

A peine à la Préfecture, il se mit à l'étudier, voulant tout voir, tout connaître, travaillant toute la matinée et dès le jour, quelle que fût l'heure à laquelle il se fût couché. Mal conseillé d'abord comme ses prédécesseurs, il eut des tâtonnements, des tergiversations. Puis de lui-même il trouva la bonne voie et se mit à y marcher ferme.

Ce n'était pas le compte de ceux qui croyaient avoir bon marché de lui. Ils commencèrent le feu ; il eut d'abord bec et ongles pour leur répondre... il les dédaigna ensuite et fit bien...

Aimé de ses subordonnés de tout rang, qu'il défendit et couvrit toujours énergiquement de sa personne, M. Andrieux avait entrepris de continuer l'œuvre de refonte et de réorganisation commencée par M. Léon Renault. Il l'eut menée à bonne fin, si ses différends avec le conseil municipal d'abord, puis avec le ministère, lui en eussent laissé le temps...

M. Andrieux a pourtant un défaut, un défaut immense pour un préfet ; il est trop nerveux. Pour rien, il s'emballe. Il part comme un bouchon de champagne et ne plus sait où il va.

C'est cette sensibilité de nerfs qui a causé ses premières discussions avec la presse; c'est elle qui l'a fait, d'une façon très regrettable, prendre parti pour la proxénète Leroy, dans la scandaleuse affaire de la rue Duphot; c'est elle enfin qui l'a poussé à rompre en visière brusquement avec le conseil municipal qui, le connaissant bien, s'acharnait sur lui comme une nuée de taons sur un pur-sang...

Et M. Andrieux est parti au moment où, connaissant bien son administration et son personnel, il allait peut-être rendre d'importants services.

Voyons, il faudrait pourtant, une bonne fois, se rappeler le précepte de la *cuisinière bourgeoise* : pour faire un civet, prenez un lièvre.

Pour faire un Préfet de police, il faut autre chose qu'un homme politique ; qu'il soit réactionnaire ou radical. Cela ne lui apprendra pas le fonctionnement administratif.

Si on disait au plus habile de nos *politiciens* de faire une paire de souliers, il serait fort embarrassé... Eh ! bien, vous croyez donc que pour être Préfet de police, un apprentissage n'est pas aussi nécessaire que pour être cordonnier ?

Seulement, dès que l'apprentissage est fait, on renvoie le Préfet, qui allait devenir maître !...

Et qui paie les pots cassés, dans tout cela ?

Il y a encore une autre raison qui paralyse la bonne volonté des Préfets de police.

La première chose que fait le nouveau titulaire en arrivant au boulevard du Palais, est de rassembler ses chefs de services et de leur faire part des projets de réformes qu'il a conçus.

Immédiatement, avec un ensemble qui ferait envie aux chœurs de l'Opéra, tout l'aréopage, redoutant un surcroît de travail, un changement dans ses habitudes de routine, déclare au nouveau Préfet que ses projets sont irréalisables sous peine de faire crouler le vieil édifice.

Abasourdi par l'unanimité de tous ces personnages importants qui justifient leur opposition par un prétendu dévouement qui n'est que l'égoïsme, le Préfet retire sa motion.

Et voilà comment, depuis vingt ans bientôt, on se traîne dans la même ornière, en attendant qu'on soit embourbé de façon à n'en plus pouvoir sortir.

Il nous faut dire maintenant qu'avec l'organisation actuelle, le Préfet de police, arrivât-t-il au pouvoir avec toute la science, avec toute l'expérience nécessaires, serait dans l'impuissance absolue d'accomplir une amélioration, si minime qu'elle soit, si son entourage s'y opposait.

Le Préfet de police, en effet, qui a l'air d'être *tout*, n'est absolument *rien*.

Le véritable Préfet, le seul qui ait en main l'autorité et le pouvoir, — nous pouvons même ajouter l'argent, car c'est lui qui le distribue, — c'est le Chef de la police municipale.

On le dit chaque jour, on l'a même dit à M. Gragnon qui a souri, de ce petit sourire fin qu'il esquisse lorsqu'une question le gêne et qu'il ne veut pas y répondre. Ce serait une question en effet, question ardue à soulever et plus encore à résoudre que celle de cette omnipotence qu'a su prendre peu à peu le Chef actuel, M. Caubet.

Nous y reviendrons tout à l'heure, contentons-nous pour le moment de donner au sujet de l'impuissance du Préfet l'appréciation d'un journal qui ne peut être suspecté de partialité, journal sérieux, journal gouvernemental, journal ami et bien vu de la Préfecture: *Le Temps* (1).

Si on excepte ceci, qui le caractérise : délivrer les mandats de perquisition et de saisie, en vertu de l'article 10 du Code d'instruction criminelle, le rôle du Préfet de police, au point de vue du commandement de la force publique et des investigations criminelles, est nul. Le Chef de la police municipale tient tout dans sa main. Il a, en effet, le commandement direct des 7,756 gardiens de la paix ou inspecteurs, il a la direction de la brigade de la sûreté et des brigades de recherches, il reçoit directement les rapports de tous les officiers de paix, il leur donne les consignes, il propose l'avancement dans tout le corps. C'est un chef de service complet, et le Préfet de police se borne à recevoir de ses mains ce qu'il lui apporte.

Donc, si le Préfet de police n'avait pas le privilège que lui donne l'article 10 de délivrer des mandats, son action serait réduite à fort peu de chose : il règne, il ne gouverne guère. Les jurisconsultes, peu au courant des nécessités de la police, qui se sont imaginé de demander la suppression de l'article 10 du Code d'instruction criminelle, ne se doutent probablement pas qu'ils porteraient ainsi un coup mortel au Préfet de police en lui enlevant, dans l'état actuel de l'organisation, l'instrument à l'aide duquel il peut encore pénétrer dans les services de la police municipale et participer effectivement au mécanisme des recherches.

Le Préfet de police porte une responsabilité énorme ; il est au regard de la population, le représentant de l'ordre à Paris. Au fond, il n'a pas le maniement direct de la force publique. Il donne des ordres au Chef de la police municipale, qui seul les fait exécuter. Les officiers de paix ne connaissent même pas la signature du Préfet, et c'est au Chef de la police municipale qu'ils rendent compte de leurs actes. C'est par l'intermédiaire de celui-ci que le Préfet est renseigné sur toutes les opérations actives.

(1) Ces articles viennent d'être réunis dans un volume intitulé *La police à Paris*.

Sur les commissaires de police, le Préfet a-t-il au moins une action directe ? Oui, en ce sens qu'il communique directement avec eux qu'il les voit et reçoit personnellement. Mais, en tant qu'officiers de police judiciaire et d'auxiliaires du Procureur de la République, les Commissaires de police relèvent du Chef du parquet, et pour les procédures criminelles c'est ce dernier qui leur donne des instructions directes, sans aucunement passer par l'intermédiaire du Préfet.

Il suit de là une situation très curieuse. Responsable de l'ordre public, le Préfet ne commande pas directement un seul agent. Les officiers de paix, qui ont les brigades dans la main, ne communiquent avec lui que par l'organe du Chef de la police municipale, à qui ils adressent leurs rapports.

D'autre part, le Préfet peut bien donner, sans intermédiaire, des ordres aux Commissaires de police, mais ceux-ci n'ont pas un seul homme de police active à leur disposition, et, s'ils en veulent, ils doivent eux aussi demander au Chef de la police municipale. En un mot, de quelque côté qu'il se tourne et retourne, le Préfet de police est borné par les limites de la police municipale, qui l'enserrent de toutes parts.

En réalité, chargé d'une responsabilité énorme, le Préfet de police est une tête qui conçoit, mais sans bras ni jambes. C'est un autre que lui qui tient la clef du réservoir des forces agissantes de la police. Fonctionnaire responsable, il ne dispose pas de la liberté d'action et de l'initiative de direction qui devraient être les corollaires de la responsabilité.

Certes, tous les préfets de police, hommes de la plus grande distinction et de la plus absolue droiture, se sont imaginé, durant leurs fonctions, qu'ils étaient les maîtres sans conteste. C'est leur honneur de n'avoir jamais reculé devant leur écrasante responsabilité, mais, une fois hors du bâtiment, nous ne craignons pas de nous aventurer beaucoup en affirmant qu'ils ont rêvé une autre distribution des services, qui aurait laissé plus de jeu à leurs efforts personnels.

Le Temps, 16 Septembre 1886.

Nous verrons par la suite les résultats souvent fâcheux de cette situation anormale ; qu'il nous suffise de la caractériser encore par un dernier trait emprunté au curieux ouvrage de M. Macé : *Le service de la sûreté.*

Le préfet de police, dit-il, voit et sent partout autour de lui l'influence du chef de la police municipale.

Sa porte est gardée par des gardiens de la paix; ses domestiques sont des agents de la police municipale. Même hors de la Préfecture, il est sous la tutelle et la surveillance de M. Caubet, car son cocher est un de ses subordonnés.

Le préfet est en quelque sorte son prisonnier.

Cela paraît colossal, n'est-ce pas ?

Eh ! bien, lorsque nous aurons occasion de parler du « grand chef », nous en verrons bien d'autres.

IV

LES BUREAUX

Le service administratif de la Préfecture remplit, dans la vaste organisation, le rôle du cœur dans l'organisme humain. C'est de là que tout part, c'est là que tout revient.

Depuis l'incendie de la Préfecture de police, en 1871, ses bureaux, comme les Juifs après la dispersion, sont répandus un peu partout. Le Préfet et son entourage habitent sur le boulevard du Palais, dans les logements de l'état-major de la Garde républicaine. La police municipale, le laboratoire, et trois ou quatre autres bureaux sont dans la caserne de la Cité. Le service de sûreté et une partie de la première division sont avec les commissaires aux délégations, dans le Palais de Justice.

Cet éparpillement est un peu gênant pour le service. On voit toute la journée des employés, des huissiers et des garçons de bureau courir, la plume à l'oreille, d'un bâtiment à l'autre. Néanmoins, l'ensemble de la machine ne paraît pas trop en souffrir.

L'examen des bureaux pourrait presque se réduire à une simple nomenclature.

Les employés, grands ou petits qui y travaillent, ont en effet les qualités et les défauts de tous les autres bureaucrates.

Les qualités sont l'exactitude, la soumission, l'ordre et, sauf de fort rares exceptions, le savoir.

Les défauts sont la routine et toutes ses conséquences.

Le service *administratif* de la Préfecture de police se compose de trois divisions : *le cabinet du Préfet, la première division, la deuxième division*

Le cabinet du Préfet se compose du Préfet de police, d'un chef du secrétariat, d'un chef de cabinet, d'un chef adjoint, de deux chefs de division, de quinze chefs de bureau, de trente-trois sous-chefs, d'un contrôleur de la caisse, d'un inspecteur des travaux, d'un contrôleur de l'habillement des gardiens de la paix, d'un archiviste, de quarante-trois commis principaux et de cent quatre-vingts commis.

Comme on le voit, — pas un agent actif, rien que des bureaucrates.

Voici quelles sont les attributions du cabinet :
Affaires politiques. — Mesures d'ordre public. — Enregistrement général et renvoi des dépêches aux divisions. — Lois sur la presse. — Renseignements confidentiels. — Associations et réunions non politiques. — Théâtres, bals, concerts et petits spectacles. — Imprimerie, librairie et affichage. —

Naturalisation. — Rapatriement. — Subsides aux réfugiés.

Il se divise en trois bureaux, dont le premier est presque exclusivement politique (sûreté du Président de la République, surveillance des condamnés politiques, presse, manifestations, loges maçonniques, élections, importation, transit et poinçonnage des armes, légion d'honneur et décorations étrangères, etc.); — le deuxième s'occupe des mesures d'ordre, fêtes, revues, courses, garde républicaine, sapeurs-pompiers, théâtres, concerts, bals, saltimbanques, cercles, etc. — Le troisième est le service de permanence auprès du Préfet, des dépêches et de la correspondance administrative, etc.

Au cabinet se rattachent également le *secrétariat général*, le *matériel* et les *archives*. Le secrétariat général est chargé du travail relatif à tout le personnel de l'administration centrale, des commissariats de Paris et de la banlieue, de la Bourse, des poids et mesures, du Laboratoire, de la Garantie, de la Morgue, du Dispensaire, etc., etc. Le *matériel* et les *archives* en disent assez par leur titre pour qu'il ne soit pas besoin d'expliquer leurs attributions.

De même pour la *comptabilité*. Passons donc aux deux divisions.

La première comprend cinq bureaux, c'est la *division judiciaire*. Ses attributions sont: les *crimes et délits* — *Arrestations et expulsions* — *Surveillance légale* — *Service des mœurs* — *Prisons* — *Passeports* — *Livrets d'ouvriers* — *Hôtels garnis* — *Aliénés* — *Enfants assistés* — *Nourrices* — Cette division comprend cinq bureaux.

La deuxième division chargée de l'*Approvisionnement* — *Navigation* — *Poids et mesures* — *Bourse* — *Police de la voie publique* — *Chemins de fer* — *Voitures* — *Incendies* — *Établissements classés* — *Police sanitaire* — quatre bureaux — *C'est la division administrative*.

A la première division, ressortissent en outre, le dispensaire, les prisons, l'inspection des aliénés, les nourrices; à la deuxième ressortissent les halles et marchés, le service des architectes, la fourrière, les vétérinaires, le Conseil d'hygiène.

Tout ce fonctionement est admirablement organisé et par suite devrait fonctionner admirablement. Il y a cependant quelques reproches à faire.

D'abord, comme nous le disions au commencement : *Les bureaux sont toujours des bureaux*. Or, les bureaux quelquefois ça ferme.

Ça ferme même tous les jours.

Et, en matière de police, il ne devrait jamais y avoir d'interruption.

Ainsi, voilà par exemple, la première division dont l'importance est considérable. Elle reçoit tous les rapports des commissaires de police. A son premier bureau on s'occupe de la suite à donner aux procès-verbaux dressés contre les individus non-arrêtés; à son second on juge des mesures à prendre vis-à-vis des gens en état d'arrestation.

C'est une besogne, n'est-ce pas, qui ne devrait souffrir aucun retard?

Eh! bien, les bureaux en question ouvrant et fermant à heure fixe, le temps matériel du travail est forcément limité.

Que dans une épicerie on remette au lendemain l'inscription des fromages vendus dans la journée, cela n'a pas grand inconvénient. Mais si, quatre ou six heures sonnant, l'employé quitte ses manches de lustrine et laisse en suspens la recherche d'un criminel cela peut avoir de graves conséquences.

Et quand cette suspension d'armes a lieu le samedi soir?

Un fait tout récent servira d'exemple. Il y a quelques jours à peine une femme était arrêtée dans une rafle et envoyée au dépôt. Elle put faire connaître sa situation à une personne fort honorable qui se rendit au 2º bureau pour demander la mise en liberté de la prisonnière.

Le chef de bureau reçut admirablement le visiteur, constata avec lui qu'il n'y avait, contre l'inculpée, aucun rapport particulier énonçant des faits graves, qu'elle n'avait aucun dossier et que sa mise en liberté était par conséquent une chose absolument juste.

Seulement... il était trop tard. Le bureau fermait et on ne pouvait terminer l'affaire avant le lendemain...

Or, le lendemain étant un dimanche, jour où les bureaux sont fermés, le lendemain véritable, le lendemain administratif se trouvait remis au lundi.

Ce fut donc le lundi matin seulement — et encore par grande complaisance — que la prisonnière put être rendue à la liberté.

Les bureaux de la Préfecture, à notre avis, devraient, au moins en majeure partie, être ouverts nuit et jour.

La grande ville ne s'arrête jamais dans sa vie agitée. La préfecture de police, chargée de veiller à sa sécurité, ne doit pas s'arrêter non plus. Ce sont les heures de nuit que le crime choisit de préférence, et c'est à ces heures-là que la préfecture ferme ses bureaux !

Coïncidence fâcheuse.

On objectera qu'un service de nuit demanderait une forte augmentation de personnel, un grave surcroît de dépenses. Non, il n'y aurait qu'à faire ce qu'on a fait pour d'autres administrations dont la vie ne doit pas s'arrêter et ne s'arrête pas — le service des postes par exemple. — Divisez chaque bureau en escouades dont les unes feraient le service de jour et les autres le service de nuit. Le courant de la besogne se ferait comme précédemment et le service actif qui, lui, veille nuit et jour, trouverait dans les bureaux avec lesquels il est en correspondance une vigilance semblable et également non interrompue.

Cela existe d'ailleurs au Cabinet même du Préfet. Trois secrétaires se relèvent pour faire un service continu. A quelque heure de la nuit que vous montiez le grand ou le petit escalier du boulevard du Palais, vous trouvez un huissier prêt à vous introduire près du secrétaire de service. Mais cette permanence est pour ainsi dire illusoire, puisque la plupart du temps et à moins de faits d'une gravité exceptionnelle, le secrétaire ne peut que prendre note de votre demande ou de votre communication et doit attendre jusqu'au lendemain pour les communiquer à la division et au bureau qui aura à s'en occuper.

Il y a encore une autre cause qui paralyse l'action des bureaux, c'est l'ingérence, — inutile et quelque fois dangereuse, — de la Police municipale dans le rouage administratif.

On en jugera par le détail suivant que nous trouvons dans l'ouvrage de M. Macé, *le Service de la Sûreté*, pages 314 et 315.

Le deuxième bureau de la 1re division est un des plus importants. Il est chargé de la réception, de l'examen et de la transmission au Parquet de toutes les procédures concernant les individus arrêtés, comme aussi des gens détenus par assistance et se trouvant dans le cas d'être placés dans un établissement hospitalier, ou bien devant être mis à la disposition des ambassades, aux frais de rapatriement s'ils sont étrangers, ou simplement renvoyés dans leurs pays s'ils sont originaires de la province.

De la rapidité d'exécution du travail effectué dans ce bureau dépend la plus ou moins longue détention préventive des personnes écrouees au Dépôt. Fréquemment ce bureau est appelé à faire conduire des individus au chemin de fer ou dans les ambassades ; c'est au service de sûreté qu'incombent ces missions ; mais défense expresse lui est faite de recevoir directement, si urgente qu'elle soit, une note du 2e bureau, comme de tous les autres du reste.

Le deuxième bureau, ainsi que les autres, envoie donc des notes à la Police municipale. On connaît la filière et le temps qu'il faut pour la parcourir. Or, lorsqu'il s'agit de conduire quelqu'un au chemin de fer ou dans une ambassade, les agents arrivent à la gare quand le train est parti ou que l'ambassade est fermée. Il faut ramener la personne au Dépôt et remettre l'affaire au lendemain. Tracas et détention inutiles pour de pauvres diables dont le seul délit est de se trouver momentanément sans ressources, perte de temps et d'argent pour l'Administration, voilà le résultat du système actuel.

Lorsque le deuxième bureau reçoit une procédure relative à des coups, outrages, injures et rébellions envers les agents, il est obligé, avant de la transmettre au Parquet, de la soumettre à l'appréciation du Chef de la Police Municipale, qui décide s'il y a lieu de lui donner une suite judiciaire. Retournée au deuxième bureau avec l'avis du Chef de la Police Municipale, cette procédure est quelquefois transmise également en communication au cabinet du Préfet qui, à son tour, formule et renvoie... toujours au deuxième bureau. Alors seulement elle est transmise au Parquet, si toutefois ces messieurs ont conclu à des poursuites, car autrement le deuxième bureau renvoie le détenu (il y a toujours un détenu lorsque la procédure passe au deuxième bureau), classe l'affaire et il n'en est plus question.

Toutes ces marches et contremarches ne sont pas de nature à activer les poursuites ou la mise en liberté.

Est-ce aux employés qu'il faut s'en prendre? Non, mais à la consigne qui leur est donnée, consigne qu'un trait de plume suffirait à faire changer.

Mais ce trait de plume, qui oserait conseiller au Préfet de le donner? Et si on le lui conseillait, l'oserait-il?

Même dans la division, dont il paraît le maître absolu, dans la division qui se trouve sous sa direction immédiate, *le Cabinet*, le Préfet rencontre la main et l'influence du « grand chef ».

En effet, c'est par *lui* que le cabinet reçoit toutes les nouvelles qui l'intéressent. Brigades d'arrondissement, brigades centrales, brigades de recherches, brigades spéciales, tout appartient à M. Caubet. C'est à lui que se font tous les rapports. Il sait donc tout *avant* le Préfet et pourrait, si cela lui plaisait, ne lui communiquer les nouvelles que selon sa fantaisie.

Voilà pour les renseignements. Passons à l'exécution.

Il y avait autrefois au Cabinet une brigade spéciale, la brigade Lombard. Elle avait le tort de faire beaucoup trop de politique et en avait par suite une mauvaise renommée. Mais enfin, elle était sous la main du Préfet qui pouvait *directement*, dans certains cas, pour une enquête secrète, pour un renseignement délicat, faire venir un des agents de *sa* brigade et le charger de la besogne.

Sa mission accomplie, l'agent en rendait compte au Préfet et tout restait dans le mystère.

On a — sur la demande des *puristes* ou soi-disant tels, supprimé la fameuse brigade *politique*... — qui a été versée dans une de celles qui sont directement à M. Caubet, — de sorte que le Préfet n'a plus un seul agent sous la main.

Le Préfet, maintenant, lorsqu'il a un travail délicat à faire, est obligé de s'adresser au Chef de la Police Municipale, lequel s'adresse à un de ses chefs de services qui s'en remet à son Inspecteur-principal, celui-ci au brigadier, ce dernier, enfin à l'un des sous-brigadiers qui choisit l'agent qui doit être chargé de ce travail.

Qu'on juge, à présent, quand c'est une affaire importante, si le secret doit être bien gardé.

Nous connaissons un révolutionnaire étranger, aussi prudent que bien informé, qui savait, avant qu'elles fussent prises, les mesures de Police que l'Ambassadeur de son pays réclamait contre lui...

Il y avait là, certes, une indiscrétion grave, et nous savons qu'elle ne venait pas du cabinet de M. le Préfet.

Pour nous, un Préfet de Police qui ne peut pas commander à un agent, directement, un travail secret sans qu'il passe par les fourches caudines d'un chef, fût-ce celui de la Police Municipale, n'est pas le chef suprême de son Administration.

Parions que M. Gragnon, quand il y songe, est au fond, tout à fait de notre avis.

Certes, il existe des chefs auxquels on peut tout dire, ceux, surtout, qui ne se posent pas en hommes politiques, mais il y en a d'autres vis-à-vis desquels la « discrétion » s'impose.

Mais comment faire ?

V

LE CONTRÔLE GÉNÉRAL

Lors de l'entrée en fonction de M. Gragnon il restait encore à la disposition du Préfet un service que n'avait pas réussi à absorber encore la police Municipale.

C'était le contrôle.

Le contrôle général a été créé par décret du 17 septembre 1854. Ses fonctions consistent à contrôler les services la police Municipale et les services extérieurs de la Préfecture.

Dans ce but, l'article 93 de l'arrêté préfectoral du 14 avril 1856, prescrivait au contrôleur général « de visiter et de faire visiter, de jour et de nuit, les arrondissements et de rendre compte au Préfet en personne, chaque matin, des résultats du contrôle ».

Cet article porte en outre que, lors des fêtes et cérémonies publiques, le contrôleur général recevra

communication de la distribution des divers ser-
services, afin de pouvoir vérifier si les instructions
du Préfet sont exactement suivies. Il signalera, en
général, toutes les améliorations qui lui paraîtraient
utiles dans l'intérêt d'un bon service.

Jusqu'à la loi sur la *Presse* du 29 juillet 1881, le
contrôleur général avait également dans ses attributions les imprimés, les affiches, les circulaires, le
dépôt des journaux, le colportage, etc. Ces attributions dont une partie a été supprimée et l'autre
reportée au Ministère de l'Intérieur, n'appartiennent
plus au contrôleur qui est resté par suite, le serviteur immédiat et direct du Préfet de police.

Le contrôleur général dit le journal le *Temps*, dans les
articles sur la police, que nous avons déjà cités, est donc
l'œil même du Préfet. C'est par les agents du contrôleur
général que le Préfet plonge dans les divers services, se rend
compte de l'assiduité et de la conduite professionnelle des
fonctionnaires, qu'en un mot il se renseigne librement. C'est
donc un organe essentiel. Sans le contrôle général, le Préfet
serait vite tenu en charte privée par les autres services.
Grâce au contrôle général, il rompt toute entrave et peut
prendre l'initiative d'instructions vraiment personnelles.
Aussi ne faut-il pas hésiter à dire que de tous les organes
de la Préfecture, celui-ci est à la fois le plus délicat et le
plus utile a Préfet. C'est le contrôle qui l'affranchit.

Le contrôleur général doit réunir nombre de qualités : jugement, tact, initiative, esprit de progrès et de décision. Il
ne doit pas craindre de froisser les susceptibilités de quelques-uns. C'est le seul souci de servir le Préfet qui inspire
sa conduite, et il ne doit s'arrêter devant aucune autre considération. C'est l'homme du Préfet et du Préfet seul. Ce qu'il
voit, ce qu'il apprend, c'est au Préfet seul et en personne
qu'il en rend compte.

Le contrôle général est ainsi composé :

1 contrôleur général, chef du service ;
2 commissaires de police ;
1 inspecteur principal ;
1 secrétaire ;
1 brigadier ;
4 sous-brigadiers ;
38 inspecteurs.

D'après l'article 2 de l'arrêté préfectoral du 14 avril 1850, le contrôleur général doit-être Commissaire de police. L'arrêté présidentiel du 20 juin 1871 a maintenu cette disposition.

Jusqu'à ces derniers temps elle a été observée. Elle ne l'est plus aujourd'hui.

On en devinera sans peine la raison. C'est la même qui fit si longtemps refuser l'écharpe au Chef de la sûreté. Un Commissaire de police, *magistrat*, échappe à la police Municipale, tandis qu'elle s'arrange pour tenir sous sa coupe un simple officier de paix ou un chef de bureau.

Mais, comme à chaque instant dans le service qui lui incombe, pour les saisies de brochures poursuivies, de gravures obscènes, les fraudes en matière de marques de fabrique, etc., etc., le contrôleur général a besoin de faire acte de magistrat, on a placé sous ses ordres deux Commissaires.

De là cette singulière anomalie d'un simple employé, nommé par le Préfet et révocable à son gré, commandant à des Magistrats nommés par le Président de la République.

D'après les attributions que lui donne la loi, le contrôle général a droit de surveillance sur la Police municipale. Depuis l'entrée en fonction de M. Caubet, cette surveillance n'existe plus.

Le « grand chef » a décidé en effet qu'il était beaucoup plus simple et surtout beaucoup plus agréable de se contrôler soi-même que d'être contrôlé par les autres. Il s'est donc arrangé de façon à faire donner la surveillance de la police Municipale à une brigade à lui. Nous verrons plus loin quand nous parlerons de cette brigade qui porte le nom de troisième brigade de recherches, quels sont les résultats de cette modification.

VI

LE LABORATOIRE MUNICIPAL

Le laboratoire municipal a été créé en quelque sorte comme palliatif à la loi qui accordait la liberté aux débitants. Les plaintes dès les premiers jours avaient été si nombreuses, les falsifications si impudentes qu'une répression était nécessaire.

On installa donc un laboratoire, très modestement d'abord. Peu à peu il prit de l'extention et aujourd'hui il a une sérieuse importance.

Voici à l'heure où nous écrivons la composition de son personnel.

Un chef du laboratoire, un sous-chef, un commis principal, trois commis, deux chimistes principaux, vingt-trois chimistes, vingt experts-inspecteurs, deux garçons du laboratoire et deux hommes de peine.

Ce personnel coûte environ 150,000 francs par an.

Bien que fonctionnant déjà depuis plusieurs années, le laboratoire municipal est encore fort mal connu du public.

On se le représente généralement comme un cabinet de physique et de chimie tout intime, où l'on fait joujou avec les réactifs, et où l'on se contente tous les mois de dire platoniquement au public : « Nous avons examiné 400 échantillons de vins, il y en avait 30 de nuisibles, 70 de mauvais non nuisibles, 150 de médiocres et le reste bon » et cela, sans aucune répression, sans aucune poursuite. Erreur, grave erreur. Nous allons vous le démontrer.

Le but réel qu'on s'est proposé en fondant cet établissement — créé sur le modèle des laboratoires qui existent déjà dans d'autres pays : 83 en Angleterre, plus de 200 en Allemagne, etc., — a été de démasquer et de punir les fraudes commises à l'égard de l'alimentation publique. A cet effet, chaque jour, deux experts-inspecteurs, dont l'un a le titre de Commissaire de police, partent en tournée dans les marchés, dans les débits, dans les fabriques. Ils se font remettre, partout où s'effectue leur visite, deux échantillons du produit qui leur paraît suspect, et les rapportent au laboratoire.

Nous avons dit que l'un d'eux avait le titre de Commissaire de police, cette mesure a été prise pour donner à l'expert le droit d'entrer dans tout magasin, — voire même dans l'arrière-boutique, la resserre et les caves, — et aussi de requérir en cas de résistance, le concours des gardiens de la paix. Dans les premiers temps, on était obligé de demander l'assistance du Commissaire du quartier. Mais ce magistrat pouvait être absent, empêché, et, lorsqu'on revenait avec lui, le corps du délit avait disparu.

L'expert ayant le titre de Commissaire de police, cet inconvénient n'existe plus. C'est là, du reste, la principale des raisons qui ont fait maintenir le laboratoire à la Préfecture de police — ce que certaines gens ne lui pardonnent pas.

Les deux échantillons de denrées étant mis sous scellés et déposés au Laboratoire, un numéro d'ordre leur est affecté et l'un d'eux est donné aux chimistes qui l'analysent, sans savoir d'où il vient. L'analyse faite ainsi dans des conditions, non seulement d'honnêteté, mais d'indifférence parfaite, un procès-verbal est dressé. Si la substance est reconnue bonne, la chose en reste là. Si elle est falsifiée et nuisible, le procès-verbal est envoyé au Parquet, qui juge s'il y a lieu d'instruire ou non. Le rôle du laboratoire est terminé.

Maintenant, admettons que le Parquet instruise. Il peut se présenter deux cas : ou que le délinquant avoue la fraude, et alors la poursuite se fait d'après ses aveux ; ou qu'il nie : alors on fait prendre le second échantillon qui est resté sous scellé, désigné seulement par son numéro d'ordre. Cet échantillon est remis aux chimistes du Parquet qui l'analysent à leur tour. S'ils sont du même avis que ceux du Laboratoire, l'affaire suit son cours. S'il y a contradiction, l'affaire est simplement *classée*, et il n'y a aucune poursuite.

Voilà le rôle réel du Laboratoire, rôle analogue à celui des établissements similaires de l'étranger. Mais ici on a voulu y adjoindre une innovation : on l'a ouvert au public, et cette mesure, mal comprise, a été vivement critiquée.

— A quoi sert, a-t-on dit, que je m'éreinte à porter à la Préfecture de police un échantillon de lait, de vin ou de toute autre marchandise, puisqu'on se bornera, au bout de deux jours, à me répondre que c'est « mauvais » sans me donner le droit de me servir de cette analyse pour poursuivre le commerçant qui m'a volé et a voulu m'empoisonner ? Il est vrai que je suis averti de ne plus aller chez lui ; mais je ne puis même pas prévenir mes amis et connaissances : le bulletin qu'on m'a remis dit formellement que « toute personne qui usera du présent bulletin pour nuire à la réputation d'autrui commettra le délit de diffamation. »

C'est que vous ne voyez que le dessus des cartes et que vous ne connaissez pas le dessous.

Il serait, en effet, trop commode d'apporter un produit falsifié, en disant qu'on l'a pris chez tel épicier auquel on voudrait du mal et de lui faire décerner un brevet officiel d'empoisonneur public. Le Laboratoire ne peut servir à cela et voilà pour quelle raison ses bulletins ne donnent même pas la nature du produit examiné, mais simplement cette mention suivante :

LABORATOIRE MUNICIPAL DE CHIMIE

Analyse qualitative N°....

Le chef du Laboratoire municipal certifie que l'échantillon déposé sous le N°... par M. X... — est mauvais ou nuisible, etc.

Mais, en même temps qu'on vous délivre ce bulletin, deux experts se rendent chez le commerçant incriminé, y prélèvent deux échantillons de la marchandise en question, et l'examinent d'office comme je l'ai raconté plus haut.

De sorte que le filou ou l'empoisonneur est puni quand même, grâce à vous, et sans que vous soyez mis en cause.

De plus, nous vous dirons qu'il est absolument inutile de courir à la Préfecture déposer votre échantillon. Vous pouvez le remettre au commissaire de votre quartier. Les voitures cellulaires, qui, trois fois par jour, vont à la Préfecture, l'emporteront au Laboratoire.

Le Laboratoire municipal peut rendre encore d'autres services. Un exemple va le prouver.

Il y a un an environ, un petit garçon fut pris de coliques, de crampes d'estomac, et le médecin qui vint le visiter, constata tous les symptômes d'un empoisonnement par l'arsenic. Cependant l'enfant n'avait rien mangé de suspect.

A force de chercher, on finit par découvrir qu'il avait écrit toute la journée avec un de ces crayons recouverts d'une sorte de vernis métallique, fort en faveur en ce moment.

Le crayon fut porté au Laboratoire municipal. Là, on reconnut que ce crayon, de fabrication allemande, devait son aspect séduisant à une très mince feuille de plomb, peinte avec un vernis au vert de Scheele, au vret d'arsenic. En le portant fréquemment à sa bouche pour écrire, l'enfant avait absorbé assez d'arsenic pour en être indisposé.

La découverte était d'autant plus importante qu'à ce moment même, ces beaux crayons étaient donnés comme récompense aux élèves sages dans plusieurs écoles municipales de la Ville de Paris. Inutile de dire que les instituteurs furent avertis et les crayons prohibés au double point de vue de la provenance et du danger.

Le Laboratoire a de même saisi et fait disparaître à maintes reprises des bonbons, des gâteaux, des sucreries colorés au moyen de substances dangereuses ou enveloppés dans des papiers mal fabriqués. Avant sa création, beaucoup de boîtes ou de cartonnages de l'apparence la plus inoffensive devaient leur couleur blanche ou rouge aux sels de plomb ou de mercure. Ces colorations sont aujourd'hui absolument interdites pour tout ce qui touche à l'alimentation.

Il est regrettable que l'action du Laboratoire municipal ne s'exerce pas plus sévèrement sur certains objets de toilette et surtout sur les fards et teintures qui, malgré leurs pompeuses appellations, ont la plupart du temps comme base fondamentale des poisons actifs. Chaque année on peut constater des exemples de paralysies partielles et surtout d'aliénation mentale causées par l'usage des teintures noires ou blondes, les plus vantées par la réclame.

Les chimistes du Laboratoire municipal ont, quelquefois, de bien curieuses constatations à faire. Dernièrement, ils ont eu à examiner des conserves de tomates et des confitures dans lesquelles il n'existait pas un atome, non seulement du fruit annoncé, mais même de substances végétales. Les gelées étaient faites avec de la colle de poisson ou de la colle de peau. La couleur et le goût de fruit étaient donnés avec des produits extraits de la houille. Le dernier mot du progrès.

Quelquefois la contrefaçon est tellement habile et surtout prévoyante, que même en la constatant le Laboratoire ne peut pas la faire punir. Une grande maison de confitureries a vendu des gelées à la groseille et au coing dans lesquelles le coing ni la groseille ne prenaient aucune part. A l'analyse et au procès-verbal dressé, le fabricant répondit :

— Nous n'annonçons point de la *gelée de groseille*, mais de la *gelée à la groseille*. Or, nous fournissons de la gélatine qui est parfaitement une gelée et nous l'avons parfumée à la groseille. Il n'y a donc nullement tromperie sur la chose vendue.

Les tribunaux lui donnèrent raison.

Les débitants ou fabricants ont toujours le droit de réclamer une contre-expertise. Quelques-uns avaient trouvé pour cela une excellente idée. Ayant acheté un des garçons du Laboratoire, ils faisaient changer le produit suspect contre un produit de bonne qualité. Le chimiste du dehors qui venait faire la nouvelle analyse trouvait ainsi des résultats tout différents, ce qui permettait de taxer les chimistes municipaux de partialité ou d'ignorance.

La fraude a été découverte et des mesures ont été prises pour qu'elle ne puisse plus se renouveler.

Nous ajouterons que l'action du Laboratoire peut s'étendre sur toute la France, en ce sens que, si par exemple, pour du vin, le débitant peut prouver qu'il l'a fait venir tel quel de Bordeaux, de Carcassonne ou de Joigny, le parquet de Paris transmettra au parquet de la ville d'origine, une commission rogatoire, des prélèvements seront faits chez le fournisseur et un procès aura lieu exactement comme à Paris.

C'est ce qui a eu lieu, depuis quelque temps pour un certain nombre de soi-disant *viticulteurs* qui expédient *directement* au consommateur des vins qu'ils disent provenir de leurs récoltes et qui sont tout bonnement fabriqués.

Ces vins, une fois en cave, aigrissent ou tournent. On n'a aucune action contre le vendeur, qui vous répond que *votre cave est mauvaise* ou que votre vin a été mal soigné. Faites-vous le adresser en gare, prélevez un échantillon avant de prendre livraison, et votre viticulteur en chambre sera pincé dans les huit jours par le procureur de la République de son arrondissement, sans qu'il vous en coûte une obole.

Le Laboratoire fournit chaque mois aux journaux, qui le publient pour la plupart, un compte rendu sommaire de ses opérations et des fraudes constatées. Comme on se plaignait que ce compte rendu jetait un discrédit sur le commerce parisien, chaque feuille est accompagnée d'une note qui rappelle qu'il ne s'agit là que de denrées saisies parce qu'elles étaient suspectes et non point de l'ensemble de celles qui composent la consommation parisienne.

VII

LE LABORATOIRE DE TOXICOLOGIE

Le laboratoire de toxicologie est chargé d'un travail tout spécial. Son programme comporte : Etude des propriétés chimiques et physiologiques des substances toxiques. Etude théorique et pratique des méthodes employées pour la recherche des poisons. Causes d'erreur de ces méthodes. Perfectionnements à leur apporter. Etudes micrographiques, physiologiques, anatomo-pathologiques de diverses questions, médico-pathologiques de diverses questions médico-légales, telles que : empoisonnements, avortements, viols, coups et blessures, examen des taches de sang, etc. Etudes de diverses questions relatives à l'hygiène publique, à la toxicologie, à la médecine légale. Expertises toxicologiques...

Ce sont des travaux scientifiques qui peuvent rendre et rendent de grands services à la police judiciaire... Ils échappent à toute critique.

VIII

LES OBJETS TROUVÉS

Encore un des services intéressants de la Préfecture de police et sur lequel il n'y a aucune critique à faire.

Tous les objets trouvés sur la voie publique, dans les omnibus, dans les voitures de place, dans les gares de chemins de fer, dans les théâtres, sont adressés par les commissaires de police au bureau des objets trouvés.

On les conserve au dépôt principal pendant une quinzaine de jours, temps présumé suffisant pour que la réclamation du propriétaire puisse se produire.

Passé ce délai, le tri en est fait. Ceux d'une valeur minime de vingt à trente francs sont conservés dans les magasins de la Préfecture. Les autres sont envoyés dans une annexe qui se trouve quai des Orfèvres, au-dessus des bureaux des commissaires aux délégations.

On ne peut pas se figurer le nombre et la diversité des objets qui sont ainsi expédiés au Magasin. A côté d'innombrables parapluies on peut y voir des bottines, des pantalons, des corsets et même des chemises *ayant servi*. Il y a des barriques, des tables et des lits, provenant sans doute de déménagements « à la cloche de bois ». On y a apporté une fois une momie. Les bijoux et les porte-monnaie y sont en quantité fabuleuse. Certains dépôts représentent de très fortes sommes.

Tout objet non réclamé au bout d'un an et un jour est rendu à celui qui l'a trouvé à la condition qu'il en fasse la demande écrite au Préfet de police. Les objets non réclamés sont gardés pendant trois ans et vendus ensuite par la direction des Domaines.

Les anecdotes abondent sur le bureau des objets perdus :

Il y a d'abord l'histoire du Russe qui, en sortant du Cercle la nuit, oublie dix mille francs dans un fiacre.

Il était retourné en Russie sans même faire de réclamation, persuadé que si la somme n'avait pas été perdue pour tout le monde, elle l'était à jamais pour lui.

A Saint-Pétersbourg, quelqu'un lui parla du bureau des objets trouvés, lui assura qu'il fonctionnait très bien et l'engagea à y passer au moins par acquit de conscience.

Ses affaires ou ses plaisirs le ramenèrent en France et il se présenta à la Préfecture de police trois ou quatre jours seulement avant le délai légal après lequel les trouvailles sont rendues aux trouveurs. Il demanda sans conviction si l'on avait trouvé dix mille francs à telle époque.

— Mais oui, monsieur, les voici !

Le Russe n'y voulait pas croire, et il lui échappa ce cri du cœur :

— Faut-il que ce cocher ait été bête !

Autre histoire :

Un jour on voit arriver un bijoutier du Palais-Royal, frère d'une chanteuse célèbre morte récemment.

Il avait laissé dans une voiture une parure de quatre-vingt mille francs.

— Avez-vous le numéro du cocher ? lui demanda-t-on.

— Non.

— Du moins l'avez-vous pris dans une station ?

— Non, je l'ai arrêté sur la voie publique.

— Alors, comment le retrouver ?

— Pour comble de malheur, ajoute le bijoutier, je me suis violemment disputé avec lui.

On ne lui donna pas grand espoir, et tout le monde considérait la parure comme perdue. Le soir même le cocher l'apportait au bureau des objets trouvés.

On lui conseilla d'aller lui-même chez le bijoutier qui ne pouvait manquer de lui donner une forte récompense, et qui la lui donna en effet.

— Ma foi non, dit-il, c'est une trop sale bête; je ne veux point le revoir.

A côté de cochers foncièrement honnêtes, il en est qui, par d'ingénieux stratagèmes, trouvent moyen de concilier les scrupules de leur conscience et leur désir de conserver les objets perdus.

Ils déposent les objets trouvés, mais ils donnent de fausses indications sur le lieu et le jour de la trouvaille, de manière à dérouter les réclamants; s'ils trouvent deux objets ensemble, ils les déposent séparément. Au bout d'un an, les trouvailles ainsi déguisées leur reviennent, et ils ont la conscience en paix. Mais le jeu est dangereux et le hasard peut les trahir.

Un cocher dépose un joli éventail en écaille. Un an se passe, l'éventail n'est pas réclamé, on le lui rend. Quelques mois après une dame en réclame un perdu depuis longtemps : la description, les indications de date et de lieu conviennent à l'éventail rendu. On appelle le cocher, on lui rappelle que la loi ne l'investit du droit de propriété qu'au bout de trois ans, on l'invite à le restituer. Mauvaise humeur du cocher. Quand il apprend le nom de la personne à qui il doit le rendre, il entre en colère et déclare que cette personne est une voleuse. On lui demande de s'expliquer. Il répond que l'éventail ne peut être à cette personne puisqu'il est à mademoiselle C..., de l'Opéra-Comique. On le presse davantage et il avoue qu'il connaissait mademoiselle C... pour l'avoir plusieurs fois conduite, et qu'il avait trouvé l'éventail dans sa voiture un jour qu'il l'avait menée au théâtre. Au lieu de le lui rendre, il l'avait déposé à la Préfecture, dans l'espérance que l'actrice ne le rechercherait pas, ce qui était arrivé. On présenta l'éventail à mademoiselle C..., qui le reconnut aussitôt et fut enchantée de le ravoir. La dame, qui avait involontairement fait découvrir la ruse du cocher, avait perdu un éventail à peu près semblable, mais ce n'était pas le sien.

La trouvaille la plus remarquable faite à Paris sur la voie publique date d'une douzaine d'années !

Un Canadien d'origine française ayant réalisé sa fortune était venu pour se fixer en France. Il avait cinq cents billets de mille francs dans un portefeuille placé dans la poche intérieure de son paletot. En grimpant sur l'impériale de l'omnibus de l'Odéon, au coin du boulevard et de la rue Le Peletier, il retourna cette poche sans s'en apercevoir, le portefeuille glissa et tomba par terre. Il fut aperçu et recueilli par le conducteur de l'omnibus suivant, qui le rapporta le soir même à la Préfecture.

On peut se figurer, et les angoisses du malheureux qui perdait sa fortune d'un coup, et les tentations du pauvre diable à qui le hasard mettait subitement 500,000 francs dans les doigts.

Le Canadien lui donna 12,000 francs de récompense.

Les parapluies, disions-nous tout à l'heure, sont en nombre fabuleux. Un plaisant racontait que lorsqu'il avait besoin d'un parapluie, il allait au bureau des objets trouvés, et dépeignait un parapluie quelconque, avec pomme d'ivoire, de corne sculptée, etc. qu'il disait avoir perdu.

— Toujours, affirmait-il, on en trouve un pareil à celui que j'ai inventé et on m'en fait la remise.

C'est une plaisanterie. Mais à la rigueur la chose ne serait pas inadmissible.

Puisque nous parlons des « objets trouvés », mentionnons une innovation récente qui fait le plus grand honneur à l'esprit d'initiative de M. Gragnon et qui est relative, non plus aux *objets*, mais aux *enfants* trouvés égarés dans Paris.

Les enfants trouvés sur la voie publique sont conduits au poste voisin, où ils doivent passer la nuit. Les gardiens de la paix se chargent, à leurs frais, de leur fournir à dîner ou à souper, et cependant ces braves gens ne sont pas riches.

Le lendemain matin, si ces enfants ne sont pas réclamés, on les conduit chez le commissaire de police. Si ce magistrat ne peut découvrir les parents, les petits sont conduits à la Préfecture de police.

Le Préfet de police, désirant faciliter les recherches aux parents et améliorer la situation des pauvres petits perdus pendant le peu de jours qu'ils passent à la préfecture, a fait disposer un local spécial à cet effet à la préfecture. Ce bureau est le cinquième de la première division, caserne de la Cité, escalier P.

Tous les jours, les parents peuvent s'adresser à ce bureau, de dix heures du matin à cinq heures du soir, en apportant un certificat du commissaire de police de leur quartier. A défaut de ce certificat, ils devront être accompagnés par deux témoins patentés.

IX

LA PHOTOGRAPHIE JUDICIAIRE

Depuis longtemps la justice a appelé la photographie à son aide. Souvent l'image d'une localité, ou d'un objet, ou d'une personne placée sous les yeux d'un témoin ou d'un accusé, a aidé à la découverte de la vérité. Mais aujourd'hui, — voilà trois mois qu'on s'y est mis — on va faire jouer à la photographie un rôle important dans toute affaire de police ou de justice quelle qu'en soit la gravité.

Ainsi, par exemple, dès qu'un individu étranger sera administrativement expulsé de France, sa photographie, expédiée à tous les commissaires spéciaux de la frontière, et examinée par tous les employés, rendra sa rentrée absolument impossible. Du reste, tel malfaiteur, qui, sans sourciller aurait bravé les indications d'un signalement ordinaire, redouterait d'être confronté avec sa photographie.

C'est à la prison connue sous le nom de Dépôt de la préfecture que sont installés les photographes de la police. Ce sont des employés habiles, opérant très rapidement et qui ne sont pas assimilés par leur engagement à des fonctionnaires publics. Leur travail est absolument secret, et il n'y a jamais à redouter qu'ils fassent commerce des portraits par eux confectionnés.

Tout individu arrêté passe par le Dépôt. Envoyé par les Commissaires de police à un bureau ouvert de jour et de nuit, véritable succursale du parquet appelée la *permanence*, le prisonnier, qu'il vienne dans l'omnibus cellulaire, ou à pied, ou en voiture est inscrit à ce bureau. Là on lui délivre un ordre d'écrou. Des gardes le conduisent au Dépôt où il se fait inscrire une seconde fois. Les surveillants du Dépôt examinant le nouvel arrivant avec un instinct remarquable, reconnaissent généralement le récidiviste à première vue. Toutefois le mouvement étant de quatre-vingts à cent entrées par jour, on comprend que ces intelligents employés aient des lacunes dans la mémoire. C'est la photographie qui est appelée à les combler.

Dès qu'un individu écroué au Dépôt, est accusé d'un délit, on le déclare bon à photographier. Il sort dans une petite cour fermée, et est livré à un opérateur, qui le traite avec autant d'égards que si c'était un client. Il le place, lui met l'appui-tête, et lui crie : « Ne bougeons plus ! »

Puis il emporte son cliché dans une cellule de la prison, transformée en chambre noire, tandis qu'un second opérateur, vient prendre la tête d'un autre détenu.

Les clichés obtenus, c'est dans un bâtiment situé hors de la prison que se fait le tirage. Une épreuve est envoyée au greffe du Dépôt. Une seconde est placée dans le dossier de l'individu. Les autres, portant au dos un numéro correspondant avec le dossier, sont remises aux divers services de la Préfecture, qui en font des collections avec classement.

Le service de sûreté, par exemple, a le casier aux escrocs, le casier aux voleurs, le casier aux pick-pockets, le casier aux vagabonds. Le service des mœurs a aussi les siens, qui forment bien la plus épouvantable collection de têtes infâmes qui se puisse rencontrer.

Des épreuves en assez grand nombre sont gardées à la disposition des parquets des départements. Si, en effet, on a un renseignement à demander sur les antécédents des personnages, la photographie devra toujours accompagner la demande. Il n'y a que trois mois que ce service fonctionne, et déjà, des juges ont demandé à la Préfecture jusqu'à quinze photographies du même individu.

Dès qu'un écroué en vaut la peine, on le photographie,

en plusieurs poses. Il est bien rare, dans ce cas qu'il puisse jamais échapper aux investigations. Tel individu que la barbe changera de face, sera très reconnaissable de profil. On est certain d'arriver, au bout de quelques années de patience à rendre les pseudonymes impossibles dans le monde des filous. Certains vagabonds ont pu déjà faire leur temps et être confrontés, après une arrestation nouvelle, avec leur photographie.

Par extension on a utilisé les ateliers de la Préfecture, pour reproduire des portraits de personnes égarées et recherchées par leurs familles, — pour obtenir de nombreux exemplaires d'une page d'écriture, ou d'une signature, afin de pouvoir comparer des documents à distance sans risquer d'égarer les originaux.

En un mot, on a du premier coup fait rendre à la photographie tous les services que la justice et la police peuvent en attendre.

Chaque jour, un des opérateurs de la Préfecture se rend à la Morgue, et fait le portrait des morts qui y sont arrivés dans la nuit ou la matinée. De cette façon, si la décomposition se produit, les familles peuvent tout de même reconnaître les défunts.

La reconnaissance d'un défunt peut aussi se faire par correspondance. Le maire d'une commune éloignée de Paris peut envoyer à la Morgue l'état signalétique d'un individu disparu, pour qu'on lui envoie en retour les photographies des défunts dont le signalement a quelque ressemblance avec la personne cherchée. On évite ainsi des voyages coûteux aux familles.

Dans le même ordre d'idées, on vient d'organiser à la Préfecture un service dans lequel la télégraphie joue un rôle important. On sait que lorsqu'un individu est trouvé sans asile, il est arrêté et conduit au Dépôt. On ne le considère pas comme vagabond, d'abord, et on attend trois jours avant de le faire passer devant le Tribunal. Ce délai est employé à l'envoi de dépêches adressées aux magistrats des quartiers ou des pays où se trouvent les familles, et il est bien rare que, grâce à ces sollicitations que la télégraphie permet de multiplier gratuitement, on n'arrive pas à rencontrer quelqu'un qui s'intéresse à l'individu arrêté.

Que d'hommes, que d'enfants, ont été et seront ainsi arrachés au vagabondage! Que de malheureux évitent ainsi une condamnation qui pèserait sur toute leur vie.

Un économiste prouverait facilement que la police deviendra plus économique grâce à l'emploi de ces moyens ingénieux. Je me contenterai de faire remarquer qu'elle devient aussi plus humaine. Si elle persévère dans la recherche de ces perfectionnements, le temps n'est pas loin où elle triomphera de vulgaires préjugés, et aura le respect de tous, comme elle a déjà la sympathie des honnêtes gens.

(*Alfred* d'AUNAY, *Figaro*, 29 Oct. 1874.)

Cette description, faite de main de maître, de l'important service de la photographie judiciaire, nous dispense de tout autre détail.

Aucune critique à faire en effet. L'organisation quoique récente — ou plutôt parce qu'elle est récente et a été faite dans les idées modernes — fonctionne parfaitement.

Une seule observation :

Consultez tous les livres qui ont été écrits sur la police depuis quinze ans, demandez à n'importe quel fonctionnaire actuel, vous lirez, ou vous entendrez dire que le service de la photographie a été créé en 1874 par M. Lombard. C'est peut-être une compensation. On a tellement diffamé ce malheureux Lombard en faisant de lui un bouc-émissaire de toutes les saletés de la police politique, — qui fonctionne toujours exactement comme de son temps —, qu'on a voulu comme balance lui attribuer l'honneur de cette utile création.

C'est une erreur. Comme on l'a vu dans l'article qui précède, la photographie judiciaire existait avant lui. Le premier emploi sérieux qui en ait été fait est dû à l'initiative personnelle de M. Macé alors qu'il était commissaire de police du quartier Notre-Dame.

C'était au lendemain de la fameuse sortie de Montretout-Buzenval. Un grand nombre de gardes-nationaux tombés sous les balles prussiennes avaient été ramassés sur le champ de bataille. Deux cent cinquante cadavres, parmi lesquels celui du peintre Henri Régnault, furent portés à la Morgue. Il était impossible de les exposer sur les huit dalles de pierre qui existaient alors et malheureusement les képis qui portaient les numéros des bataillons étant tombés, les capotes pour la plupart n'étant pas matriculées, l'identité des pauvres morts devenait impossible à constater, M. Macé fit conduire tous ces corps au cimetière du Père-Lachaise, les effets furent inventoriés, numérotés et étiquetés, les signalements relevés. Un photographe amené par M. Macé fit une photographie d'ensemble et une série de photographies particulières de chaque mort.

Grâce à tous ces renseignements, les familles eurent devant elles le délai nécessaire et purent reconnaître ceux qui lui appartenaient. Les actes de décès furent établis aussi régulièrement et aussi complètement que possible à la mairie du 20º Arrondissement.

Ce que M. Macé avait fait pour les glorieux morts de Buzenval, il continua à le faire pour les autres cadavres dont il eut à s'occuper pour ses instructions criminelles. Sur la demande du Parquet, la Préfecture songea alors à généraliser cette mesure et M. Lombard fut chargé de l'organisation du service photographique.

Il l'a donc créé si l'on veut, mais non pas inventé.

Aujourd'hui les services photographiques sont dirigés par M. Demiselle, inspecteur principal, qui a sous ses ordres un sous-brigadier, six hommes pour l'imprimerie et huit hommes pour le service photographique. Ces hommes appartiennent à la police municipale et sont détachés au cabinet du Préfet, bien que l'inspecteur principal émarge au budget de la sûreté.

Le budget qui lui est alloué n'est pas considérable, il est en ce moment de quinze mille francs seulement.

Le service photographique sert maintenant à photographier tous les suicidés portés à la Morgue, les cadavres des gens victimes d'accident ou de crime, les individus arrêtés, — ce qui permet de les reconnaître plus tard lorsqu'après leur libération ils se font reprendre pour un nouveau crime. Les localités, les appartements, les chambres où les drames se sont passés sont également photographiés et une épreuve, le jour du jugement, est remise aux jurés en même temps que le plan technique levé par l'architecte spécial de la Préfecture. Cela évite les visites des lieux que le Jury a le droit de réclamer et qui étaient toujours fort gênantes et fort onéreuses.

La Préfecture de police compte aujourd'hui une collection de plus de quatre-vingt mille têtes de criminels et, à chaque instant, cette collection sert, aussi bien en province qu'à Paris, à reconstituer l'identité de dangereux « chevaux de retour » qui sans elle protesteraient de l'immaculée blancheur de leur casier judiciaire.

Le service photographique, en outre de son installation à la Préfecture, possède une voiture parfaitement aménagée pour aller sur place prendre les vues des maisons ou des endroits dont on a besoin pour l'instruction.

X

LE SERVICE ANTHROPOMÉTRIQUE

Le complément obligé du service photographique est le service anthropométrique, créé par M. le docteur Bertillon et aujourd'hui installé au Dépôt.

La méthode, fort simple, consiste à mesurer d'abord la taille de l'homme, puis la longueur et la largeur de la tête, l'angle facial, la longueur du pied, celle de la main, des deux bras étendus, etc. Ceci fait, on regarde les dossiers et on cherche.

Voilà par exemple un individu qui donne un faux nom, Pierre Durand, 22 ans, né à Nîmes, et prétend n'avoir jamais été arrêté. Il a 1^{m}65 de haut. On regarde les dossiers de 1^{m}65. Il y en a trois catégories, divisées suivant la mesure de la tête — 1er grandeur, 2e grandeur, 3e grandeur. — L'homme est de la deuxième. Bien. Dans cette deuxième grandeur, il y a trois catégories de grandeur de pied. Dans la catégorie qui correspond à celle du sujet il y a trois grandeurs de main, etc. Allant ainsi jusqu'au bout, on trouve une fiche qui correspond exactement à celle qu'a faite l'expert qui vient de mesurer le prisonnier et on découvre que le prétendu Pierre Durand se nomme Louis Dubois, est né à Bordeaux et a déjà six condamnations sur la planche ! Et comme à la fiche est annexée la photographie, il n'y a pas moyen de nier.

Voici du reste un exemple récent que nous donne le journal *Paris*.

LA MILLIÈME DU DÉPOT

Nous avons parlé à plusieurs reprises du système Alphonse Bertillon, pour la recherche, sur signalement anthropométrique, des récidivistes qui entrent au Dépôt sous faux noms.

Après une première expérimentation qui, en 1883, a amené quarante-neuf reconnaissances, le service d'identification a commencé d'une façon régulière au 1er juillet 1884. Le nombre des reconnaissances opérées a augmenté de mois en mois dans des proportions considérables, et, hier, le personnel du service établi au Dépôt avait la satisfaction d'enregistrer sa millième reconnaissance.

Le dernier récidiviste reconnu avait été arrêté pour un petit vol, l'enlèvement d'un paletot dans un café. Il déclara s'appeler Alexandre Miroli, mais quand on lui eut mesuré, suivant le système, la longueur et la largeur de la tête, la longueur du pied et du médius de la main gauche, examiné la couleur de l'œil et les cicatrices, on eut bientôt fait de retrouver parmi les 60,000 photographies, celle du sieur Ch..., condamné par défaut à trois ans de prison et qui ressemblait trait pour trait au prétendu Miroli. Ce malfaiteur dut avouer immédiatement qu'il avait signé le procès-verbal d'un faux nom, au commissariat de police.

Assistait à cette reconnaissance M. le commandant Guichard, directeur de la circonscription pénitentiaire de Besançon, et qui était venu spécialement à Paris pour se rendre compte du système et le faire appliquer dans cette circonscription.

PARIS — 17 Février 1887.

Les Parquets de province usent maintenant du service anthropométrique. Quand un prisonnier « douteux » est arrêté à Blois, à Rennes ou à Bordeaux, on le mesure et on envoie les chiffres constatés à Paris. Il est rare qu'on ne réponde pas par l'envoi d'une photographie ressemblante, accompagnée d'un dossier bien rempli.

XI

LES SERVICES EXTÉRIEURS

Pour en finir avec les services qui dépendent ou sont censés dépendre du Préfet de police, nous devons brièvement mentionner un certain nombre de *services* dits *extérieurs*, rattachés aux bureaux du cabinet et aux divisions.

Le *dispensaire de salubrité* dont le fonctionnement n'a pas besoin d'être expliqué. Il comprend un médecin en chef, un médecin en chef adjoint et un nombre variable, mais considérable, de médecins examinateurs. Le dispensaire ressortit de la première division, deuxième bureau.

A la même division, troisième bureau, appartient le *contrôleur général des prisons de la Seine*. Son autorité s'exerce sur le Dépôt et son infirmerie spéciale, la Maison de justice (Conciergerie), la Maison d'arrêt et de correction cellulaire (Mazas), la Maison d'arrêt et de correction des femmes (Saint-Lazare), le

Dépôt des condamnés (La grande Roquette), la Maison d'éducation correctionnelle (la petite Roquette), la Maison de correction de Sainte-Pélagie, la Maison de la Santé, la maison de répression et de mendicité de Saint-Denis, le Dépôt de sûreté de Saint-Denis, enfin le Dépôt de mendicité de la Seine de Villers-Cotterêt.

Chacune de ces maisons a un directeur, des médecins et un aumônier qui doivent compte au contrôleur général de la façon dont ils remplissent leurs fonctions. C'est au contrôleur général qu'incombe le soin de vérifier le bien-fondé des plaintes ou des révélations du genre de celles que vient de faire l'abbé Moreau dans son livre : *Le Monde des prisons.*

A la première division, cinquième bureau, appartiennent l'inspection médicale des aliénés et de l'infirmerie spéciale du Dépôt, l'inspection des asiles privés, des asiles publics, des maisons de santé, d'accouchement et de sevrage, le comité départemental pour la protection des enfants du premier âge, l'inspection des nourrices, la surveillance des enfants du premier âge comprenant treize circonscriptions, dans chacune desquelles agissent des médecins inspecteurs et des dames visiteuses.

Le fonctionnement de ces services a été souvent critiqué plus ou moins justement. Il peut y avoir eu, en effet, quelques négligences, quelques abus, mais la répression a toujours suivi la plainte ou la critique.

Peu de chose à dire donc.

Les services extérieurs ressortissant à la deuxième division, sont :

L'inspection des halles et marchés, comprenant cinq inspecteurs de première classe, un inspecteur principal aux bestiaux et des contrôleurs (chiffre variable, du reste, selon les besoins).

La police de la Bourse, comprenant un commissaire, un brigadier, un écrivain crieur et six gardes.

L'inspection de la navigation et des ponts, un inspecteur de première classe, seize inspecteurs et un garçon de bureau.

La commission de surveillance des bateaux à vapeur, composée d'un certain nombre d'ingénieurs, d'un chef de division et de l'inspecteur général de la navigation.

Le service des poids et mesures : huit commissaires de police et huit hommes leur servant à la fois de secrétaires et d'inspecteurs.

Le *service des architectes* : un architecte contrôleur, cinq architectes de première classe, cinq de seconde classe, et un garçon de bureau.

L'inspection sanitaire des garnis : dix inspecteurs et quatre commis ; dépense annuelle, 40,158 francs.

La fourrière : un contrôleur, un gardien comptable, deux commis, deux inspecteurs pour la visite des voitures et deux palefreniers.

La Morgue : un greffier en chef, deux commis greffiers, deux garçons et un appariteur.

Enfin, le conseil d'hygiène publique et de salubrité, dont le Préfet de police est président et qui est composé presque exclusivement de médecins, d'ingénieurs, de chimistes, etc., etc.

Comme pour les services ressortissant à la première division, nous ne voyons aucune critique à faire. A plusieurs reprises, on a demandé que ces services fussent détachés de la Préfecture de police et remis à la Préfecture de la Seine. Nous croyons que ce serait une grave faute, car leur personnel perdrait ainsi le prestige et l'autorité que lui donne son rattachement à la Préfecture de police. Un inspecteur des poids et mesures, par exemple, se présentant chez un débitant, pourrait se voir refuser la porte et serait obligé, pour exercer ses fonctions, de recourir aux soins du commissaire du quartier. Un commissaire de police aux poids et mesures, entre au nom de la Loi et peut briser toute résistance.

De même, les inspecteurs aux marchés, les contrôleurs de la boucherie, le brigadier de la Bourse, agents de la Préfecture de police, possèdent une autorité que n'aurait jamais un simple employé de la Préfecture de la Seine.

Et maintenant que nous en avons terminé avec les bureaux et les services extérieurs, nous allons passer aux seuls fonctionnaires qui soient sous la direction immédiate du Préfet : les commissaires de police.

XII

LES COMMISSAIRES DE POLICE

Les deux seuls représentants de la police avec qui le public soit en contact direct, les deux seuls qu'il connaisse et dont il accepte l'autorité, sont le Commissaire de police et le sergent de ville.

Le sergent de ville qui arrête, le Commissaire qui juge.

Nous disons *qui juge*, à dessein, car le bureau du commissaire est en réalité le premier tribunal devant lequel on passe. C'est lui qui, après examen sommaire, décide si les inculpés qui lui ont été amenés doivent être relâchés immédiatement ou définitivement arrêtés et traduits devant la justice.

Le Commissaire de police est donc un personnage d'une certaine importance.

L'origine des Commissaires de police est fort ancienne. A la fin du douzième siècle, nous trouvons trace de ces magistrats avec le titre de Commissaires au Châtelet. Depuis leur dénomination a souvent varié.

L'organisation actuelle est réglée par la loi du 28 pluviôse an VIII qui a consacré ce principe que, dans les villes de cinq mille à dix mille habitants, il doit y avoir un Commissaire de police et que dans les villes dont la population excède dix mille habitants, il y a un Commissaire par chaque dix mille habitants d'excédent.

Aujourd'hui les Commissaires de police des villes au-dessus de 6,000 âmes sont nommés par le Président de la République, sur la proposition du Ministre de l'Intérieur.

Dans les villes de 6,000 habitants et au-dessous, les Commissaires de police sont nommés et révoqués directement par le Préfet, sans l'intervention du Gouvernement.

Pour être nommé aux fonctions de Commissaire de police, il faut être âgé de vingt-cinq ans accomplis et être citoyen.

Une circulaire ministérielle du 31 mai 1852 recommande à l'attention et au choix des Préfets, comme candidats, les anciens officiers ou sous-officiers de toutes armes, et principalement ceux de la gendarmerie qui se sont fait remarquer par leurs qualités ; les anciens maires et administrateurs municipaux et les greffiers de Justice de paix, que la pratique des affaires judiciaires et administratives a mis à même de rendre de bons services.

Il y a plusieurs catégories de Commissaires de police.

Parmi eux on distingue : 1° Les Commissaires centraux ; — 2° Les Commissaires de police urbains ou communaux ; — 3° Les Commissaires de police cantonaux ; — 4° Les Commissaires de police des postes frontières ; — 5° Les Commissaires spéciaux de police cantonaux ; — 6° Les Commissaires divisionnaires de la police des chemins de fer ; — 7° Les Commissaires spéciaux de chemins de fer.

Nous verrons plus loin les attributions spéciales de chacune de ces catégories.

Les Commissaires des départements, quelle que soit leur dénomination appartiennent en effet à la sûreté générale. Les Commissaires de Paris ressortent de la Préfecture de police.

Nous aurons à examiner la différence et l'antagonisme de ces deux administrations.

Pour le moment c'est du corps des Commissaires de Paris que nous avons à nous occuper.

Les Commissaires de police de Paris, vu l'importance de la circonscription qu'ils gèrent, sont nommés par le Président de la République sur la proposition du Préfet de police, transmise et approuvée par le Ministre de l'Intérieur. Leur nombre a varié suivant les époques. Régulièrement, il doit y en avoir un dans chaque quartier. Il devrait donc y en avoir quatre-vingts pour les vingt arrondissements de Paris, mais au début de l'agrandissement de Paris, les nouveaux quartiers annexés ne se composant que de villes ou villages séparés par de larges espaces vides, comme la plaine Monceau par exemple, on avait groupé les nouveaux quartiers deux par deux et quelquefois même en plus grand nombre comme le sont encore les communes suburbaines.

Depuis, la population augmentant, de nouveaux commissariats furent créés. La plaine Monceau qui s'était couverte d'hôtels élégants fut pourvue d'un commissariat particulier séparé de celui des Ternes dont elle dépendait auparavant. Pendant un instant, après 1871, les quatre-vingts quartiers eurent chacun leur commissaire. Puis il y eut encore de nouveaux groupages. Enfin, à l'heure actuelle, soixante-quatorze commissaires administrent les quatre-vingts quartiers.

Bel-Air et Picpus, la Salpêtrière et Croulebarbe, la Santé et le Petit-Montrouge, la Muette et la Porte-Dauphine, Saint-Fargeau et le Père-Lachaise restent encore groupés ensemble.

Ce groupage peut être considéré comme une excellente mesure d'économie.

Mais, si les préfets de police étaient changés moins souvent et étaient moins absorbés par les questions politiques; s'ils avaient la volonté et la possibilité d'aller examiner de près ce qui se passe; si, en un mot, ils étaient plus maîtres dans leur administration, ils reconnaîtraient vite que cette mesure d'économie est désastreuse.

Sur quels quartiers roule-t-elle en effet? Voyez-les: l'Amérique, aux légendaires carrières; la Plaine-Monceau, avec la route de la Révolte en bordure, les terrains vagues et les cités interlopes, véritables Cours des Miracles; Saint-Fargeau; la Muette; la Porte-Dauphine; Javel, où se trouvent l'Ile des Singes, Billancourt et le voisinage du Bas-Meudon; Croulebarbe, avec les bords sinistres de la Bièvre;

le Petit-Montrouge ; la Salpêtrière avec la Butte aux Cailles et les chiffonniers ; Picpus, dont les emplacements déserts vont jusqu'à Saint-Mandé et au Bois de Vincennes...

Ces quartiers, très étendus ont été réunis à d'autres. Ils ne sont plus sous l'œil du magistrat chargé de les surveiller. Parcourez-les le soir. Vous ferez de longues courses sans rencontrer un seul sergent de ville. Est-ce à dire que le service y soit négligé ? Non, mais les îlotiers ont des espaces beaucoup plus larges à surveiller et il leur faut plus de temps pour faire leur tournée.

Or, ces quartiers, indépendamment des carrières et des maisons abandonnées où logent les vagabonds, contiennent de nombreux garnis borgnes où l'on couche à la nuit, et qui auraient besoin d'une surveillance de toutes les heures. Dans ces garnis, la loi est constamment éludée ; jamais les gens qui y viennent ne donnent leur nom véritable, et, en examinant le livre de police, vous trouvez à chaque ligne la mention *S. P.* (sans papiers), qui indique que le logeur a dû s'en rapporter à la bonne foi du locataire.

On voit quelle facilité cette organisation donne aux repris de justice et aux forçats en rupture de ban, qui viennent demander un asile à Paris.

Ce que nous disons pour les quartiers excentriques, nous pouvons le répéter pour la banlieue. Comme on l'a vu plus haut, le département de la Seine et une partie de Seine-et-Oise sont sous la dépendance du Préfet de police. Mais comme on n'a pas voulu mettre un commissaire dans chaque commune, — toujours par mesure d'économie, — on a fait là encore des groupages. Le même commissaire a à surveiller les communes de Saint-Maur, Bry-sur-Marne, Champigny, Joinville et Nogent. Un autre a les Lilas, Bagnolet, Noisy-le-Sec, Romainville et Bondy. Le commissaire de Sceaux étend sa juridiction sur Antony, Bagneux, Bourg-la-Reine, Chatenay, Châtillon, Clamart, Fontenay-aux-Roses et le Plessis-Piquet...

Notez que cette organisation, par-dessus le marché, arrive à être en contradiction avec les termes de la loi du 28 pluviôse, car le nombre des habitants est devenu beaucoup trop grand pour celui des commissariats. La circonscription de Sceaux, par exemple, compte près de 20,000 habitants pour les neufs communes.

Et, dans Paris, en vertu de la même loi, la plupart des quartiers devraient avoir deux commissaires. Certains même, comme les Halles (35,000 hab.), Bonne-Nouvelle (32,000 h.), Saint-Gervais (44,000 h.), la Sorbonne (33,000 hab.), Notre-Dame-des-Champs (40,000 hab.), l'Europe (34,000 hab.), Saint-Georges (36,000 hab.), Rochechouart (35,000 hab.), etc., etc., devraient en avoir trois ou quatre, puisqu'il en faut un par 10,000 habitants.

Les vingt-sept commissaires de banlieue réunis aux soixante-quatorze commissaires de Paris forment un total de cent un, auquel il faut ajouter trois commissaires aux délégations judiciaires, deux à la Sûreté, un au Contrôle, un à la Police municipale, un à l'état-major de la Place, un à la Bourse, etc.

Il y aurait encore à joindre les commissaires des

Poids et Mesures, de la Garantie et du Laboratoire municipal. Mais ce sont des agents dont le service tout spécial n'a aucun rapport avec celui des véritables commissaires. On ne les a pourvus de l'écharpe que pour faciliter l'exercice de leurs fonctions, et leur éviter l'obligation de recourir à l'assistance d'un commissaire du quartier, lorsqu'ils rencontrent de la résistance.

Le Commissaire de police n'est pas seulement un agent de la Préfecture, il est également un magistrat. Officier de police judiciaire et ayant prêté serment en cette qualité, il possède, lorsqu'il le faut, tous les pouvoirs du juge d'instruction ou du Procureur de la République. Il a le droit de se faire ouvrir la porte d'un domicile, de décerner un mandat d'arrestation, de faire une perquisition. C'est lui qui commence l'instruction criminelle, qu'il pousse quelquefois jusqu'au bout, et qu'il conserve, en tout cas, tant qu'elle ne lui est pas enlevée par le juge auquel il mâche ainsi la besogne. C'est à lui, comme nous le disions, que les gardiens de la paix doivent conduire tous les individus arrêtés sur la voie publique et sur le sort desquels il a à statuer provisoirement. Nous avions donc raison de dire qu'il *juge*.

Dans certains quartiers excentriques, d'ailleurs, le commissaire est obligé de juger véritablement.

A chaque instant la population qui a confiance en lui, vient lui exposer des cas de litige qu'elle ne veut pas porter devant les tribunaux et même devant le juge de paix dont elle se défie et dont l'audience est trop éloignée.

C'est le Commissaire qui doit admonester le mari qui bat sa femme, le gamin qui a fait l'école buissonnière et que plus tard peut-être il sera forcé d'envoyer à la Petite Roquette ou à Mettray. C'est le commissaire qui sert d'arbitre entre les locataires et les concierges, entre les marchands et leurs clients, etc., etc. Il y a des jours où ses bureaux sont tellement encombrés que pour trancher le différent il est forcé de mettre tout le monde à la porte.

Nous nous souvenons d'une anecdote charmante qui se passa un jour au commissariat de Grenelle. Une femme était venue tout éplorée raconter que son mari venait de la quitter pour partir avec la femme d'un de ses voisins.

Le Commissaire la consola de son mieux. L'infidèle était un paresseux, un débauché, un ivrogne dont elle devait être fort heureuse d'être débarrassée. Et puis, peut-être au bout de quelques jours, reconnaîtrait-il sa faute et reviendrait-il se repentant implorer son pardon ? Cela le corrigerait, etc., etc.

La femme s'en alla tout à fait calmée.

Elle était à peine sortie qu'un homme exaspéré faisait irruption dans le commissariat.

C'était le voisin dont la femme était partie avec l'autre. Il commença à raconter son histoire.

— Ah ! vous m'ennuyez, à la fin, avec vos affaires de ménage, s'écria le commissaire. Il vous a pris votre femme. Eh ! bien, allez prendre la sienne. Comme cela vous n'aurez rien à vous reprocher !

L'homme partit sans mot dire.

Un mois après, il reparaissait au commissariat. Cette fois il était rayonnant.

— Ah ! M. le Commissaire, s'écria-t-il avec des

larmes dans la voix. Que de remerciements je vous dois ! La femme que vous m'avez donnée est un ange, une perle. Jamais je n'ai été si heureux !

— Comment, je vous ai donné une femme, moi?

— Eh, oui, vous ne vous souvenez pas... celle de mon voisin qui m'avait pris la mienne ?...

— Ah ! saperlotte, s'écria le Commissaire s'en ressouvenant tout à coup, j'en ai fait une belle, moi ! Allez, mon ami, tant mieux pour vous. Mais ne racontez pas trop comment j'ai fait votre bonheur, cela me ferait une réputation à laquelle je ne tiens pas.

Le Commissaire de police a pour auxiliaire un secrétaire et deux inspecteurs. Quand le bureau est important, au secrétaire *titulaire* on adjoint un secrétaire *suppléant* qui fait en quelque sorte son stage, en aidant à la besogne.

Nous reparlerons tout à l'heure du secrétaire. Un mot des inspecteurs qui changent fort rarement et font pour ainsi dire partie du *matériel* du bureau.

Ces deux inspecteurs, qu'il ne faut pas confondre avec des inspecteurs attachés aux diverses brigades (recherches, sûreté, garnis, etc.) attachés à la police municipale, sont en réalité des employés, chargés de prendre des informations sur les individus arrêtés ou de vérifier les allégations qu'ils produisent devant le commissaire. Ils tiennent les livres, signent au besoin les permissions ou les légalisations de signatures. Néanmoins ils sont eux aussi hommes d'action quand il le faut et, lorsque *le patron* va en expédition, c'est eux tout d'abord qu'il emmène.

Ces braves gens connaissent leur quartier comme

un garde champêtre connaît son village. Ils sont, pour les agents de la sûreté, des auxiliaires précieux. Un vol, une effraction, une agression nocturne sont-ils commis dans le quartier : « C'est un tel, disent-ils. » Recherche-t-on un malfaiteur dont la trace est perdue : « Voyez donc à tel cabaret, dans tel bal », s'écrient les inspecteurs. Et rarement ils se trompent, renseignés qu'ils sont par les logeurs, les marchands de vins, et souvent par d'autres industriels moins recommandables qui, ayant besoin d'une tolérance, achètent par des renseignements la faveur des policiers. Ces indicateurs d'occasion n'osent pas s'adresser au commissaire, c'est un trop gros monsieur; ils en ont peur. Ils causent plus aisément avec les inspecteurs, gens pas fiers, acceptant au besoin un verre de vin. Il y en a eu de légendaires. Au quartier du faubourg Montmartre, il y a quelques années, on ne connaissait que « le père Thomas » auquel nombre de marchands des quatre-saisons et de camelots supposaient beaucoup plus d'influence qu'au commissaire lui-même. Au quartier Montparnasse, le « père Troncin » n'avait pas son pareil pour confesser un concierge. Offrant une prise de tabac, il commençait par raconter un tas d'histoires et la confidence provoquant la confidence, le concierge bavardait à son tour et donnait au policier les renseignements dont il avait besoin.

— Quel vieux potinier que le père Troncin ! se disait le concierge, sans se douter que ce « potinage » était un piège dans lequel il « coupait. »

Depuis quelque temps — pour avoir un pied chez

le commissaire, — on leur « colle » comme inspecteurs des gardiens de la paix détachés de leur brigade. Le résultat est doublement mauvais. Manque d'expérience et attache à la Police municipale, qui sait ainsi ce qu'elle n'a pas besoin de savoir.

Les Commissaires de Paris sont, sauf de rares exceptions, recrutés dans le personnel des commissaires de banlieue et des officiers de Paix, lesquels sont eux-mêmes choisis parmi les secrétaires.

Revenons donc au secrétaire, l'auxiliaire obligé du Commissaire.

Les secrétaires de Commissariats de la Ville de Paris ont été établis en 1822 ; ils sont nommés par le Préfet de police.

Ils touchent un traitement annuel de 1800 francs qui peut être élevé jusqu'à 3,000 francs. Les augmentations de traitement ne peuvent dépasser 300 fr.; et la nomination à une classe supérieure ne peut être faite qu'après un délai de trois ans passés dans la classe immédiatement inférieure.

Indépendamment des secrétaires *titulaires* de Commissariats, il y a à Paris vingt secrétaires *suppléants*, qui sont appelés à remplacer les titulaires malades ou empêchés.

Les secrétaires suppléants touchent un traitement annuel de 1500 francs.

Les secrétaires sont les collaborateurs sédentaires des Commissaires de Police.

Ils concourent avec ces derniers à l'expédition des affaires judiciaires et administratives ; ils s'occupent spécialement de la rédaction des procès-verbaux et des rapports destinés soit au Parquet soit à la Préfecture de Police.

Ils tiennent les bureaux en l'absence des commissaires de police.

Ils sont agents de l'autorité publique et peuvent requérir la force publique en leur nom ; mais ils ne peuvent être considérés comme des agents d'exécution ; sauf les cas exceptionnels, il ne sont astreints à aucun acte de Police extérieure.

Dans son langage populaire, le Parisien a donné au secrétaire un singulier surnom. Le voyant dans toutes les expéditions, dans toutes les descentes de justice marcher derrière son patron, il l'a baptisé : le *Chien du Commissaire*.

C'est tellement passé dans la langue que, même en causant avec les agents, une marchande des quatre-saisons ou un camelot se laisseront aller à dire :

— Mais puisque j'ai la permission. C'est le *Chien du Commissaire* qui me l'a accordée.

Dernièrement dans un quartier les plus centraux de Paris, une bonne femme se présentait et disait gravement au secrétaire :

— Je voudrais parler au chien du Commissaire.

Le secrétaire, un homme d'esprit, s'inclina et répondit fort gracieusement :

— Désolé, madame, mais M. le commissaire n'a plus de chien. Il l'a vendu le 31 décembre pour ne pas payer l'impôt.

Le corps des Secrétaires est en général fort bien composé. Pour être admis comme suppléant, il faut avoir une certaine instruction et, du reste, passer un examen. C'est par un nouvel examen qu'on a le grade de titulaire et un dernier examen fort difficile est encore nécessaire pour devenir soit Commissaire de banlieue, soit officier de Paix.

Pour cette dernière nomination on a égard d'abord aux aptitudes personnelles du candidat, ensuite et surtout à sa constitution. Les officiers de Paix, véritables militaires, sont choisis parmi les secrétaires les plus grands, les plus forts, les plus propres à un service actif.

Les secrétaires qui sont nommés Commissaires de Police, passent d'abord par ce qu'on appelle la petite banlieue, c'est-à-dire Enghien, Meudon, Saint-Cloud, Sèvres. De là, ils vont dans les circonscriptions plus importantes où ils attendent leur rentrée à Paris.

Le roulement des nominations parisiennes est à peu près ainsi réglé : un officier de Paix, un Commissaire de banlieue. Quelle que soit la voie qu'ait choisie le secrétaire, il arrive donc à peu près au même but dans le même espace de temps.

Le secrétaire, nous l'avons dit, est l'auxiliaire important du commissaire. Il le remplace en toutes choses. Quelquefois c'est lui qui mène le commissariat. Au quartier de Grenelle, le commissaire, M. G... est resté six mois sur son lit mourant de la poitrine et c'est le secrétaire qui, pendant ces six mois, a fait toute la besogne sans que jamais aucun accroc se produisit. Ce secrétaire, M. P... est, du reste, aujourd'hui un des meilleurs commissaires de Paris.

Dans un autre quartier également industriel et populeux, le commissaire était absolument tombé en enfance. Comme il avait vingt-neuf ans de services, l'administration patientait et voulait lui faire atteindre le moment de sa retraite. Là, aussi, le secrétaire titulaire, pourvu d'un bon suppléant, suffisait à tout. Il faisait carrément les arrestations, les perquisitions, les procès-verbaux.

Quelquefois, les choses n'allaient pas toutes seules. Un jour, un inculpé refusa nettement d'obéir aux sommations du secrétaire, demandant les preuves de sa qualité de magistrat. N'osant pas ceindre illégalement l'écharpe, le jeune homme envoya chercher son patron. Ce ne fut pas chose facile. Le vieux commissaire était en train de manger une omelette aux truffes et ne voulait pas l'abandonner. On dut l'amener presque de force et tout le temps de l'opération il ne fit que geindre et demander si « ce ne serait pas bientôt fini ».

C'est, du reste, à ce commissaire que le fameux W... un secrétaire dont les facéties sont restées légendaires dans l'administration, fit envoyer un jour à la préfecture une oie gâtée, saisie dans un marché et que pour comble de précaution il avait gardée quatre jours dans un placard très chauffé. Elle était accompagnée d'un ordre d'envoi qui se terminait par ces mots : « Bon pour couper la tête au commissaire de police. »

Le brave commissaire avait signé de confiance le papier qu'on lui présentait sans se douter qu'il prêtait la main à une petite vengeance préparée contre lui.

Tous les commissaires ne sont pas heureusement comme celui-là, mais on en pourrait citer quelques-uns qui ne font guère de meilleure besogne. Il n'en est pas moins vrai que le secrétaire n'est pas, comme on pourrait le croire, un simple scribe, mais remplit de véritables et sérieuses fonctions.

Nous croyons donc qu'il y aurait urgence à donner au secrétaire une autorité un peu plus grande, ou du moins un peu plus officielle, que celle qu'il a en ce moment. Cette urgence sera bien plus évidente tout à l'heure, quand nous examinerons le fonctionnement des bureaux.

Mais il est une erreur contre laquelle nous croyons devoir en passant protester.

C'est celle que commet notre confrère du *Temps*, lorsque dans son étude sur la police que nous avons déjà citée et que nous aurons à citer encore, il croit que le commissaire parisien n'a à faire aucun service actif.

Les commissaires de police à Paris, dit-il, ne sont pas, peut-être à leur grand regret, des hommes d'action. Tandis qu'en province ils ont des agents sous leurs ordres, tandis que, même dans les communes de la banlieue, ils dirigent et commandent les sergents de ville, à Paris le commissaire de police dans son quartier est surtout un magistrat. La Préfecture de police, en le classant dans l'ordre des agents sédentaires, a bien marqué son rôle. C'est un homme de plume ; et s'il n'avait pas, de temps en temps, une perquisition à faire, une descente de jeux à opérer ou une visite de garnis à effectuer nuitamment, il pourrait, comme un notaire de campagne, travailler en pantoufles et bonnet grec.

Et plus loin :

Le commissaire de police à Paris fait de la procédure. C'est avant tout un homme de cabinet. C'est un magistrat. L'action n'est pas son métier. Ce policier pourrait être cul-de-jatte.

Évidemment le commissaire de police n'a pas un rôle aussi actif que le gardien de la paix chargé de veiller jour et nuit à la sécurité de la paix publique, mais il ne s'ensuit pas de là qu'il soit attaché à son rond de cuir et qu'il n'ait pas quelquefois à faire preuve d'énergie et de vigueur.

Dans les temps de troubles, n'est-ce pas lui qui, ceint de son écharpe et sans autre défense, marche à la tête de la force armée pour faire aux émeutiers les sommations légales ? Croyez-vous que s'il était cul-de-jatte, le représentant de l'autorité aurait l'influence nécessaire pour dissiper le rassemblement ?

Lors des visites de garnis, n'est-ce pas lui encore qui le premier se présente pour faire ouvrir les portes des taudis hantés par les vagabonds, les souteneurs et les filles ? Il y a quelquefois de terribles résistances et là encore il faut que le commissaire de police se montre un *homme*.

Une anecdote va le prouver. En 1871, pendant l'occupation allemande, M. Poggi, commissaire d'Aubervilliers, — et qui était, si nous ne nous trompons, le père ou l'oncle du Commissaire du même nom, actuellement en fonctions, — reçut du commandant prussien, l'injonction de débarrasser sa circonscription des filles publiques qui y pullulaient et infestaient l'armée.

Le quartier général de ces filles était un corps de bâtiment appelé la Cité de Mars, M. Poggi s'y rendit avec deux hommes.

Les premières opérations ne souffrirent aucune difficulté ; on avait affaire à des filles des barrières de Paris habituées à plier devant la Police, il n'y avait donc qu'à les cueillir et les faire conduire au poste.

Mais tout à coup, le Commissaire pénétra dans une grande chambre où trois filles à demi nues versaient du punch à des officiers prussiens. En l'apervant les filles se mirent à pousser des cris et à ces cris l'un des officiers dégainant se précipita l'épée haute sur M. Poggi.

— Frappez, dit celui-ci, en ouvrant sa redingote et en montrant sa ceinture tricolore. Vous allez voir comment un magistrat français meurt en accomplissant son devoir !

Les deux autres officiers moins ivres, sans doute, s'étaient élancés pour s'interposer, mais le coup d'épée était lancé et la lame, traversant l'étoffe aux trois couleurs vint effleurer légèrement à la hanche M. Poggi qui ne bougea pas.

L'officier fut enlevé par ses camarades. Le Commissaire continua sa razzia. Le lendemain matin il se rendit à la Commandanture pour savoir ce qu'on avait fait de son agresseur et intercéder pour lui. On lui répondit que cela ne le regardait pas, que c'était une affaire de discipline et que cet officier « ne reviendrait jamais à Aubervilliers. »

Ce fut tout ce qu'il en put savoir.

Que ce butor ait été incarcéré ou fusillé, peut nous importe. Ce que nous voulons retenir de cette histoire, c'est le courage, le sang-froid, l'énergie du Commissaire de police qui en est le véritable héros.

Autre anecdote.

Dans les premiers jours de 1872, un chemisier du boulevard de Sébastopol, M. L..., poussé par nous ne savons quelle toquade, s'avisa de placarder dans sa vitrine deux immenses affiches injurieuses pour l'Assemblée Nationale.

« *Ici l'on signe une pétition pour chasser les sept cent cinquante gredins de Versailles,* » y était-il écrit.

On devine quel émoi ces affiches causèrent dans le quartier. Au bout d'une heure, il y avait plus de mille personnes devant la porte du magasin. La circulation était interrompue. Les gardiens de la Paix étaient impuissants devant cette masse : Les curieux renvoyés d'un côté revenaient de l'autre, ou bien encore allaient raconter à leurs amis et connaissances ce qu'ils avaient vu et la foule revenait plus compacte.

Il fallait absolument faire cesser cet état de choses. Le Commissaire du quartier, un vieillard, se présenta pour faire enlever les affiches. Mais à peine eut-il mis la main sur le bouton de la porte, que L... le saisit à la gorge et le jeta dehors en le menaçant de lui brûler la cervelle.

A partir de ce moment, L... enorgueilli par son succès, se mit à se promener de long en large, un revolver dans chaque main. La nuit venue, il illumina brillamment sa vitrine et continua son exhibition en présence d'une foule accourue de tout Paris.

Le Commissaire voulait revenir accompagné d'agents et, au péril de sa vie, faire cesser ce scandale.

Le Préfet s'y opposa et confia la mission à M. Foucqueteau, commissaire de police des Ternes homme jeune, énergique et robuste, beaucoup plus à même de soutenir une lutte que son vieux collègue.

M. Foucqueteau, commença par examiner la situation. Il y avait au fond du magasin une porte vitrée. Il donna l'ordre à ses deux inspecteurs de faire le tour par le couloir, d'aller se placer derrière cette porte et de l'ouvrir à un signal convenu. Puis, ceignant son écharpe, il entra tranquillement dans le magasin.

— Qui êtes-vous et que voulez-vous ? s'écria L... en se précipitant vers lui et en lui mettant ses deux revolvers sous le nez.

— Mon cher monsieur, répondit M. Foucqueteau, je suis Commissaire de police et je viens vous arrêter d'abord et ensuite faire enlever ces deux affiches qui sont tout à fait inconvenantes.

— M'arrêter ! ricana L..., mais vous ne voyez donc pas ces deux joujoux-là ? Faites un geste pour me toucher et vous aurez douze balles dans la tête.

Le commissaire se mit à rire à son tour.

— Farceur, dit-il, vous croyez que je crains vos pistolets ? Et puis après, quand bien même vous me tueriez, nous sommes quatre-vingts commissaires à Paris, il en viendrait un second, puis un troisième, vous n'auriez jamais assez de balles pour tout ce monde-là. Tenez, voulez-vous faire un pari avec moi ? D'ici dix minutes je vous aurai arrêté, vous ne m'aurez pas tué, les affiches seront enlevées et nous serons en voiture pour vous conduire au Dépôt.

L..., un peu déconcerté par ces paroles et ce ton railleur, regardait le commissaire.

A ce moment, les deux inspecteurs apparurent derrière la porte vitrée. M. Foucqueteau fit un signe, cette porte s'ouvrit brusquement,

Instinctivement, L... tourna la tête. M. Foucqueteau s'élança sur lui et lui saisit les deux poignets. Il voulut se débattre, mais les inspecteurs arrivant à leur tour l'avaient saisi et désarmé.

— Au nom de la Loi, je vous arrête ! prononça le magistrat. Puis reprenant son ton railleur :

— Eh ! bien, mon cher M. L..., ajouta-t-il, qu'est-ce que je vous avais dit ?... Vous voilà arrêté ; on va enlever vos affiches et avant que les dix minutes soient écoulées vous serez sur le chemin de la Préfecture. Vous avez joliment bien fait de ne pas parler, hein ?

— Ah ! ma foi, vous êtes un malin, vous, répliqua L... abasourdi. Vous pouvez être tranquille, je ne ferai plus de résistance.

Et, en effet, il se laissa conduire docilement au Dépôt.

Ces faits ne sont point exceptionnels et dans maintes circonstances, les commissaires de police de Paris ont, avec moins d'éclat peut-être, mais aussi sérieusement à faire preuve de vigueur et de courage. Nous en pourrions, s'il le fallait, citer encore bien des cas.

Après ce que nous venons de dire, on se demandera comment il se fait que les gardiens de la paix ne soient pas à Paris, placés sous les ordres directs du commissaire de police qui peut en avoir besoin à chaque instant pour une arrestation importante, celle d'une bande de rôdeurs, de souteneurs, etc., etc ?

On se demandera par contre pourquoi l'officier de paix, qui est en quelque sorte toujours là avec ses hommes sous la main, n'est pas chargé des arrestations au lieu et place du commissaire de police.

Un écrivain, ces jours derniers, dans un article du reste fort bien fait, disait que c'était là un cas tout à fait particulier à Paris.

Notre confrère se trompe. Cette situation n'est point unique et particulière à Paris, c'est la situation générale et légale. Les commissaires de police de Paris sont en effet officiers de police judiciaire auxiliaires *du procureur de la République*, c'est-à-dire magistrats. Le même titre est accordé en province aux juges de paix, maires et adjoints.

Ce sont même ces trois derniers magistrats qui seuls ont qualité pour faire, en l'absence du Parquet, les constatations et les recherches nécessaires, dans les villes assez nombreuses où il n'existe qu'un commissaire cantonal ou urbain, simple employé de la commune, ayant moins d'autorité qu'un gendarme.

Or, les juges de paix, les maires et les adjoints ne commandent à aucun agent — souvent parce qu'il n'en existe pas dans leur localité. Pourtant ils sont dépositaires de l'autorité administrative et judiciaire.

Mais *ils ont le droit de requérir directement la force publique*, représentée chez eux par la gendarmerie.

De même à Paris, le commissaire de police, *magistrat* a le droit, quand il le juge nécessaire, de requérir la force publique représentée, non seulement par les gardiens de la paix, mais encore par la Garde-Républicaine et la Gendarmerie.

Si les commissaires de banlieue ont des agents directement sous leurs ordres, c'est parce que ces agents tout à fait distincts de la police municipale parisienne et qui ont du reste, conservé le nom de *sergents de ville*, sont payés par les communes qui composent l'agglomération du commissariat et mis directement par l'autorité municipale à la disposition du commissaire pour l'aider dans sa besogne de chaque jour et lui éviter de réquérir à toute minute la gendarmerie assez occupée déjà.

C'est aussi parce que le poste et le commissariat se trouvant confondus — le poste étant placé dans l'antichambre du commissaire — celui-ci n'a qu'à dire aux agents de faire ceci ou cela, tandis qu'à Paris, où le poste est à part, il faut bien qu'il fasse demander les hommes dont il peut avoir besoin et qu'il prévienne l'officier de paix — capitaine de ces hommes — pour que ce capitaine sache où ils sont et ce qu'ils font.

Dans les commissariats installés réglementairement d'ailleurs — comme était il y a quelque temps celui de la Halle au blé, le bureau du commissaire et celui du secrétaire sont reliés au poste par un tube acoustique qui permet de demander des agents si on en a besoin...

Ce n'est donc point dans les rapports entre le commissaire de police, magistrat, et l'officier de paix, agent de la force publique, chargé de l'assister que nous trouverons un vice de fonctionnement. Ce n'est pas non plus dans le personnel, excellent — sauf de rares, très rares exceptions. La critique à faire, — critique sérieuse, — portera sur les *heures de bureau* c'est-à-dire les heures auxquelles le commissariat est ouvert au public.

Le service des commissariats, en effet, n'est malheureusement pas permanent et présente de nombreuses lacunes.

XIII

LE SERVICE DES COMMISSARIATS

Le service des Commissariats de police de Paris a été institué comme suit par un règlement général en date du 14 avril 1856.

Les bureaux des Commissaires de police sont ouverts de neuf heures du matin à quatre de relevée, et de sept heures du soir à dix heures.

Toutefois, les dimanches et jours fériés, il n'y a qu'un bureau ouvert pour deux quartiers. (*Rég. Gén. du 14 Avril 1856, Art.* 11).

Tous les jours, à partir de quatre heures du soir, un Commissaire de Police est de permanence pour deux quartiers (*id., Art.* 12).

Les Commissaires et secrétaires attachés à un Commissariat alternent pour le service du soir, mais de manière à ce que le secrétaire soit toujours de service dans le quartier où le Commissaire de police n'est pas de permanence.

Les dimanches et jours fériés, le secrétaire et les inspecteurs attachés aux bureaux ouverts au public sont tous trois de service pendant la journée et pendant la soirée. (*Id., Art.* 13).

Les Commissaires de police déterminent eux-mêmes, suivant les besoins de leurs commissariats respectifs le service des garçons de bureau.

Toutefois, ceux-ci doivent toujours être de service les jours ordinaires, de quatre à sept heures du soir et les dimanches et jours fériés, lorsque le bureau auquel ils sont attachés n'est pas ouvert au public.

Ils doivent se tenir dans le bureau, pendant ces heures de fermeture, pour donner au public les indications nécessaires et pour prévenir le Commissaire de police de permanence dans tous les cas d'urgence. (*Id. Art.* 14).

Indépendamment du service dans leur quartier, les Commissaires de Police alternent entre eux pour le service de surveillance et de police dans les théâtres de la capitale.

Il y a dans chaque théâtre un Commissaire de Police de service.

Il doit y rester en permanence depuis l'ouverture des bureaux jusqu'après la complète évacuation de la salle. (*Id., Art.* 19).

Les Commissaires de police ne peuvent pas échanger leurs services dans les théâtres sans l'autorisation du Préfet de police. (*Id., Art.* 21).

L'alternat des Commissaires de police dans les théâtres a été réglé de façon qu'ils soient de service tous les quatre jours et le soir où ils ne sont pas de permanence pour deux quartiers.

Tous les trois mois, un nouveau théâtre leur est affecté, conformément à un tableau de roulement établi par l'Administration.

(*Manuel de Police Judiciaire*, par F. Mironneau, page 250).

Ainsi donc, de cinq heures à huit heures du soir, *tous* les Commissariats de police de Paris sont fermés. Et, s'il y a un accident, un vol, un crime, un événement quelconque qui nécessite la présence et l'intervention du Commissaire, il faut attendre.

Attendre. Est-ce que les criminels attendent, eux?

Est-ce que pour voler ou assassiner les gens, ils ont des heures de bureaux ?

A huit heures on rouvre. Et encore pas partout. Un Commissariat sur deux ! Les quatre quartiers de chaque arrondissement sont réunis deux par deux, un n° pair et un n° impair. Un soir, c'est le Commissaire de l'un qui est de service de huit à dix heures, le lendemain, c'est l'autre.

Par exemple, le quartier du faubourg Montmartre porte le n° 35 et le quartier Rochechouart le n° 36. Le Commissaire du faubourg Montmartre administre les deux quartiers les 1er, 3, 5, 7, 9, etc. Celui de Rochechouart, est de faction les 2, 4, 6, 8, 10, etc.

Voyez comme c'est commode. Une histoire vous arrive, un vol est commis chez vous, un voyou vous attaque, un de vos voisins se suicide, vous courez à votre Commissariat. Fermé !...

Rigoureusement, le Secrétaire devrait être là. Mais il n'y est pas. Pas même un inspecteur, pas même un garçon de bureau. A leur place un écriteau qui vous indique qu'il faut aller au bureau de l'autre quartier, à un ou deux kilomètres, déposer votre plainte ou faire votre déclaration.

Et le lendemain, c'est encore à ce bureau éloigné qu'il faudra aller témoigner si la chose en vaut la peine et que l'instruction se continue.

Dans les quartiers excentriques où il n'y a que trois Commissariats par arrondissement, c'est terrible. Voyez-vous par exemple la course de la rue Julien-Lacroix à Belleville, à la rue d'Avron (ancienne Grande-Rue de Montreuil, à Charonne ? Un véritable voyage au long-cours en passant derrière le Père-Lachaise !

Et après dix heures. C'est pis encore. Tous les Commissariats sont définitivement fermés jusqu'au lendemain matin.

Les Commissariats fermés, alors que vient de commencer la nuit de la Grande ville !

> Du plaisir et du bruit
> Voilà Paris la nuit !

Dit une vieille chanson. Et c'est à ce moment, quand les filous sortent, quand les filles encombrent le trottoir, quand les escarpes aiguisent leurs surins, c'est à ce moment que la police ferme sa porte !

Quelle anomalie !

Il y a le poste, il est vrai, où dans un cas comme ceux que nous citions tout à l'heure, on peut aller faire sa déclaration. Mais on n'y trouve point un magistrat, ayant qualité pour agir et prendre une décision. On n'y rencontre qu'un brave brigadier qui vous conseille de vous présenter au commissariat le lendemain matin à neuf heures ! Il faut un événement excessivement grave, comme un assassinat par exemple, pour qu'on envoie un exprès réveiller le commissaire. Sans cela on ne peut que vous prier d'aller vous coucher et d'attendre au lendemain !

Attendre ! Encore une fois, les malfaiteurs attendent-ils, eux ?

A Lyon, à Marseille, à Bordeaux, dans toutes les villes de France un peu importantes il y a la nuit un bureau qu'on appelle *la permanence*, et où le public est certain de trouver un commissaire de police, c'est-à-dire un fonctionnaire pouvant verbaliser, à qui parler, à qui se plaindre, et en mesure d'agir dans les petites comme dans les grandes choses. A Paris seulement, à Paris, la ville où jamais, ni jour ni nuit, la vie ne s'arrête, la police suspend son fonctionnement pour dormir.

Et le légendaire *œil*, toujours ouvert, qu'en fait-on alors?

A notre avis, il y aurait là toute une réforme à faire.

D'abord le service de permanence des commissariats devrait être créé. Pour ne pas trop charger la besogne, on pourrait décider qu'un seul bureau sur quatre, par arrondissement, serait ouvert toute la nuit avec son personnel au complet. Mais il faudrait — ce qui d'ailleurs devrait exister depuis longtemps que chacun de ces bureaux fût relié au poste. Les postes ayant entre eux un service télégraphique, on pourrait, pour tout événement en valant la peine, prévenir immédiatement le commissaire de service et réclamer son intervention.

Voilà pour la nuit. Passons à la journée. Pourquoi cette interruption de cinq heures à huit heures? Pour que le personnel aille dîner!... Sapristi, trois heures, c'est joli. Et puis, est-ce que tout le monde est obligé d'aller dîner à la fois? Que le commissaire ou son secrétaire s'entendent, que les inspecteurs et le garçon de bureau prennent leurs arrangements, mais qu'il y ait toujours quelqu'un pour répondre. Un bureau de commissariat ne devrait jamais être fermé!

Enfin, pour l'alternat, quelle utilité y a-t-il à ce que le commissaire qui, par son tour de garde, a commencé une affaire, la conserve jusqu'au bout? Voilà par exemple une bande de souteneurs qui brise les vitres d'un commerçant rue du faubourg Montmartre à côté du commissariat. Comme ce commissariat n'est pas dans son jour de service, c'est à celui de Rochechouart, rue Bochard-de-Saron que sont conduits les délinquants et que le commerçant va déposer sa plainte. Eh ! bien, pourquoi le lendemain matin, le commissaire de la rue Bochard de Saron ne remet-il par son procès-verbal à son collègue pour continuer l'enquête? Le plaignant qui est à la porte du commissariat n'aurait pas deux, trois ou quatre fois un kilomètre à faire pour déposer. Et, peut-être les inspecteurs du faubourg, habitués à coudoyer la plèbe qui l'encombre, reconnaîtraient-ils parmi les prévenus quelques figures absolument inconnues de leurs confrères de Rochechouart !

Mais, c'est la fo-o-orme. On a commencé, on continue.

XIV

CRÉATION DE COMMISSAIRES-ADJOINTS

Enfin, pour aider à l'établissement du service de permanence que nous réclamons, nous voudrions une extension plus grande de l'autorité des secrétaires. On a sous la main des jeunes gens actifs, intelligents, capables, ayant subi déjà toute une série d'examens, n'en ayant plus qu'un à passer pour ceindre l'écharpe et on les laisse jusqu'au bout dans les fonctions de scribe. On ne leur accorde droit ni à l'autorité ni à l'initiative. Il leur faut, pour remplir les difficiles travaux qui leur incombent aujourd'hui usurper en quelque sorte l'une et l'autre !

Nous avons montré ce que sont certains secrétaires dans des commissariats dont le titulaire ne peut, pour une cause ou pour une autre, accomplir ses fonctions. Un fait fera voir ce qu'ils ont à faire journellement, même avec un commissaire capable et actif.

C'était à Saint-Denis, vers 1872. Le commissaire de police était alors, M. Dulac, aujourd'hui commissaire aux Délégations judiciaires et l'un des meilleurs auxiliaires du Parquet. M. Dulac avait pour secrétaire un jeune homme que nous ne désignerons que sous l'initiale de X...

C'était un dimanche, le commissariat était fermé. A la fenêtre de son domicile particulier, le secrétaire fumait tranquillement sa pipe. Tout à coup, il aperçoit un rassemblement. Il sort, s'approche et voit un homme ensanglanté qu'on apportait dans une pharmacie. C'était un paysan qui venait d'être frappé d'un coup de couteau par un de ses voisins à quatre kilomètres de là, au lieu dit Le Pont-du-Cornillon.

M. X... n'avait pas un agent sous la main. Ils étaient tous de service dans les bals environnants. Pourtant il n'y avait pas de temps à perdre. Il envoya un gamin prévenir la gendarmerie et, fourrant dans sa poche un petit revolver, il se dirigea vers l'endroit où se trouvait l'assassin.

Il l'aperçut bientôt, un couteau à la main, brisant à coups de cailloux les vitres de la maison de sa victime et appelant à grands cris la femme à laquelle il voulait, disait-il, « faire son affaire » comme il l'avait faite au mari.

Le secrétaire s'avança vers lui et le mettant en joue avec son revolver :

— Au nom de la Loi, dit-il, je vous arrête comme prévenu d'assassinat. Rendez-moi votre couteau ou je vous brûle la cervelle.

— Mon couteau, je vais vous le flanquer dans le ventre !

— Pas de résistance. Tendez-le moi. Pas comme cela, par le manche et vite, ou je tire.

L'homme obéit.

— Marchez, maintenant, reprit le secrétaire toujours le revolver à la main.

Mais voilà qu'une demi-douzaine de rôdeurs que le bris des carreaux amusait sans doute, s'approchèrent en murmurant. En même temps, un garde-messier d'Aubervilliers, qui faisait sa ronde crut de son devoir d'intervenir.

— De quel droit menacez-vous cet homme avec un revolver? demanda-t-il d'un ton important.

— Je suis secrétaire des commissariats de police, laissez-moi accomplir mon devoir.

— Ah! vous êtes secrétaire; eh bien, montrez-moi votre carte. Moi, je suis garde et je puis montrer ma commission, prononça le messier en tirant un papier de sa poche.

— Si vous êtes garde, vous devez me prêter assistance; sinon, fichez-moi la paix!... s'écria le secrétaire impatienté et surtout inquiet de la tournure que prenait l'affaire, car tous les assistants étaient visiblement contre lui. Et puis, en voilà assez. Marche, toi, dit-il à l'homme ou je te brûle la cervelle et le premier qui s'avancera, je lui en fais autant!

A ce moment il s'aperçut que le revolver dont il menaçait tout le monde était vide. Il n'avait pas pensé à le charger. Néanmoins, il fit bonne contenance et continua à le brandir d'un air menaçant. L'homme, du reste, se mit en marche docilement et le garde-messier se retira.

Un quart d'heure après, le secrétaire, avec un vrai soupir de soulagement, remettait son prisonnier entre les mains des gendarmes accourus à sa rencontre.

Cet acte de courage dont l'auteur fut félicité hautement par le président des assises, n'est point un fait exceptionnel. Nous ne l'avons cité que pour montrer combien peut être utile la présence incessante du commissaire ou de son représentant. Dans le cas présent, le bureau étant fermé, le secrétaire pouvait parfaitement rester tranquille à fumer sa pipe. Personne n'eut songé à arrêter le meurtrier qui, très probablement, aurait fini par pénétrer dans la maison et poignarder la femme qu'il menaçait. C'est donc plus encore au point de vue de la prévention du crime que de sa répression que la permanence des commissariats serait urgente.

Si donc on craint que le personnel des commissaires de police ne puisse suffire à la besogne qu'occasionnerait cette permanence, qu'on fasse aider les commissaires par un certain nombre de secrétaires choisis parmi les plus expérimentés et dans ce cas qu'on donne à ces secrétaires, comme cela se fait, croyons-nous, en Belgique, le titre de commissaires adjoints, auxiliaires ou suppléants.

Cela formerait, du reste, une graduation hiérarchique parfaitement rationnelle. Les secrétaires de police débutant comme suppléants à 1,500 francs arriveraient titulaires à 1,800, augmenteraient de classe en classe et, à la veille d'être nommés, au lieu du titre de secrétaire, toujours conservé jusqu'au dernier jour auraient le titre plus honorifique et plus sérieux de commissaire auxiliaire.

Cela contenterait tout le monde : le public qui aurait une garantie de plus pour sa sûreté et le personnel qui aurait une satisfaction bien légitime d'amour-propre.

XV

LES COMMISSAIRES AUX DÉLÉGATIONS

Indépendamment des commissaires de quartier, il y a, avons-nous dit, trois commissaires aux délégations spéciales et judiciaires.

Ces magistrats ne sont point en contact direct avec le public. Ils sont à la disposition du juge d'instruction.

Il arrive souvent que telle affaire commencée dans un commissariat de quartier, se prolonge de telle façon que le commissaire de police ne puisse la suivre sans porter préjudice à la besogne courante. A chaque instant, on vient requérir l'assistance du commissaire, pour un suicide, pour un vol, pour assister un huissier dans ses fonctions. Il est difficile de bien suivre une instruction avec tous ces dérangements.

En outre, le commissaire placé dans un quartier souvent éloigné du Palais ne peut être en communication constante avec le juge. Ce sont des voyages, des allées et venues qui entravent tout.

Dans ce cas, le juge, reprenant les dossiers, les donne au commissaire aux délégations dont le bureau est situé dans le Palais de Justice même, qu'il a toujours sous la main et avec lequel il peut s'entretenir à toute minute.

C'est pour cela que c'est aux Commissaires aux délégations que nous voyons passer toutes les grosses affaires criminelles, assassinats, vols, etc., etc.

Malheureusement en toute chose l'abus devient mauvais. A force de donner aux Commissaires aux délégations pour soulager les quartiers, il arrive qu'ils sont, à leur tour, encombrés. Ils ne sont que trois après tout et sur les trois, il y en a un qui se consacre exclusivement aux affaires financières. Ce n'est pas, disons-le en passant, la besogne la plus mince, ni la plus agréable. Sur une plainte qui paraît fondée, on arrête un banquier ou un gros commerçant. Il y a six mois d'enquête et d'expertises d'une difficulté inouïe qui aboutissent à une ordonnance de non-lieu. L'inculpé est relâché et le Commissaire sur qui tout retombe compte un bon ennemi de plus dans un monde qui, grâce à l'argent, possède une véritable puissance.

Il reste donc deux Commissaires seulement pour les affaires criminelles. C'est peu dans une ville comme Paris. Il s'ensuit que chacun des deux Commissaires a à s'occuper à la fois de huit à dix grosses affaires criminelles, sans compter les commissions rogatoires en nombre indéterminable envoyées par les juges de province.

Comme après tout les Commissaires aux délégations n'ont pas plus que leurs collègues, don d'ubiquité, l'expédition des affaires finit par traîner d'une déplorable façon. Ce n'est pas leur faute, mais celle des juges qui les surchargent trop.

Qu'une instruction comme celle des affaires Billoir, Moyaux, Campi, Marchandon, surtout comme celles de Montreuil et de Villemomble (Pel et Euphrasie Mercier) soit retirée au Commissaire du quartier, rien de mieux. Mais il est un tas d'affaires de détournements, d'abus de confiance, de vols, de coups et blessures qui peuvent se terminer en cinq ou six jours et que les Commissaires de quartier faisaient autrefois sans la moindre gêne. Aujourd'hui, sous prétexte de simplifier la besogne, on remet tout cela aux Commissaires aux délégations, qui succombent véritablement sous le faix.

En veut-on un exemple ?

En 1879, il y avait rue des Missions, en face du marché, une sage-femme qui pratiquait en grand l'avortement. Elle fut dénoncée au Parquet. Le Procureur de la République désigna un juge, lequel désigna M. Macé, alors Commissaire aux délégations judiciaires, pour faire l'enquête. Quand M. Macé arriva rue des Missions, il apprit avec stupéfaction que la sage-femme qu'il venait interroger était à Saint-Lazare depuis quarante-huit heures. Le Commissaire du quartier, M. Lebrun, à qui la dénonciation avait été envoyée en même temps qu'au Parquet, avait immédiatement fait son enquête et arrêté la femme dont la culpabilité était évidente.

Le Parquet reconnaît, du reste, lui-même que, malgré toute leur activité, les Commissaires aux délégations ne peuvent suffire à leur besogne toujours croissante. La preuve c'est que de temps en temps, il délègue quelques-uns des Commissaires les moins éloignés du Palais, celui du quai de l'Horloge, par exemple ou celui de Saint-Merri. Cela donne aux autres un peu plus de temps pour se reconnaître dans le classement de leurs dossiers.

XVI

LA POLICE MUNICIPALE

Nous venons d'examiner la police judiciaire — c'est-à-dire *la tête* — nous allons voir la police municipale — c'est-à-dire *le bras*.

La police municipale c'est le service actif, c'est la force armée, c'est l'ensemble de tous les agents, qu'ils soient en uniforme ou en bourgeois.

Voici sur l'organisation de la police municipale, ce que dit le *Manuel de police judiciaire et administrative*, de Mironneau.

NOMINATION. — Il y a des officiers de paix à Paris et à Lyon.

Ils sont nommés et révoqués par le Ministre de l'Intérieur, à Paris, sur la proposition du Préfet de police ; à Lyon, sur la proposition du Préfet du Rhône.

Ils doivent être âgés de vingt-cinq ans, être de bonne constitution et jouir d'une bonne instruction.

A Lyon, où les gardiens de la paix sont organisés militairement, les officiers de paix ont le grade de *capitaine* et portent les insignes militaires qui distinguent ce grade.

A Paris, ils ont pour insigne une ceinture bleue, placée sur leur uniforme.

ATTRIBUTIONS. — A *Paris*, les officiers de paix se trouvent sous la direction du commissaire de police, chef de la police municipale, et ont sous leurs ordres, selon la spécialité du service, ou des gardiens de la paix publique ou des inspecteurs de police.

A *Lyon*, il n'y a que trois officiers de paix ou capitaines, placés à la tête de brigades de gardiens de la paix.

Les officiers de paix sont chargés de veiller à la tranquillité publique, de se porter dans les endroits où elle est menacée, d'arrêter les délinquants et de les conduire devant l'officier de police judiciaire de la localité (D. 21. 29 sept 1791, art. 2.)

Pendant la nuit, ils peuvent retenir les personnes arrêtées, mais doivent les faire conduire au jour devant les commissaires de police (Id, art. 6.)

Ils ne sont point officiers de police judiciaire et ne peuvent que rédiger des rapports qui ne font pas foi jusqu'à preuve contraire, et ne sont admis en justice qu'à titre de renseignements.

Leurs rapports n'en ont pas moins une valeur incontestable, notamment pour la poursuite des contraventions, car ces rapports peuvent être corroborés à l'audience, soit par la déposition du rédacteur, soit par celles des témoins de l'infraction, soit enfin, par l'aveu même du contrevenant. (Arr. C. C. 30 juin 1838).

Service des officiers de paix de Paris

A Paris, le service confié aux officiers de paix se divise en deux parties principales :

Le service ordinaire et les services spéciaux.

Service ordinaire. — Le service ordinaire a pour but la surveillance habituelle de jour et de nuit dans les divers arrondissements municipaux.

Un officier de paix est attaché à chacun des vingt arrondissements.

Il a sous ses ordres trois brigades de gardiens de la paix, commandées chacune par un brigadier.

Chaque brigade se compose de quatre sous-brigades, une par quartier; deux sous-brigadiers sont à la tête de chaque sous-brigade.

Chaque officier de paix tient, établie sur des fiches, une liste de tous les agents sous ses ordres, il inscrit sur ces fiches l'état civil de chacun d'eux, le relevé de leur services militaires, la date de leur entrée dans l'administration, la date et le montant des augmentations ou gratifications qu'ils ont obtenues, les punitions qui leur ont été infligées ou les fautes qu'ils ont commises et qui ont dû être signalées dans les rapports.

Devoirs généraux. — Les officiers de paix font déposer, chaque jour, au commissariat de police du quartier, une note indicative des contraventions qui ont été constatées contre les personnes y établies ou domiciliées.

L'officier de paix est responsable du bon service de jour et de nuit dans l'arrondissement auquel il est attaché.

Il doit donc veiller continuellement à ce que le service soit fait et surveillé avec régularité et intelligence dans tout l'arrondissement.

A cet effet, il visite, au moins une fois dans les vingt-quatre heures, les postes de police, et passe dans les divers quartiers pour se rendre compte personnellement de la conduite des hommes placés sous ses ordres,

Il voit chaque jour, deux au moins des commissaires de police de l'arrondissement afin de recueillir tous les renseignements qui peuvent être utiles à la bonne administration de la police.

Tous les jours à midi, il se rend à la Préfecture de police pour prendre les ordres du chef de la Police municipale.

S'il reçoit quelques instructions relatives au service, il les fait connaître et les explique aux brigadiers; il s'assure avec le plus grand soin, que ces derniers les ont transmises aux hommes et qu'elles sont parfaitement comprises.

Le devoir de l'officier de paix est de s'attacher à connaître tous les hommes placés sous ses ordres et de veiller à ce que les brigadiers et les sous-brigadiers les connaissent parfaitement.

Il interroge souvent les hommes placés sous ses ordres et s'assure qu'ils comprennent la nature des fonctions qui leur sont confiées; enfin, il doit se rendre compte de la conduite, du zèle et de l'intelligence de chacun, de manière à pouvoir signaler au chef de la police municipale ceux qui lui paraîtraient dignes d'avancement.

Il doit demeurer dans l'arrondissement auquel il est attaché.

Services spéciaux. — Les services spéciaux comprennent :
1° Les brigades *centrales*;
2° Le service des *voitures*;
3° Le service de la *sûreté*;
4° Le service des *garnis*;
5° Le service du *dispensaire*;
6° Les services *politiques*;
7° Le service des résidences du *chef de l'Etat*;
8° Le service du contrôle.

(*Manuel de police judiciaire et administrative*, Mironneau pages 313, 318)

A Paris, l'ensemble de ces services compose une véritable armée de près de huit mille hommes, comprenant.

2 inspecteurs divisionnaires.
13 médecins.
25 commis d'administration.
28 officiers de paix,
25 inspecteurs principaux,
100 brigadiers,
700 sous-brigadiers,
Environ 7000 gardiens de la paix et inspecteurs.

Les sous-brigadiers, malgré la modestie de leur titre, portent le galon de sous-lieutenant; les brigadiers, le double galon, les officiers de paix ont le grade de capitaine, comme leurs collègues de Lyon.

Toute cette armée est placée sous le commandement direct et sans contrôle du chef de la Police municipale.

Et c'est une armée sérieuse, sur laquelle on peut compter, allez!

« Ce ne sont pas des bureaucrates ceux-là, dit le *Temps*, ceux-là, ce sont des soldats, qu'ils portent ou non l'uniforme. Ils en ont la discipline, ils en ont aussi, disons-le bien haut, le courage et le dévouement. »

Un bel apanage, comme on voit, qu'a là le *Maire du Palais*, comme on l'appelle dans les bureaux.

Ici devrait venir la biographie de cet homme important, le plus important de tous. Mais avant d'y arriver et pour la rendre plus compréhensible, changeons de méthode et débutons par la description de ses troupes.

Nous commencerons par le simple soldat, — le brave et modeste gardien de la paix.

Ici encore un emprunt au *Manuel* de Mironneau.

NOMINATION. — Les sergents de ville et gardiens de la paix publique, les inspecteurs de police et agents de police en général sont nommés, savoir :

1° A Paris, par le Préfet de police.

2° Dans l'agglomération lyonnaise, par le Préfet du Rhône.

3° Dans les villes chefs-lieux de département ayant plus de 40,000 âmes de population, par le Préfet sur la présentation du Maire. (L. 24 Juillet 1867, art. 22).

4° Dans toutes les communes où l'organisation de la police n'est pas réglée par la loi du 24 juillet 1867, ou par des lois spéciales, par les Maires avec l'agrément des Préfets. (L. 20 janvier 1874, art. 3).

Dans ce dernier cas, les agents peuvent être suspendus par le Maire, mais le Préfet seul peut les révoquer.

HIÉRARCHIE — Uniforme. — A Paris, les gardiens de la Paix publique et les inspecteurs de police, sont sous les ordres des *Officiers de Paix* qui eux-mêmes sont subordonnés au commissaire de police, Chef de la Police municipale. — Dans les départements, les agents de police sont dirigés par un Inspecteur de police placé ordinairement sous les ordres du Commissaire central.

A Paris, le titre d'*Inspecteur de police* est exclusivement réservé aux agents en civil attachés aux brigades de recherches et aux commissariats de police.

Les gardiens de la Paix ou sergents de ville ont un uniforme et un armement réglés et désignés par le Préfet du département.

Les Inspecteurs de police n'ont pas d'uniforme.

Voici maintenant comment fonctionne le service des *Gardiens de la paix*, seuls ostensiblement chargés de la voie publique.

Leur organisation actuelle est due à M. Ansart le prédécesseur de M. Caubet, qui reprenant l'ancien règlement général du 14 avril 1856, sut le modifier de façon à mettre la tâche de ses auxiliaires en rapport avec les nécessités du moment.

Ancien chef, sous M. Nusse, des bureaux de la police municipale, quand M. Ansart prit la direction du service, il n'avait à sa disposition qu'un personnel tout à fait insuffisant. Convaincu de l'impossibilité matérielle de faire un civet sans lièvre, il demanda et sut obtenir, au lendemain de la Commune, presque le double de ce dont on s'était contenté sous l'Empire.

En même temps, il organisait le service sur un plan nouveau, depuis longtemps mûri par lui et qui n'a pas été modifié depuis son départ.

XVII

LA JOURNÉE D'UN SERGENT DE VILLE

Il ne se passe pas de jour que nous ne recevions quelque lettre nous signalant un accident, un vol, une querelle, un scandale, et se terminant par cette phrase : — Et pas un sergent de ville à l'horizon !

Le sergent de ville, en effet, est le *deus ex machina*, contre lequel on crie souvent bien haut, mais qu'on appelle ensuite toujours dans tous les cas où l'on a besoin d'aide. Un jour un de ces rhéteurs radicaux qui fnt profession de détester et d'insulter la police, clabaudait dans un café contre les gardiens de la paix. — Je voudrais les voir tous pendus ! s'écriait-il, à la grande admiration du cénacle qui l'entourait. Un monsieur à la barbe blanche s'approche de lui. — Sortez-vous bientôt ? lui demande-t-il. — Pourquoi ? — Parce qu'une fois dans la rue, je me propose de vous administrer une correction soignée, et que je suis certain que vous appellerez un gardien de la paix à votre secours !...

Le clabaudeur fut tout décontenancé. Il était pris.

Donc, nous nous plaignons de l'insuffisance de la police.. Mais voulez-vous voir avec moi ce qu'elle a à faire dans une ville comme Paris ?

La grande cité est, vous le savez, divisée en vingt arrondissements, comprenant chacun quatre quartiers. Chaque quartier a un poste correspondant à un commissariat.

Ce poste, absolument autonome, fonctionne par lui seul, sans entrer dans le service de ses voisins.

L'arrondissement comprenant de 250 à 300 gardiens de la paix; le poste en a le quart, c'est-à-dire une moyenne de soixante et quelques, desquels il faut défalquer les secrétaires, les télégraphistes chargés de correspondre *jour et nuit* avec l'administration centrale, les malades, assez nombreux avec le service si dur qu'ont à faire les hommes par la pluie, la neige, le froid et la grande chaleur, enfin les congés, dont on est très parcimonieux, mais qu'il faut pourtant accorder quelquefois. Si, avec tout cela, le chef de poste a cinquante hommes disponibles, c'est tout le bout du monde.

Ces cinquante hommes, on le comprend, ne peuvent marcher pendant les vingt-quatre heures que comporte la journée; on divise donc leur service en trois portions. Chacun d'eux a à travailler:

Le premier jour, de 7 à 10 heures du matin; de 2 à 5 heures du soir; de 9 heures à minuit — en tout douze heures.

Le second jour, de 10 heures du matin à 2 heures — quatre heures.

Le troisième, de minuit à 7 heures du matin et de 4 à 9 heures du soir. — Onze heures, dont sept à huit de nuit.

Le second jour s'appelle le jour de repos.

J'ai dit qu'il restait à chaque poste environ cinquante hommes. Cela fait donc pour chaque période un tiers, soit dix-huit, au maximum. Sur ce nombre il faut encore diminuer:

Le planton qui doit toujours rester à la porte du poste;

Deux hommes de service dans le poste pour le cas d'un accident, d'un secours à porter, d'une réquisition, d'un renfort demandé, d'un incendie, etc.;

Deux hommes pour le service des détenus à conduire du poste au commissariat de police, et *vice versa*, pour recevoir et maintenir les prisonniers, les empêcher de faire du tapage, de se suicider dans les violons, pour les faire monter en voiture cellulaire, etc., etc.

Reste treize hommes pour la voie publique.

Or, d'après le système importé de Londres, les quartiers sont divisés en *îlots*, c'est-à-dire en pâtés de maisons.

Chaque gardien est réglementairement chargé d'un îlot, qu'il doit surveiller pendant tout le temps de son service.

Mais le nombre des rues est grand, et par suite aussi celui des îlots. Chaque quartier en comprend un nombre rarement inférieur à treize, mais allant souvent jusqu'à vingt-deux.

Il en résulte que, presque toujours le gardien de la paix est obligé de surveiller, non pas un seul îlot, comme le voudrait le règlement, mais deux et quelquefois trois.

Deux ou trois, parce que, si nous avons compté déjà toutes les non-valeurs du personnel d'un poste, nous avons oublié de dire que, sur ce qui reste disponible dans ce personnel, il faut prendre :

Un homme pour les stations de voitures ;

Un, deux, trois, dans certains quartiers, pour le service des « passerelles », c'est-à-dire pour la circulation des voitures dans les carrefours et les passages difficiles. Ceux qui voudront donner un coup d'œil, vers quatre heures, au croisement du boulevard et des rues Montmartre, Drouot et Richelieu, verront que le gardien de la paix, placé là sur le refuge, ne remplit pas une sinécure.

Deux ou trois aussi, pour les circonstances exceptionnelles, spectacles, bals, réunions publiques, enterrements, mariages, échéances de coupons, émissions, tirage au sort, etc.

Mettez dix hommes pour la voie publique, et voyez leur travail.

Attendez, ce n'est pas tout. Arrive la nuit. Avec les bonnes dispositions de la population actuelle, avec cette armée, sans cesse croissante, de rôdeurs de nuit, souteneurs, caroubleurs, casseurs de portes, vagabonds, ivrognes, poivriers et escarpes, qui se répand dans Paris, cherchant fortune à la force du *monseigneur* ou à la pointe du *surin*, il n'est pas prudent de laisser sortir seul un gardien en uniforme. On est donc obligé de les faire circuler par deux.

Ci, trois, quatre, cinq îlots à surveiller... des kilomètres à faire.

Il n'est donc pas étonnant que, quand vous le cherchez, vous ne le trouviez pas, à point nommé, le sergent de ville.

Mais, sans prendre même ce cas, occupons-nous, si vous voulez, d'un îlot, tout petit, celui où se trouve le *Figaro*.

Il comprend les trois rues Drouot, de Provence et du faubourg Montmartre, avec pointe sur la rue Lafayette. Quand l'homme de service est occupé sur l'un des points de son parcours, il faut quelquefois un quart d'heure avant d'arriver à l'autre...

Et si, avec cela, par adjonction, on lui donne à faire l'autre triangle, rue Cadet et rue Lafayette, avec coup d'œil dans le passage des Deux-Sœurs !

Ce sera bien pis encore. Et dans les quartiers excentriques, donc !

Maintenant, voyons ce que, sur ce périmètre qui lui est indiqué, a à faire, dans sa tournée, le sergent de ville :

Sa consigne lui prescrit tout d'abord d'assurer la liberté et la sécurité de la circulation. Il doit prévenir et réprimer tout embarras sur la voie publique, stationnements illicites, échafaudages, étalages dépassant les limites autorisées, encombrements de voitures, attroupements ; il doit, sans perdre de vue la rue, lever le nez en l'air, pour voir s'il n'y a pas le long des murailles, des objets pouvant blesser ou salir les passants, tels que pots de fleurs aux fenêtres, cages, etc., veiller aux projections d'eau par les fenêtres, ou — comme aiment à le faire certains boutiquiers — de la porte à travers le trottoir, dans les jambes du passant. Il lui faut s'occuper des ivrognes, indiquer les rues aux gens embarrassés, conduire chez le pharmacien un malade ou un blessé... et dans tout cela apporter une connaissance parfaite des lois et règlements multiples, dans lesquels se perdrait un avocat ; discuter avec les récalcitrants, faire entendre raison aux entêtés, être persuasif et *ne jamais perdre patience !*

Ne jamais perdre patience !... avec les marchandes ambulantes qui ergotent pendant un quart d'heure avant de déplacer leur voiture, dont un commerçant exige le départ ; avec le pochard qui discute, ne voulant pas aller se coucher ; avec le camelot qui, dès que le sergent de ville est passé, sort de sa porte cochère, pour vendre au milieu de la rue ses cartes transparentes ou ses chaînes de sûreté ; avec le cabaretier qui ferme à grand fracas son débit pour le rouvrir dès qu'il ne voit plus le képi du gardien...

Voilà ce qu'il a à faire, le malheureux ! Et il ne faut pas qu'il en oublie. Les plaintes pleuvraient dru à ses chefs. Et puis, il est surveillé. Il y a dans chaque poste deux sous-brigadiers qui se partagent la durée du service, pour contrôler les hommes, allant d'îlot en îlot, voir s'ils exécutent leur consigne avec ponctualité. Pendant ce temps, le brigadier en permanence va de droite à gauche et de gauche à droite, en zig-zag, contrôlant le contrôle et tombant à l'improviste sur ceux qui ne s'y attendent pas.

Indépendamment de ce travail pénible, le sergent de ville nous donne à chaque instant des preuves inouïes de courage et de dévouement. Quand un cheval s'emporte, qui se jette à sa tête, au risque d'être broyé ? Le sergent de ville. Quand un homme se noie, qui se précipite à l'eau pour le sauver ? Le sergent de ville. Quand un chien enragé parcourt la rue, la gueule béante, prêt à semer une mort horrible sur son passage, qui se place en face de lui pour le tuer ? Encore le sergent de ville. Dans les inondations, dans les accidents, dans les incendies, il est toujours là, héros modeste et dévoué, s'offrant en sacrifice pour le devoir.

Or, savez-vous ce qu'ils reçoivent ces héros pour un si dur et si périlleux service ? Autrefois, il y a quatre ans, on leur donnait *trois francs six sous par jour*. Depuis 1878, ils ont été augmentés. Ils ont 1,400 1,500 et 1,600 francs par an — moins la retenue, bien entendu. On leur donne en outre le costume et une indemnité de loyer de 46 fr. 55 par trimestre.

Franchement, ce n'est pas trop.

Eh bien, avec cela, le sergent de ville est heureux. Ancien soldat, il est fier d'avoir encore l'uniforme. Voyez-le s'en aller, cambré, se dandinant le poing sur la hanche. Quoique pénétré de son importance, il n'est pas fier, il est même bon garçon. Le matin — de très bonne heure, par exemple — il ne dédaigne pas de « prendre un verre » avec un commerçant du quartier. Mais jamais, dans la journée, il ne compromettra son uniforme au comptoir d'un marchand de vins. Dans le jour, il fait volontiers un brin de causette avec la demoiselle de la marchande de journaux, avec la lingère du carrefour ou avec une cuisinière qui se trouve toujours *par hasard* sur son passage. Mais c'est pour *le bon motif*. D'abord être marié, c'est une bonne note. Bien qu'il soit sobre, par devoir comme par nature, le pochard n'est pas son ennemi ; il le relève, le gare des voitures, le protège contre les voleurs « au poivrier », lui indique sa route... et ne le « fourre au bloc » que quand il a épuisé tous les moyens de persuasion.

La grande privation du sergent de ville ancien militaire, c'est de ne pas pouvoir fumer. Il s'en rattrape chez lui, mais, comme c'est dur, cinq, six ou sept heures d'abstention pour un amoureux de la pipe.

Enfin, c'est la consigne !

Le service, si dur déjà des gardiens de la paix, vient d'être augmenté encore par une récente mesure. En raison des nombreux vols avec effraction commis chaque nuit, M. Caubet, Chef de la police municipale, a décidé que de minuit à trois heures du matin, heure habituelle de ces vols, tous les hommes disponibles seraient dehors, et qu'une moitié viendrait se reposer dans le poste, de trois heures à cinq heures seulement, pour recommencer de cinq à sept. De plus, parmi les hommes qui sont censés libres de service, on prend chaque nuit un certain nombre pour faire des tournées en bourgeois. Que de fatigues pour ces malheureux déjà si surmenés !..

Pour mener à bien l'œuvre de sécurité publique, on calcule qu'il faudrait un supplément de 1,800 à 2,000 gardiens de la paix...

Le Conseil municipal, qui trouve qu'il y a déjà trop de police, les accordera-t-il ?

On a fait bien des plaisanteries sur les sergents de ville, et on leur a souvent reproché de n'avoir pas toute la subtilité d'esprit d'un dialecticien. « Ne confondons pas gendarme avec intelligence, » a dit un vaudevilliste. Dame, les gardiens de la paix ont autre chose à faire que des mots de la fin et des concetti.

Quelquefois cependant — peut-être sans le vouloir, — ils ont des mots frappés au bon coin, témoin celui à qui on reprochait un jour de faire exécuter une consigne idiote :

— Mais, mon cher ami, disait le raisonneur, vous devez pourtant être logique...

— Monsieur, répondit l'homme de la loi, je ne suis pas logique, je suis gardien de la paix !   (*Figaro*.)

XVIII

LACUNES DANS LE SERVICE DES GARDIENS DE LA PAIX

Comme on le voit, la besogne des gardiens de la paix est assez compliquée. Et cependant, nous voudrions la voir augmenter encore.

Oh ! pas beaucoup, mais seulement de quelques consignes qui nous paraissent rentrer absolument dans leurs attributions.

D'après le règlement, les gardiens de la paix « doivent veiller à l'exécution des lois et règlements de police et notamment de ceux qui ont pour objet la *sûreté* et la *liberté* de la voie publique et la *salubrité*. »

Ils n'ont aucune distinction à faire entre telle ou telle loi ou tel ou tel règlement. Eh ! bien, d'où vient qu'ils s'abstiennent obstinément et de parti pris à ne tenir aucun compte des règlements de police concernant les filles publiques ?

Tous les jours et constamment, ces filles violent le règlement qui les régit, violent même la morale publique en se promenant dans les rues dans des costumes débraillés, à des heures où la circulation devrait leur être interdite et en interpellant les passants en termes absolument repoussants.

Pourquoi les gardiens de la paix n'interviennent-ils pas dans ce scandale ?

Si un ivrogne s'arrête au coin d'un mur, même en prenant toutes les précautions possibles pour ne pas choquer la vue des passants, le gardien de la paix lui dressera procès-verbal. Mais qu'une fille au milieu de la rue débite aux oreilles des femmes et des enfants toutes les obscénités imaginables, on ne lui dira rien.

Il y a plus, le gardien de la paix est devenu l'ami de la prostituée. On le voit le soir, au coin de son îlot, causant et plaisantant avec elle. Et cependant cette conversation, outre qu'elle est scandaleuse et compromettante pour l'uniforme, lui est interdite par le règlement :

« Ils ne peuvent s'arrêter pour causer, soit entre eux, soit avec des particuliers, si ce n'est pour les besoins du service. — Toute conversation avec les filles publiques leur est particulièrement interdite.

(*Manuel de police judiciaire*, par Mironneau, p. 322.)

A quoi sert donc le contrôle tant vanté, s'il ne voit pas ces infractions au service qui se font au vu et au su de tout le monde ?

Autre chose : on ordonne aux agents de veiller aux fermetures des cafés : très bien. Mais ils pourraient en passant voir si tout est en ordre. Au lieu de cela, à deux heures moins cinq, ils se plantent droit devant le café de leur îlot et n'en bougent plus avant que tout soit évacué, clos et éteint. Ci, un bon quart d'heure, pendant lequel on peut, tout à son aise, assassiner et dévaliser dans les trois autres rues de l'îlot, les gens qui regagnent leur domicile.

Cela vous explique qu'il y ait tant d'attaques dans les environs de deux heures.

Quand la presse crie trop fort, le chef de la police municipale fait faire une enquête par son contrôle particulier, c'est-à-dire par la troisième brigade de recherches, placée sous ses ordres. A la suite de cette enquête, il déclare solennellement que les gardiens de la paix n'ont rien vu. Ceci dit, il se rendort tranquillement.

Ils n'ont rien vu! Mais, monsieur, c'est justement ce dont on se plaint, qu'ils n'aient rien vu... Parbleu, s'ils avaient été là, on n'aurait rien à dire.

Il y aurait donc beaucoup à modifier dans le service des îlotiers, ne fut-ce que l'ordre et la marche de la tournée, qui étant toujours les mêmes, finissent par être complètement connus des rôdeurs de nuit.

Ceux-ci savent que les *îlotiers* ont un certain nombre de rues à parcourir avant de revenir au même point, et, quand ils voient passer les gardiens de la paix, ils se disent :

— Nous avons vingt minutes devant nous, usons-en.

C'est tellement vrai, qu'en 1872, rue Lecourbe, un voleur vint un soir, muni d'un escabeau et d'une lime, scier en trois séances l'imposte d'un bijoutier. Il interrompait sa besogne quand le moment de la ronde approchait, et venait la reprendre ensuite. Il savait parfaitement que les agents, occupés à visiter les rues voisines, ne viendraient pas le déranger.

Ce système a donc son inconvénient. Mais il a aussi ses avantages. Il faut tâcher de faire disparaître les premiers et de bien profiter des autres.

Encore un reproche à faire. En vertu de quelle consigne le gardien de la paix, détaché à un service spécial comme celui des kiosques de voitures, par exemple, refuse-t-il de s'occuper de tout ce qui concernait ses fonctions ? Il est arrivé dix fois que des gens, pour une cause ou pour une autre, sont allés réclamer l'assistance du gardien de la paix de service à la station. C'était le seul agent en uniforme qui se trouvât à proximité. Presque toujours, cet agent leur a répondu que cela ne le regardait pas, qu'il était là pour les voitures et pas autre chose.

Alors pourquoi est-il gardien de la paix ? Le service des voitures était fait autrefois par des contrôleurs civils qui y suffisaient parfaitement. Il n'était pas bien utile de remplacer ces contrôleurs par des agents de police, si ces agents ne font en réalité aucune espèce de police. Le seul résultat de cette mesure se trouverait dans ce cas être de diminuer les ressources actives de la brigade à laquelle l'agent appartient.

Nous aurions beaucoup à dire, d'ailleurs, de ces manies de spécialistes et de spécialités qui font beaucoup de tort à la police. Quand on pense qu'il y a certains gardiens de la paix assez peu intelligents pour vous répondre, lorsqu'on les requiert de venir constater un accident, ou intervenir dans une querelle :

— Désolé, monsieur, mais je ne peux pas, je suis de planton ici, et il m'est défendu de quitter mon poste.

C'est comme une sentinelle qui, voyant arriver l'ennemi de très loin, attendrait pour le signaler, qu'il fut dans les limites de sa faction.

Nous devons dire que tous les gardiens de la paix ne sont point aussi esclaves d'une mauvaise consigne. Il en est d'intelligents qui vous disent :

— J'y vais, monsieur, mais soyez assez aimable pour me donner votre carte afin que je puisse invoquer votre témoignage si l'on me reprochait de m'être absenté.

Autre chose encore : Nous venons de voir dans l'article, *La journée d'un sergent de ville*, combien le personnel des postes, c'est-à-dire celui chargé réellement de veiller à la sécurité de la rue, se trouve réduit : cinquante hommes pour tout un quartier.

Dans certains quartiers populeux comme Belleville qui renferme plus de quarante mille âmes, la Villette qui en a près de quarante-deux mille, le Combat qui en a trente-trois mille, c'est absolument dérisoire.

Cela ne fait pas un gardien pour sept cents administrés.

Or, ces gardiens ne peuvent marcher jour et nuit. Ils sont donc divisés en trois sections. Ci une vingtaine d'hommes pour un quartier. Un gardien pour 2,000 âmes !

Les villages, avec leur garde champêtre, sont mieux partagés.

Que faire? Augmenter le nombre des agents? Oui, d'abord.

Mais ce n'est pas tout.

Tous les vieux Parisiens, tous ceux même qui ont eu occasion de lire quelques procès de police correctionnelle, datant d'une trentaine d'années, savent qu'autrefois la troupe concourait et concourait puissamment à la sécurité des rues.

Il y avait dans certains quartiers des postes d'infanterie, avec sentinelle à la porte. Tout le monde a encore dans l'oreille le cri légendaire : *A la garde !*

Quand une dispute avait lieu, quand un homme était attaqué, c'était un caporal, flanqué de ses quatre hommes, qui venait mettre le holà.

C'était également une escorte de ligne qui conduisait les délinquants à la préfecture, — service fait maintenant par les *paniers à salade*.

Enfin, chaque nuit des rondes étaient faites par la ligne. Nous retrouvons cela dans tous les romans, dans toutes les pièces de l'époque :

> Il était un' fois quatre hommes,
> Conduits par un caporal
> Qu'éprouvaient tous les symptômes
> D'un embêt'ment général...
> (*Chanson populaire*, 1865.)

> Ici je vois un chiffonnier qui passe
> Et veut au chien prendre son rogaton
> Puis, la patrouille un peu plus loin ramasse
> Un vieil ivrogne, ayant bosses au front!
> (*Sous un bec de gaz*.)

> Et la patrouille grise,
> Ramasse les buveurs.
> (*Les Bohémiens de Paris*)

A partir de 1855, les postes de ligne disparurent peu à peu, pour faire place aux postes de police actuels. C'était un changement, avantageux certes, mais un simple changement. Quelques-uns subsistèrent. Nous nous souvenons encore du poste du canal, situé sur la place de la Bastille et qui, en 1867, était encore occupé par un détachement de ligne. Chaque nuit une patrouille, guidée par un sergent de ville, parcourait le faubourg Saint-Antoine, et, ce qui était très amusant à voir : tandis que les rôdeurs, les voleurs, les ivrognes, ramassés pour le poste, étaient enserrés dans les rangs des soldats, derrière marchaient en file irrégulière, tous les gens attardés, qui se rendant du côté de la Bastille et craignant les mauvaises rencontres, suivaient la patrouille dans toute sa promenade, pour rentrer avec elle dans les quartiers du centre.

Des postes militaires, une demi-douzaine qui étaient spéciaux, furent maintenus : celui de Saint-Lazare, celui de la Banque, celui de l'Elysée, etc. Une décision du général Farre les supprima, comme de simples tambours.

C'étaient autant de points sur lesquels la sécurité cessait d'être assurée. Aux environs d'un poste comme celui de la Banque, par exemple, les gardiens de la paix pouvaient passer vite : les quatre sentinelles placées une dans chaque rue, suffisaient largement.

Eh ! bien, puisque en ce moment, avec les récidivistes dont la Justice n'ose pas nous débarrasser, avec les vagabonds, dont on ne sait que faire, avec les rôdeurs de toute espèce dont Paris est infesté, la police demeure impuissante, pourquoi ne pas appeler l'armée à son secours ?

Aux situations spéciales, il faut des mesures spéciales, nous écrit un Anglais qui nous rappelle qu'à Londres, en pareil cas, on décida que tout vagabond arrêté serait passible du fouet au lieu de la prison — et qu'au bout d'un mois, grâce à cette mesure, on n'en trouva plus un seul dans les rues.

En France, nous ne pouvons user du même mode correctif — et c'est certainement bien regrettable — mais nous pouvons du moins augmenter les moyens d'action des honnêtes gens contre la crapule.

Pourquoi, momentanément, le ministre de l'intérieur ne demanderait-il pas à son collègue de la guerre, un millier d'hommes chaque nuit pour faire des patrouilles dans les arrondissements les plus dangereux ?

Et aussi, pourquoi — toujours momentanément — ne rétablirait-on pas les postes abandonnés ?

Le conseil municipal, répond-on, ne voudrait pas. Il consentirait peut-être à rétablir les postes militaires, si la garde nationale existait encore. Mais avec des soldats, jamais !...

XIX

GARDIENS DE LA PAIX EN BOURGEOIS

Puisqu'il est certain qu'on nous refuserait des postes militaires, contentons-nous donc des gardiens de la paix. Mais au moins qu'ils soient tous bons.

Hélas! des bons gardiens de la paix, on n'en fait plus; le moule en est brisé. Si vous saviez comme le recrutement devient difficile. Au lieu des vieux soldats, solides au poste, ferrés sur la consigne, que nous trouvions autrefois, nous ne voyons plus se présenter que des blancs-becs de vingt-quatre à vingt-cinq ans, mous, sans tenue, sans courage, adoptant le métier parce qu'ils s'imaginent qu'il n'y a rien à faire qu'à se promener, à parader avec un uniforme et un sabre, et qu'on est obligé de renvoyer au bout de trois mois, quand ils ne s'en vont pas d'eux-mêmes avant.

Quelle protection voulez-vous attendre de ces farceurs? La nuit, vous les trouvez sous les portes cochères, en train de... deviser avec les pierreuses qu'ils ont le devoir de pourchasser. Si le service du contrôle voulait établir une surveillance sérieuse, il verrait cela tous les soirs... de même qu'il pourrait voir, à certaines heures, des groupes de quatre ou six agents, lâchant leurs îlots respectifs, s'engouffrer dans le couloir d'une maison suspecte, où un bon vin chaud les retient, pendant que, dans la rue, les rôdeurs font leur coup...

Si nous étions mauvaise langue nous aurions sur ce sujet bien des choses à raconter. Nous pourrions citer certain cabaret du dix-huitième arrondissement où vers deux heures et demie, les gardiens de la paix se livrent à un *zanzibar* fantastique..; certain... établissement des environs du marché Saint-Sulpice où on fait, pour les sergents de ville, toujours, des punchs aussi admirables que nocturnes...

Nous aimons à croire que le contrôle particulier de M. Caubet n'en sait rien. Quant à celui du préfet, nous en sommes certains.

Mais avec tout cela le service est horriblement mal fait.

Malgré les précautions prises par la police municipale pour cacher ou atténuer les faits de cette nature, les journaux sont remplis de détails sur les attaques nocturnes et même diurnes, qui ont lieu quotidiennement à Paris, au nez et à la barbe des agents. Que disons-nous? Bien mieux, les agents eux-mêmes sont en butte aux attaques des rôdeurs. Dernièrement l'officier de paix du dix-neuvième arrondissement a été à moitié assommé à deux pas de son poste, et il a pu juger, par lui-même, de la façon dont les secours arrivaient à temps... — Bientôt les gardiens de la paix seront obligés de faire faire des rondes de civils, pour les protéger !...

Plaisanterie à part, la situation est déplorable, et c'est tout naturel. Alors que tout progresse ou se sert du progrès, les rouages policiers continuent à fonctionner toujours de la même manière... Cela fait songer aux Chinois qui, en l'an de disgrâce 1882, se servaient encore de fusils à mèche... Il est vrai qu'ils ont fait depuis des progrès rapides. Pourquoi n'en faisons-nous pas, nous aussi ?

Et pourtant la police à Paris coûte une trentaine de millions... Si cher pour ne pas oser sortir de chez soi passé minuit !...

Il est vrai que, sur cette somme, la moitié à peine est employée à solder le personnel actif — gardiens de la paix, officiers et commissaires de police — le reste passe aux bureaux et aux... œuvres noires...

Une innovation dont on a fait grand bruit et dont M. le Chef actuel de la police municipale se glorifie chaque fois qu'il en trouve l'occasion, c'est celle des rondes de gardiens de la paix en bourgeois.

Au premier abord l'idée ne semble pas mauvaise. L'agent en bourgeois est moins visible, moins reconnaissable que l'agent en uniforme. Toutefois on peut y faire plusieurs objections.

La première c'est que le rôle du gardien de la paix est de faire de la police préventive, plutôt que répressive. Comme celui du gendarme, son uniforme doit être là semblable à un phare qui guide et rassure le navigateur égaré. La nuit, quand le promeneur craintif aperçoit de loin un gardien de la paix en uniforme, il se dit :

— Ah ! je suis tranquille ; tant que je serai à portée de ce soldat de l'ordre je n'aurai rien à craindre des rôdeurs.

De même le rôdeur qui voit briller la plaque du ceinturon et qui entend le cliquetis du sabre, interrompt sa besogne sinistre. Si nous pouvions avoir assez de sergents de ville pour qu'on en pût placer un dans chaque rue, jamais nous n'entendrions parler de ces vols avec effraction et de ces attaques nocturnes qui terrifient tout le public.

Nous comparions tout à l'heure le gardien de la paix à un phare. Soyons moins poétique, si vous voulez, et disons que son uniforme doit être employé à faire fuir les voleurs absolument comme l'*épouvantail* qu'on met dans les blés sert à faire fuir les moineaux.

Si vous habillez le gardien de la paix en bourgeois le prestige disparaît. Plus de phare, plus d'épouvantail !

De plus, les gardiens de la paix qui ne sont pas riches et n'ont pas une garde-robe civile très bien fournie, mettent encore pour ce service spécial leurs vêtements de rebut. Il en résulte qu'ils ont des mines effroyables, bien faites pour épouvanter le passant attardé, plutôt que pour lui inspirer confiance. C'est miracle que chaque nuit, on ne leur tire pas dessus, croyant affaire à des malfaiteurs. Cela est arrivé plusieurs fois du reste.

L'avant-dernière nuit, trois gardiens de la paix en habit civil, apercevant sur le boulevard extérieur deux femmes seules, s'approchèrent d'elles, et l'un d'eux, qui était en blouse, en prenant une par le bras, lui dit :

— Eh ! la fille ! il faut rentrer chez vous. Il n'est plus l'heure de courir.

Effrayées, les femmes poussèrent des cris, auxquels accoururent trois hommes qui tombèrent à bras raccourci sur les agents. Ceux-ci, malgré leur résistance, eurent le dessous et l'un d'eux roula à terre presque assommé.

D'autres gardiens de la paix, en uniformes étant accourus, une explication eut lieu. Les femmes étaient de très honnêtes femmes et les trois hommes, leurs maris et le frère de l'une d'elles. En les entendant crier et en voyant un homme en blouse porter la main sur elles, ils avaient cru à une attaque nocturne.

Procès-verbal a été dressé. Mais quel reproche peut-on faire à ces messieurs ?

(*Figaro*, mercredi 11 août 1886.)

Et notez bien que, dans le cas d'un accident de cette nature, les gardiens de la paix ainsi malmenés n'ont rien à dire. Comment l'agresseur pouvait-il savoir à qui il avait affaire ? Bien mieux, les insignes du gardien de la paix consistant *uniquement* en son uniforme, la résistance au gardien bourgeois est presque légale.

Il est vrai qu'avec un peu d'habitude, on arrive à bien le reconnaître. Le cachet militaire subsiste toujours et comme dit la chanson du *Chat Noir* :

> Quand les sergots s'en vont par trois
> Ils sont habillés en bourgeois
> Et sous ce nouveau vêtement
> Ça les déguise tellement
> Qu'on les r'connaît immédiatement !

Mais dans ce cas, pourquoi leur faire quitter l'uniforme ? Donc, ou on les reconnaît et leur déguisement est inutile, ou on ne les reconnaît pas, et ils n'ont aucun droit, aucune autorité à invoquer pour arrêter quelqu'un.

Manquant de confiance, dit M. Macé, dans le service de Sûreté, dont il connaissait les tendances à la liberté d'action, le Chef de la police municipale a voulu se créer une *petite sûreté* parmi les gardiens de la paix, en faisant faire à un certain nombre du service en bourgeois.

Cela ne lui a pas réussi.

Le gardien de la paix, habitué à l'uniforme, est toujours reconnaissable à son pas cadencé; il s'est produit des abus motivés par l'inexpérience des gardiens en matière de police de sûreté.

Des agents remplis de zèle se sont couchés sur des bancs, la montre suspendue à la boutonnière de leur gilet, afin d'attirer l'attention des voleurs au poivrier, ce qui est de la provocation au premier chef. C'est ainsi qu'au mois de février 1880, un gardien de la paix du V° arrondissement, faisant une ronde de petite sûreté a voulu opérer.

Son stratagème a réussi. Les malfaiteurs sont arrivés vivement, et, comme il s'était endormi, ils lui ont en passant enlevé sa montre et sa chaîne. Ses collègues qui faisaient le guet à une certaine distance, n'ont pas arrêté les voleurs, mais les véritable agents de la Sûreté les ont capturés par la suite et le gardien de la paix *dormeur* a pu rentrer en possession de ses bijoux. Il est vrai qu'il ne s'était pas vanté de l'aventure.

En dehors de ces inconvénients, il peut se produire par ce système des conflits regrettables. En voici un exemple.

Le 21 mai 1881, à deux heures du matin, des agents de la sûreté, faisant une ronde, ont remarqué deux individus en blouse cachés l'un et l'autre dans des encoignures de boutique, rue de Chabrol. Les prenant pour des rôdeurs préparant un « coup à faire », ils les ont surveillés. Se voyant observés, ceux-ci se sont concertés, puis ils sont allés se cacher derrière la porte d'une maison. Bien convaincus alors que c'étaient des voleurs, les agents les ont arrêtés. C'étaient deux gardiens de la paix de la petite sûreté. De là protestation, résistance; conduite au poste, explications, rapports.

Total une nuit de perdue pour cinq hommes et deux surveillances manquées.

Comme dans les arrondissements, il avait été organisé un pareil service dans les Halles, il a été récemment supprimé.

Du reste, non revêtu de son uniforme, un gardien de la paix n'a plus aucun caractère officiel ; tous étaient en possession de carte comme les inspecteurs de police, l'abus en a motivé le retrait.

Chacun son métier.. dit un proverbe. Laissez aux gardiens de la paix leurs fonctions et donnez à la sûreté les éléments nécessaires pour que la surveillance occulte soit efficace.

(G. Macé, *Le service de Sûreté*).

XX

LES BRIGADES CENTRALES

Les gardiens de la paix d'arrondissements ou plutôt de quartiers, ne forment qu'une partie de la police en uniforme. L'autre se compose des brigades centrales.

Comme son collègue, le gardien des brigades centrales est habillé, armé, équipé et organisé militairement. Il est même encore bien plus soldat, car il est caserné et armé de son chassepot réglementaire, tandis que le gardien d'arrondissement n'a que le numéro matricule du sien, emmagasiné dans l'arsenal de la Préfecture de police. Tout le monde a pu voir aux portes de la Préfecture, boulevard du Palais, quai de l'Horloge, quai des Orfèvres, quai du Marché-Neuf, rue de la Cité, des gardiens de la paix montant la garde le fusil sur l'épaule. Ce sont les hommes des brigades centrales.

Tous anciens militaires, ces soldats de police

manœuvrent admirablement. Dans le service qu'ils ont à faire, ils sont du reste en contact journalier avec la garde républicaine à pied et à cheval, troupe d'élite, vis-à-vis de laquelle ils ne doivent pas et ne veulent pas paraître inférieurs.

Les brigades centrales sont au nombre de six, commandées comme les brigades d'arrondissements chacune par un officier de paix. Les quatre premières ont à fournir chaque jour des hommes pour le service de la Préfecture, du Palais de justice, des théâtres, des bals, des concerts et du bois de Boulogne. C'est à elle, concurremment avec la brigade d'arrondissement, qu'incombe le service d'ordre et de surveillance des courses, des fêtes publiques, des revues et de toutes les cérémonies attirant un concours de population assez grand pour que la brigade de quartier ne puisse y suffire sans déranger son roulement. Aux exécutions, il y a toujours une et quelquefois deux brigades centrales. Dans le cas d'incendie et de troubles, les réserves, toujours prêtes à la Préfecture, partent au pas de course vers le point où se trouve le danger. Les quatre premières brigades centrales sont donc en réalité un appoint destiné à renforcer les brigades d'arrondissements partout où un cas extraordinaire rend leur personnel insuffisant.

Bien que rien, dans les règlements, ne leur donne ce droit, les gardiens de la paix des brigades centrales affectent de se considérer comme supérieures aux autres. Aussi se plaint-on souvent de leur raideur. Le gardien de quartier qui d'après le règement doit s'attacher à connaître non seulement les rues, mais encore « les habitants de son îlot afin de pouvoir protéger d'une manière utile leurs personnes et leurs propriétés » finit par être en quelque sorte, un tuteur, un ami pour les gens du quartier. Il sait obtenir par la douceur et par la persuasion bien des choses qu'il ne pourrait avoir par le rigorisme. C'est du reste dans le rôle que la Loi lui a assigné. Le gardien des brigades centrales, au contraire, agissant tantôt sur un point, tantôt sur un autre, tombant en pays inconnu et pour ainsi dire en pays ennemi, va de l'avant et ne garde aucun ménagement :

— Ah ! nous disait au lendemain d'une échauffourée, un brave îlotier, quand les centrales viennent chez nous, il nous faut bien du mal et bien du temps pour nous *rabibocher* avec le public !

C'est au quartier latin particulièrement que l'on a pu avoir des exemples de cette « trop grande raideur » des brigades centrales.

Les étudiants n'ont jamais pu accepter l'envahissement des souteneurs. Jeunes, exubérants, débraillés même quelquefois, ils ne peuvent pas, comme les bourgeois de la rive droite, établir par leur tenue une ligne de démarcation bien marquée entre eux et les pensionnés de la débauche, et ils craignent d'être noyés dans cette écume qui monte lentement, mais sans que rien l'arrête. Ils ont demandé, comme tout le monde, une épuration. Ils ont vu qu'on la faisait « pour rire » et ils se sont dit que, puisque c'était ainsi, il fallait la faire « pour de bon. »

Nous avons peut-être rêvé cela, mais nous avons

un vague souvenir qu'à une certaine époque, la Préfecture de police, à qui on demandait des mesures sérieuses, répondit aux pétitionnaires :

— Ce nettoyage ; mais il est bien scabreux, bien difficile pour nos agents. Le mieux, ce serait que, *dans chaque quartier, le public se chargeât lui-même de l'épuration.*

Les étudiants ont pris cette parole au sérieux et ils ont commencé leur épuration eux-mêmes.

Comme première opération, ils formèrent un soir une haie au bal Bullier, et expulsèrent tout ce qui leur paraissait par trop louche.

La police ne bougea pas, ni dans un sens, ni dans un autre. En présence de cette neutralité, les étudiants se dirent qu'ils étaient dans la bonne voie et ne devaient compter que sur eux-mêmes.

Ils continuèrent.

Mais, malheureusement, il leur manquait deux choses : la prudence nécessaire pour ne pas commettre de bévues, et une autorité paternelle pour les couvrir au cas où ils en commettraient.

Ils en commirent, parbleu !...

Emportés par une ardeur intempestive, un jour ils brisèrent le matériel d'un marchand de vins ; un autre jour, ils enfoncèrent la boutique d'un charbonnier, chez lequel — affinité de couleur — un nègre poursuivi s'était réfugié. L'un et l'autre, largement indemnisés, sont loin de se plaindre aujourd'hui.

Mais cela scandalisa les gens paisibles. Il y eut des plaintes, des récriminations. Pour mettre le comble à la mesure, ne s'avisa-t-on pas de jeter dans le bassin du Luxembourg, un pauvre diable d'honnête garçon qui avait eu le seul tort de causer avec trois femmes, et qu'on avait pris pour un souteneur ?

Cette fois, l'audace de messieurs les étudiants passait les bornes. On résolut en haut lieu d'y mettre bon ordre.

Le soir, comme les auteurs de cette mauvaise farce venaient d'être arrêtés, et que selon l'usage, une foule de badauds suivait jusqu'à la porte du poste les prisonniers et ceux qui les conduisaient, une quarantaine de sergents de ville surgirent tout à coup, on ne sait d'où, et tombèrent à grands coups de poing sur les curieux.

Comment? Pourquoi ? Sur quels ordres ? Voilà ce qu'on se demande.

Toujours est-il que ce fut ainsi que l'affaire commença.

Certes, c'est une plaisanterie déplorable que de jeter dans un bassin un homme dont la figure vous déplaît — encore que dans ce bassin il n'y ait pas assez d'eau pour noyer un lapin nouveau-né ; mais pourquoi à propos de cela taper sur une foule inoffensive, composée de gens dont les quatre cinquièmes ignoraient l'affaire ?

C'est à se demander si ce n'est pas là tout simplement un prétexte. Les officiers de paix ont avoué du reste que leurs hommes, surchargés de service, fatigués, avaient été enchantés d'avoir une occasion de décharger leur bile.

On avouera que c'est au moins regrettable, et cela donne une espèce de créance au dire des gens mal intentionnés qui ont prétendu que les étudiants qui avaient jeté l'homme dans le bassin du Luxembourg, n'étaient que de faux étudiants, chargés de commencer une échauffourée… quelque chose comme ce qu'on appelait autrefois des agents provocateurs.

Le fait est qu'on n'en a plus entendu parler de ces deux « étudiants » arrêtés le vendredi 25 mai 1882 à dix heures du soir, sur la désignation formelle d'un employé des *Petites Affiches*, et qui ont été la cause de tout le tumulte.

Mais reprenons notre aperçu.

C'est fini, les deux « noyeurs » sont sous les verrous. Ceux qui ont voulu les délivrer ou qui ont crié à propos de leur arrestation, sont pris aussi. La foule repoussée à coups de poing et de bottes, s'est dispersée. Le quartier est calme.

Le samedi soir, rien n'annonce une émeute. Les étudiants sont à Bullier ; ils dansent et *flirtent* ; minuit sonne, le bal ferme ; ils descendent en troupe en chantant suivant leur habitude. Tout à coup une nuée d'agents, apostés dans les rues voisines, fond sur eux à grands coups de sabre…

Pourquoi, encore une fois? Parce que la veille il y avait eu une affaire? Mais c'était fini, archi-fini !

Est-ce donc que le gouvernement aurait voulu montrer — comme l'a dit M. Goblet à la Chambre — qu'il savait faire respecter l'ordre par les fils de bourgeois, comme par les ouvriers ?

Soit, nous comprenons ce sentiment. Mais, pour faire respecter l'ordre, il semble logique d'attendre qu'il soit troublé. On a réprimé là un *crime d'inten-*

tion, qui ne méritait réellement pas autant d'acharnement.

Nous savons bien que le rôle de la police doit être, autant que possible, préventif. Mais enfin que diriez-vous d'un agent qui, avisant dans une galerie du Palais-Royal un monsieur en train de regarder la boutique d'un joaillier, se précipiterait sur lui et le conduirait au poste sous le prétexte *qu'il le soupçonne d'avoir l'intention de voler un bijou ?*

C'est à peu près selon ce principe qu'on a agi le 26 mai 1882 avec les étudiants.

Après ce beau coup, personne n'a plus voulu endosser les responsabilités ; le Préfet de police n'avait pas donné d'ordres, les commissaires de police non plus, les officiers de paix pas davantage. On a révoqué des brigadiers et des agents...

C'était un tort, car quoi qu'on en dise, ces agents n'étaient pas venus là d'eux-mêmes et sans un ordre supérieur. Mais voilà, pour justifier les gros on sacrifie les petits :

> Selon que vous serez puissant ou misérable,
> Les jugements de Cour vous feront blanc ou noir.

La brutalité reprochée aux agents dans cette circonstance se comprend un peu, du reste, quand on l'explique par l'énervement du gardien de la paix aux prises pendant plusieurs heures avec une foule envahissante, têtue ou agaçante.

De plus, dans certaines occasions, comme lors de l'affaire récente des garçons de café, les agents ont dû pendant plusieurs jours rester sur pied, aux aguets, attendant le signal pour courir sus aux perturbateurs. Ceux-ci cassaient un jour les vitres d'un bureau de placement rue Saint-Honoré; le lendemain, c'était rue Montorgueil; le troisième jour, rue des Petits-Carreaux et rue Poissonnière. On comprend qu'à la fin les agents étaient exaspérés et ne repoussaient pas les tapageurs avec toute la douceur désirable. De là, des récriminations et des articles dans les journaux policophobes.

Tout cela pourrait être évité si, dès le premier jour, on en finissait avec les tapageurs en les cernant avec les forces suffisantes dont on dispose. Mais on ne le veut pas et cependant c'est, comme l'a fait observer le *Temps*, la méthode légale.

Quand les gardiens de la paix dispersent un rassemblement et qu'un individu leur résiste, ils l'appréhendent et le conduisent au poste. Cet individu est poursuivi pour rébellion en vertu de l'art. 212 du Code pénal, et il peut être condamné à une peine variant de six jours à six mois d'emprisonnement. Dans la pratique, ces arrestations ont lieu une à une, homme par homme, et pour amener l'individu arrêté au poste, deux agents sont nécessaires. Ces opérations répétées dégarnissent donc les brigades manœuvrantes, et il n'est pas sans exemple que des préfets de police aient recommandé d'arrêter le moins possible, de crainte de démunir les colonnes. Repoussez et dispersez, telle est la consigne. Il suit de là que, comme les agents ne peuvent pas aisément refouler les groupes compacts et qu'ils ont l'ordre d'arrêter le moins possible, ils perdent patience, les poings se ferment d'eux-mêmes et il se produit des scènes regrettables. Des arrestations sont opérées qui sont parfois bien peu fondées.

Par la méthode légale, au contraire, les arrestations s'opéreraient tout différemment. Le seul fait d'avoir, non plus résisté à l'invitation individuelle d'un agent, mais d'avoir fait partie d'un attroupement, suffirait à motiver l'arrestation le des poursuites après les sommations exigées par la loi. Il suffirait alors d'entourer tout ou partie du rassemblement et de pousser les gens « permanents » dans un lieu clos, poste, commissariat de police, édifice public quelconque, d'où ils seraient conduits au dépôt par voitures cellulaires. Il est probable qu'après une pareille opération les badauds se le tiendraient pour dit et ne recommenceraient plus. La loi sur les attroupements, loi du 7 juin 1848, est formelle à cet égard et bonne à rappeler. Il n'est pas impossible qu'un jour ou l'autre elle soit appliquée.

Art. 3. Lorsqu'un attroupement armé ou non armé se sera formé sur la voie publique, le maire ou l'un de ses adjoints (à Paris, le Préfet de police, qui exerce les pouvoirs municipaux de police), à leur défaut, le commissaire de police ou tout autre agent ou dépositaire de la force publique et du pouvoir exécutif, portant l'écharpe tricolore, se rendra sur le lieu de l'attroupement. — Un roulement de tambour annoncera l'arrivée du magistrat. — Si l'attroupement est armé, le magistrat lui fera une sommation de se dissoudre et de se retirer. — Cette première sommation restant sans effet, une seconde sommation, précédée d'un roulement de tambour, sera faite par le magistrat. — En cas de résistance, l'attroupement sera dissipé par la force. — Si l'attroupement est sans armes, le magistrat, après le premier roulement de tambour, exhortera les citoyens à se disperser. S'ils ne se retirent pas, trois sommations seront successivement faites. — En cas de résistance, l'attroupement sera dissipé par la force.

Art. 5. Quiconque, faisant partie d'un attroupement non armé, ne l'aura pas abandonné après le roulement de tambour précédant la deuxième sommation, sera puni d'un emprisonnement de quinze jours à six mois. — Si l'attroupement n'a pu être dissipé que par la force, la peine sera de six mois à deux ans.

Si l'on appliquait la loi du 7 juin 1848, la tâche de la Préfecture de police serait donc beaucoup plus simple. Trois roulements de tambour, « une exhortation » à se disperser, puis enveloppement des groupes et appréhension des gens en bloc, soit par des arrestations en masse, soit par un refoulement dans un lieu clos, où les individus seraient momentanément détenus.

Mais les préfets de police ont toujours hésité à opérer de

la sorte, parce que, en réalité, les rassemblements parisiens, quand un grave motif politique ou une idée généreuse ne les provoque pas, sont en général inoffensifs. On se borne à les disperser.

Eh bien ! c'est justement parce que ces rassemblements sont composés pour les trois quarts au moins de gens inoffensifs, curieux et badauds, qu'il serait préférable de les arrêter carrément en masse, plutôt que de les bousculer. Le badaud pris dans la bagarre, conduit au poste, transféré à la Préfecture et relâché ensuite après une sévère admonestation, fuirait les attroupements comme la peste. Le badaud bousculé, frappé de coups de poing, se transforme en un ennemi qui le lendemain va porter dans les journaux ses doléances plus ou moins justes.

Il ne faut jamais faire les choses à demi et la méthode en usage pour dissiper les rassemblements, méthode que l'on a baptisée *la louvoyante*, ne sert à dissiper les tapageurs un jour que pour les voir revenir le lendemain en plus grand nombre. Le Parisien, il faut l'avouer, badaud par excellence, se rend aux troubles comme à une fête, espérant toujours voir bousculer les autres et être assez malin pour ne pas être bousculé lui-même. Et quand il attrape des horions, il est furieux. S'il se savait sérieusement exposé à une arrestation légale et à tous les ennuis qu'elle comporte, il resterait peut-être chez lui.

Voilà pour les quatre premières brigades centrales. Les deux autres ont des attributions particulières. La cinquième est chargée de veiller à l'exécution des règlements relatifs à la circulation des voitures dans Paris. Ils surveillent les cochers en maraude, les empêchent d'aller racoler les clients aux environs des stations et des cafés, etc. A plusieurs reprises dans les meetings, les cochers ont protesté contre ce qu'ils appellent « les injustices » des agents de voitures. De nombreuses pétitions ont été adressées aux Préfets pour demander la suppression de la cinquième brigade. Inutile de dire qu'on n'en a tenu aucun compte.

La sixième brigade centrale est la brigade des Halles. Elle est chargée d'assurer la libre circulation dans le périmètre des Halles centrales et de veiller à l'exécution des règlements en ce qui concerne l'arrivée et le placement des voitures de maraîchers, le dépôt des marchandises, leur enlèvement au moment où la cloche sonne, etc. Les arrivages commençant à minuit et la vente au carreau se terminant à neuf heures du matin, c'est dans la période comprise entre ces deux heures qu'a lieu le service le plus actif de cette brigade. On peut donc dire que son travail se fait plutôt de nuit que de jour, et le public parisien a fort peu de rapports avec les agents qui la composent.

XXI

LES BRIGADES DE RECHERCHES

Avec les brigades centrales se termine la série des agents en uniforme. Celle des agents en bourgeois commence avec les brigades de recherches.

Les agents qui composent ces brigades ne doivent pas être confondus avec ceux de la sûreté et des garnis, bien que leur service soit à peu près similaire, ainsi qu'on va le voir.

Nous les plaçons les premiers parce que, comme ceux des brigades centrales, leurs officiers de paix et leurs cadres sont directement sous la main et font partie, en quelque sorte, des bureaux du Chef de la police municipale.

Leur titre vient de ce que, aux termes du règlement qui les a créés, ils sont chargés de recueillir « les renseignements demandés sur les étrangers, les admissions à domicile, les naturalisations, les subsides, les rapatriements, la répression des jeux clandestins, la surveillance des cercles, les enquêtes ordonnées par le parquet en matières de sociétés commerciales et financières, les enquêtes sur les différentes sociétés qui se constituent, les enquêtes sur les établissements qui demandent à être autorisés, tels que bals, concerts; les recherches demandées par les bureaux de l'administration centrale, soit dans l'intérêt des familles, soit dans un intérêt administratif; les surveillances protectrices de tous genres, les enquêtes sur les candidats aux divers emplois administratifs, enquêtes faites sur la demande du bureau du personnel ou des diverses administrations publiques; la traduction des pièces écrites en langues étrangères, les enquêtes à faire sur les marchands des quatre saisons, sur les demandes d'ouverture d'établissements autorisés, ainsi que les renseignements à recueillir d'urgence à la demande du parquet sur des individus arrêtés en flagrant délit, etc., etc. »

Dans cette nomenclature, comme on le voit, il n'est pas question de politique. Et cependant, c'est l'accusation que le public porte à chaque instant contre elles.

A-t-il tort, a-t-il raison?

C'est ce que nous allons examiner tout à l'heure.

Nous devons déclarer que les officiers de paix des brigades de recherches et les agents placés sous leurs ordres repoussent avec indignation cette accusation. « Eux! des agents politiques? jamais. La police politique ou police secrète dont on a tant parlé et dont on parle tant encore dans les romans et dans les drames, est une vieille légende qui a fait son temps. Elle est morte avec le régime monarchique

La république n'a pas besoin d'un tel auxiliaire, etc., etc. »

Nous voulons bien croire à ces paroles indignées. Mais enfin, puisque comme nous l'avons vu en examinant les bureaux, le cabinet du Préfet de police est chargé de la surveillance des condamnés politiques, des loyers, des manifestations, etc.; en un mot de toute une rubrique désignée sur la qualification générale d'affaires politiques, il faut bien qu'il existe quelque part des agents pour exercer les surveillances politiques en question.

Or, puisque ces agents ne sont ni les gardiens de la paix, ni les agents de la sûreté, des mœurs et des garnis, ni les commissaires dont les attributions sont parfaitement connues, il ne reste que ceux des brigades de recherches à qui on puisse attribuer le service politique.

L'examen successif de leur personnel prouvera que le public ne se trompe pas autant qu'on le prétend en les appelant brigades politiques.

Cette désignation, du reste, il faut le dire, leur est appliquée carrément dans l'arrêté préfectoral du 14 avril 1856, où nous lisons l'article suivant :

Art. 90. — Trois brigades, composées chacune :
D'un officier de paix,
D'un brigadier,
Et de vingt inspecteurs,
Sont chargés spécialement de la police politique.

Il est vrai que cet article portait aussi les dispositions suivantes :

« Nous (le préfet) nous réservons la direction de ce service, et les officiers de paix remettront leurs rapports soit à nous-même, soit à la personne que nous leur désignerons. »

Or, comme par l'arrêté présidentiel du 10 juin 1871, augmentant l'effectif de la police municipale, les brigades de recherches portées au nombre de six, ont été, sauf une, retirées au Préfet pour être données au Chef de la Police municipale ; comme, par l'arrêté du 12 mars 1879, cette brigade réservée, la quatrième, a été supprimée, il en résulte que les cinq brigades de recherches aujourd'hui existantes sont toutes dans la main de M. Caubet qui reçoit leurs rapports et n'en communique au Préfet que ce qu'il juge convenable.

C'est là-dessus qu'on s'appuie pour dire que les brigades de recherches ne sont plus politiques, puisqu'elles n'appartiennent plus au Préfet et que, par conséquent, l'article 90 de l'arrêté du 14 avril 1856 est véritablement abrogé.

Nous, nous en concluons que la police politique a changé de mains.

On nous dit encore :

Les agents des brigades de recherches sont aussi connus et n'ont pas plus de motifs de se cacher que ceux de la sûreté. Ils sont soumis aux mêmes conditions de recrutement et ont les mêmes droits à la retraite que leurs camarades. Ils émargent au budget municipal, et ils sont si peu « secrets » que la préfecture de police n'a pas craint de publier les noms des agents formant leurs cadres, dans une publication officielle : « L'état général du personnel des services municipaux de la Préfecture de police. »

(*Le Temps*, n° du 9 Sept. 1886).

En ce qui concerne le personnel officiel, c'est exact. Mais sont-ils inscrits sur *l'état général* ces personnages que nous voyons quelquefois dans les cafés où les réunions publiques, déblatérant à gueule que veux-tu contre le gouvernement, les roussins et les mouchards et que, si on veut s'en donner la peine, on peut rencontrer quelques heures plus tard, le chapeau sur les yeux et le collet du paletot relevé, dans l'escalier qui conduit aux bureaux de la police municipale ?

Il y a quelques années ce fut une grande lutte entre les journaux radicaux pour la découverte des mouchards. Chacun d'eux cherchait à en trouver dans la rédaction de l'autre. Cela donna lieu à quelques révélations amusantes.

Si on voulait recommencer aujourd'hui on rirait peut-être encore bien davantage.

Mais laissons là les mouchards dont nous reparlerons et ne nous occupons que des agents inscrits sur les contrôles notés, connus, et voyons à quoi on les emploie. C'est encore dans le Journal *Le Temps*, et dans l'article destiné à prouver que les brigades de recherches ne font pas de politique que nous chercherons la preuve qu'elles en font :

Nous pouvons affirmer que jamais le gouvernement de la République n'a demandé à ces brigades une action politique. Pour nous servir d'une expression peu française, mais claire, jamais ces brigades ne « font » de la politique. Elles n'ont, a aucun moment, un rôle actif. Leur mission n'est pas autre que celle des reporters des journaux. Des agents vont dans les réunions publiques, dans les assemblées ou meetings où l'on pérore, et ils rendent compte de ce qu'ils ont entendu. Ce sont des auditeurs, ce ne sont jamais des acteurs. La Préfecture de police, qui a le devoir de protéger les citoyens et d'éclairer le gouvernement, a le droit de se renseigner, et pour se renseigner vite, exactement, complètement et impartialement, elle n'attend pas que les journaux lui rapportent, chacun à sa manière et chacun à son point de vue, les discours des orateurs. Il n'y a rien de plus licite, de plus simple, de plus rationnel. Le public, qu'on paie de mots, se fait sur ces services les plus étranges idées. Il met du mystère là où il n'y a que clarté et bon sens.

Or, malheureusement, ces erreurs répandues dans le public retombent sur le dos de ces agents. Aussi ne vont-ils pas sans courir des risques dans les réunions publiques, alors que les badauds du quartier vont s'y distraire à entendre les sottises qu'on y débite. Le public n'est pas tendre pour cet homme, qu'on qualifie de « mouchard », bien que chacun de nous lise dans son journal du lendemain ce que, lui, a eu pour unique mission de transmettre à ses chefs dès la veille. Il lui faut des qualités particulières. Nous en avons vu dans les réunions publiques, écoutant, sans qu'un muscle de leur visage bougeât, les imprécations les plus menaçantes contre la police. Et quelle mémoire ne leur faut-il pas pour ne rien omettre! D'ailleurs, ils sont, en général, plusieurs pour la même besogne, et les versions sont contrôlées par le rapprochement de la rédaction de chacun.

Ceux dont la mémoire est moins sûre prennent quelques notes, mais au prix de quels périls! Tantôt un crayon microscopique à la main, ils se croisent les bras avec un air de béatitude, paraissant boire les paroles de l'orateur, tandis que la main droite, glissée entre le gilet et la chemise, écrit sur le plastron deux ou trois phrases typiques. Tantôt, appuyés contre le mur, ils mettent leurs mains dans leurs poches d'un air détaché et griffonnent sur un méchant bout de papier appliqué contre la cuisse les menaces de mort ou d'incendie qui émaillent le discours de l'orateur. Ils déploient mille ruses sous le feu de l'ennemi, ne perdant pas un instant leur sang-froid, car personne ne prendrait leur défense s'ils étaient découverts. Il faut pour ce métier une fertilité de moyens extraordinaire.

Eh! bien, mais il nous semble que si ce n'est pas là un service de politique, il n'y en a jamais eu. Reportage politique, soit, mais toujours occupation politique.

Le nom de brigade politique n'était donc pas déjà si faux.

Notez bien que nous n'en faisons pas un crime à ces braves gens. Ils remplissent leur devoir et quelquefois avec bien des difficultés, des dangers même.

Aussi faisons-nous bien la distinction et disons-nous qu'ils font de la police *politique* et non pas de la police *secrète*.

Ce sont des *agents* comme tous les autres et non pas des *mouchards*.

XXII

LA BRIGADE DES JEUX

La première brigade de recherches était désignée autrefois sous le nom de service des garnis et des jeux.

Les garnis formant maintenant un service spécial, les jeux sont seuls restés à la première brigade de recherches.

Nous avons dit, dans *Le Monde où l'on triche*, comment ce service surveillait le jeu dans les Cercles ; nous n'y reviendrons donc pas. Nous ne parlerons ici que de la façon plutôt comique que sérieuse, dont elle pourchasse et saisit les tripots clandestins ;

Tous les mois, ce service fait irruption dans la boutique d'un marchand de vins de septième ordre où une bande de douze à quinze chenapans jouent aux jeux appelés : le Plus-d'Atouts, le Petit Paquet, le Trente-et-un, le Zanzibar, etc. Remarquez, qu'à part deux ou trois victimes, ce sont d'abominables gredins, des tricheurs de bas étage appelés en langue argotique: *Graisseurs* et dont l'échine a été, depuis longtemps, hypothéquée par la Justice.

La police saisit comme enjeux, 9 francs, 17 francs, ou 35 francs, jamais plus; elle prend les noms des joueurs et les laisse tous partir sans en arrêter un seul !

Voilà plus de dix ans que cette même bande est traquée par ce même service des jeux sans que ni l'un ni l'autre n'éprouvent de fatigue ni le besoin de rire ! Lorsque ces joueurs crapuleux sont chassés d'une arrière-boutique, le surlendemain, ils en découvrent une autre et le Plus-d'Atouts recommence pour ne s'interrompre que le jour d'une nouvelle descente de police.

Ce même service saisit tous les trois mois, dans le quartier Latin, un tripot composé d'un groupe d'étudiants parmi lesquels se fourvoient quelques *Grecs*. Les enjeux s'élevant à cent ou deux cents francs sont confisqués, les noms des joueurs sont pris, étudiants et *Grecs* confondus ensemble, et tout le monde est laissé libre.

Chassés d'ici, les joueurs s'en viennent là et le petit « Bac » continue aussi immoral et aussi peu dissimulé qu'avant.

Franchement, si ce n'était triste, ne serait-ce pas drôle, qu'une pareille chasse où le gibier a une tenacité aussi grande et le chasseur, une patience aussi... naïve ?

N'est-ce pas dérisoire alors qu'il y a tout à faire contre le jeu, de se livrer à d'aussi piètre besogne ?

Ainsi, nous connaissons dans les VIIIme et IXme arrondissements « sept » grands tripots clandestins exploités par des « *Grecs* » et par des « *Filles* » où l'on peut perdre une fortune dans une nuit ! Or, jamais ces tripots-là n'ont été saisis et, savez-vous pourquoi, lecteurs? Parce que ces dangereuses officines reçoivent la visite de consuls, d'attachés d'ambassades, d'étrangers de marque, ou de fonctionnaires français dont la Police redoute les réclamations...

Prenez depuis dix ans le nombre de tripots clandestins saisis, des « *Grecs* » de toutes catégories arrêtés, jugés et condamnés et vous serez surpris du piètre résultat que vous obtiendrez en raison de l'intensité du jeu et de la quantité de *Grecs* et de tripots clandestins.

D'un autre côté, faites le compte des gens ruinés, des suicidés, des faillis, des déshonorés, de toutes les victimes que le jeu fait chaque jour et vous serez douloureusement étonnés.

Comptez, également, le nombre de gens tarés qui vivent du jeu, les gérants de tripots qui s'enrichissent, les croupiers qui deviennent millionnaires, les *Grecs* qui deviennent rentiers et vous vous demanderez s'il n'est pas pénible que la Police ne trouve, contre un pareil état de choses, que des mesures insuffisantes et ridicules. Nous sommes bien sûrs que si l'honorable M. Gragnon voulait s'en donner la peine, et reconquérir l'autorité qui lui appartient de droit, tricheurs et mangeurs parisiens auraient vite joui de leur reste.

Cela viendra-t-il? Nous le désirons sans oser trop l'espérer.

Pour en finir avec la première brigade de recherches, disons qu'elle se compose d'un officier de paix, d'un inspecteur principal, deux brigadiers, huit sous-brigadiers et quatre-vingt-treize inspecteurs. Ce personnel on le voit, n'est pas considérable, surtout quand il s'agit de surveiller les cercles et tripots d'une ville comme Paris. Et encore la plupart du temps, les agents en sont-ils distraits pour aider leurs camarades de la deuxième brigade dans le service des réunions publiques.

XXIII

BRIGADES POLITIQUES.

La deuxième brigade n'a pas, comme la première, une enseigne officielle.

On la désigne cependant comme s'occupant des *sociétés ouvrières*, des *choses de finances*.

En réalité, elle est exclusivement politique.

Jadis on y mangeait tout crûs les francs-maçons qui, aujourd'hui, y commandent en maîtres. Maintenant on y file, on y traque, on y pourchasse les socialistes, les anarchistes, les collectivistes, les positivistes, les possibilistes, les nihilistes, les rien-du-toustistes et toutes les sectes ou sociétés qui peuvent se désigner par un mot en *iste*.

En même temps, on y surveille avec le même soin les monarchistes blancs, les républicains roses et les bonapartistes tricolores.

On y est au courant, grâce à des moyens spéciaux, de tout mouvement populaire, meetings, manifestations, échauffourées, complots. Il paraît même qu'on sait à l'avance si les choses seront graves ou non, si tout se passera dans le calme, ou s'il y aura du tapage.

La deuxième brigade envoie à chaque manifestation, dans chaque réunion publique, un certain nombre d'agents chargés de faire les rapports dont nous avons parlé tout à l'heure.

Elle est aidée dans ce service par la première.

Ces rapports ne sont point une chose facile, surtout avec le peu de notes que peuvent prendre les agents dans les conditions où ils se sont trouvés; néanmoins, certains d'entre eux ont une telle habitude des réunions publiques et de leur personnel qu'ils donnent à leurs rapports une physionomie tout à fait caractéristique.

Ces rapports, ainsi que nous l'avons dit, sont retouchés par les officiers de paix et transmis au Chef de la police municipale qui en fait part ensuite, selon les convenances, à M. le Préfet de police.

De même que, dans la 1ere brigade de recherches, la politique fait du tort au service des jeux; de même, dans la 2e, elle fait négliger absolument les enquêtes pour lesquelles cette brigade a été créée.

Il est convenu, dit M. Macé dans son livre, *le Service de sûreté*, que les brigades en question s'occupent de rechercher les individus disparus; mais la sûreté aussi fait ces recherches. Pour ne citer que quelques faits connus : l'ex-avoué des E..., le capitaine B..., le fils du changeur G...; trois disparus...

N'est-ce pas logique que la sûreté soit chargée de ces sortes d'affaires ?

Toute disparition peut être motivée par un méfait ou être

le résultat d'un crime, et ce service peut mieux et plus facilement que les autres, au moyen de ses archives et de ses aptitudes spéciales, découvrir une fuite délictueuse, un rapt ou un meurtre.

Le 2 mai 1876, sur la demande de sa famille, la fille Blondin, maîtresse et victime du gardien de la paix Prévost, a été mise en recherches et l'affaire a été confiée à la troisième brigade.

Huit jours après, elle fournissait un rapport de résultat négatif et le dossier était classé.

Le service de la sûreté n'a pas été consulté ; il aurait peut-être été plus heureux dans ses renseignements, et, Prévost, seulement soupçonné, pouvait ne pas commettre un nouvel assassinat, le 10 septembre 1879, sur la personne du bijoutier Lenoble.

Aussitôt que j'ai été saisi de cette affaire, j'ai compris que Prévost avait assassiné son ancienne maîtresse. Cinq jours après, le 15 septembre, mon ex-collègue, M. Lefébure et moi, nous retrouvions la tête de la fille Blondin enfouie dans la terre, sur le talus des fortifications, près de la porte de la Chapelle, endroit confié à la surveillance de Prévost.

Je veux bien convenir que les brigades de recherches s'occupent des jeux, des courses, des étrangers, des candidats et, — à tort, — des recherches dites d'intérêt des familles ; mais ces diverses missions sont loin de suffire à l'occupation de cinq brigades ayant ensemble un personnel de 400 hommes.

En réalité, elles ne sont que des prétextes pour masquer les véritables occupations de la plus grande partie de l'effectif de ces brigades, c'est-à-dire l'*éternelle politique*, cette maladie chronique et héréditaire de la police municipale.

Les agents des brigades de recherches savent si bien que l'énoncé de leur qualité est synonyme d'espionnage politique que, partout où ils ont à exciper de leur profession, ils se disent agents de la sûreté, et mettent en avant le nom du chef de ce service.

Le public ne connaît pas la nuance des divers services, et il accepte comme agent de la sûreté tout employé qui vient à lui en costume civil.

Toutes les maladresses commises par les brigades de recherches, retombent sur le personnel de la sûreté, seul en vue.

Récemment, M. Williamson, chef de la police à Londres, venait dans mes bureaux réclamer deux de ses détectives qu'on lui avait dit avoir été arrêtés par le service de la sûreté. Il y avait erreur : c'étaient les agents d'une brigade politique qui, ayant cru mettre la main sur deux nihilistes, avaient tout simplement arrêté, dans la rue du Bac, ceux qui, comme eux, étaient chargés de les surveiller.

Si les brigades de recherches s'occupaient réellement des intérêts des familles, leur mission aurait un but moral et l'on pourrait parvenir, dans une certaine mesure, à supprimer ces agences interlopes, véritables foyers de chantage et d'escroqueries auxquelles les familles sont obligées de recourir dans de nombreux cas.

Pour l'organisation actuelle de la police municipale, un mot résume tout : « *Trop de ficelles !* »

Et ces ficelles sont tellement usées qu'elles se briseront au premier jour, si on ne les remplace par de moins nombreux, mais plus solides cordons.

Je reconnais la nécessité d'une police politique, car malheureusement dans notre état social, une foule d'individus sont en hostilité déclarée avec leurs semblables.

Ces individus ont besoin d'être surveillés et frappés à l'occasion, toujours par des moyens avouables et honorables.

Mais point n'est besoin pour cela d'une foule de brigades qui se paralysent entre elles ; une seule, solidement et intelligemment constituée, suffirait à cette besogne, qui occupe aujourd'hui la majorité des inspecteurs de police.

L'opinion publique et le mouvement des esprits sont assez divulgués par la presse sans qu'il soit besoin de les faire étudier par des agents.

Pourquoi chercher à savoir, à grands frais, ce que pensent des gens qui vous disent ouvertement quelles sont leurs aspirations ?

Pourquoi faire surveiller un banquet où tout se dit à haute voix et dont le moindre incident est reproduit le lendemain dans vingt journaux ?

Il faut vraiment ne savoir que faire de son personnel et

de l'argent qu'il coûte pour employer de la sorte l'un et l'autre.

Ce personnel et ces fonds seraient cependant si utiles pour donner à la police judiciaire une organisation plus en rapport avec les nécessités présentes.

La véritable place du service politique est au cabinet du Préfet et sous la direction d'un homme dépourvu de toute fonction judiciaire.

(G. Macé. — *Le Service de Sûreté*, p. 327-380.)

XXIV

LA POLICE SECRÈTE

Ils font de la police *politique*, disions-nous tout à l'heure, et non de la police *secrète*; ce sont des *agents* et non pas des *mouchards*.

Nous avons démontré par l'examen même des fonctions de ces agents que nous avions raison.

— Au moins, diront les familiers de la Préfecture, — ou plutôt de la police municipale, puisque c'est elle qui mène tout aujourd'hui, — vous conviendrez que s'il y a encore une police politique, police d'ailleurs toute de prudence et de défense, au moins n'y a-t-il plus de police secrète. M. Andrieux l'a supprimée.

C'est vrai, M. Andrieux, le Préfet de police à qui nous devons M. Caubet et son omnipotence, déclare nettement dans ses *Souvenirs*, que la police *secrète* et même la police *politique*, ont été abolies de fait par lui le jour de la mise à la retraite de M. Lombard, c'est-à-dire en mars 1879.

La façon dont il raconte cette suppression, mérite d'être examinée de près. Elle est significative pour ceux qui savent lire entre les lignes :

> ... Mes anciennes relations avec le parti révolutionnaire, dit-il, me furent très utiles, je ne fis pas appel en vain au patriotisme de quelques besoigneux et à leur dévouement là la République ; je leur épargnai d'ailleurs l'ennui de se considérer comme des agents secrets ; je leur demandais simplement de *collaborer* avec moi au salut de la République menacée par de compromettants défenseurs ; ils m'adressaient des rapports, ils recevaient en échange une équitable indemnité, pour obéir au principe démocratique, suivant lequel toute peine mérite salaire, et ils continuaient à parler avec mépris des *mouchards*, sachant bien d'ailleurs qu'il n'y en avait plus, puisque j'avais supprimé l'emploi de M. Lombard !

Qu'en dites-vous ? Et comment trouvez-vous ces gens qui ne sont point des *agents secrets*. — Oh ! quelle horreur !... Mais des *collaborateurs* du Préfet de police — et qui parlent avec mépris des *mouchards*... dont ils ont pris la place ?

On n'est pas plus spirituellement blagueur.

M. Andrieux, d'ailleurs ne se fait pas faute d'avouer plus loin qu'il subventionna sur les fonds secrets certains journaux d'allures ultra-radicales qui « servaient à la fois d'organes aux partisans de l'action révolutionnaire et de souricière à la police » ?

C'étaient toujours et encore des *collaborateurs*...

Oh ! non, il n'y a plus de *mouchards*, plus du tout... c'est une affaire convenue.

On l'a fait dire et crier sur tous les toits.

La police qualifiée de *sûreté*, disait le journal le *Temps*, dans son étude sur *la Police à Paris*, n° du 18 septembre 1886, n'entre pas dans l'organisation proprement dite mais plutôt dans le fonctionnement de la préfecture. Il ne faudrait pas croire que les braves gens dont nous avons parlé jusqu'ici, ces serviteurs dévoués de l'ordre public, soient les collègues des agents secrets. Ils s'en distinguent, au contraire, absolument, complètement, et par leur origine et par leur recrutement, et par leur tâche qui s'accomplit à ciel ouvert. Donc, la police secrète n'a aucun point de comparaison ni de contact avec les brigades de recherches et encore moins avec la brigade de sûreté, service qu'on affuble parfois de ce nom.

Qu'est-ce donc que cette police et quel mystère la recouvre? De mystère, il n'y en a guère à la Préfecture de police. On s'imagine bien à tort, dans le public, qu'il s'y combine les trames les plus sombres. La vérité est que la préfecture de police a une haute mission qu'elle doit remplir et qu'elle remplit par les seuls moyens possibles.

Il ne s'agit plus aujourd'hui, en effet, de garder contre toute aventure la personne d'un souverain n'ayant d'autre droit au trône que d'avoir été un soldat heureux ou un conspirateur sans remords, mais il importe de défendre les droits politiques, de tous les citoyens, le domaine inviolable de la souveraineté et la République, qui est la seule organisation légitime du suffrage universel. Ce n'est plus le patrimoine contesté d'un homme seul, mais le bien sacré de tous que le préfet de police a la charge, terriblement lourde, de défendre contre les attaques coalisées des perturbateurs de tous les partis. Pour cela, il doit être renseigné sur leurs espérances. C'est de toute nécessité, de toute légitimité.

Sous quelle forme la police pénètre-t-elle ainsi dans les centres d'action ou d'agitation politique? Sous la forme de l'agent secret. Le mot pénétrer n'est pas exact, car ce n'est pas elle qui envoie l'agent, elle le reçoit plutôt. Qu'on ne s'y méprenne pas. La police n'a pas à faire œuvre active, la plupart du temps, en cette matière. On vient la trouver et on se propose à elle, qui souvent n'a que répugnance et dégoût à entendre de pareilles offres. Tous les partis ont leurs traîtres, et ce n'est pas d'aujourd'hui qu'il en va de la sorte. Quand un parti n'est plus au pouvoir, les traîtres abondent La nature humaine n'est pas héroïque et il lui faut l'espérance où l'intérêt pour la soutenir. Quand l'espérance s'est évanouie et que l'intérêt n'a plus une caisse publique où il va se rafraîchir, les plus fermes résolutions fléchissent et les deniers de Judas perdent de leur noirceur.

L'agent secret n'est donc pas autre chose qu'un homme appartenant à un groupe ou à un parti et qui vient volontairement faire des confidences salariées à la préfecture. L'argent doit sans doute lui être tendu du bout des pincettes, mais la confidences est notée et soigneusement contrôlée. Il en est de vulgaires, il en est d'utiles, il en est de précieuses. Elles ont leur tarif suivant leur importance du moment.

Mais ce qui est certain, c'est que ces confidences sont volontaires, qu'elles ne sont pas provoquées et qu'il n'y a même pas besoin de les provoquer. La préfecture de police est assaillie de demandes de gens qui veulent entrer dans la « police secrète ». A Paris, rien n'est plus fréquent que cette marotte. Il est à remarquer même que ces demandes sont d'autant plus nombreuses que la préfecture est plus attaquée. Quand une campagne est ouverte dans un journal, c'est alors, paraît-il, que les lettres affluent. Il n'y a qu'à se baisser pour en prendre, affirment les préfets de police.

Donc il n'y a jamais provocation à la délation : elle s'offre sans pudeur. Ajoutons qu'il n'y a pas davantage, cela va sans dire, provocation à commettre un délit destiné à effrayer le bourgeois. Si ce jeu-là a été loué naguère, ce n'est pas sous le régime républicain, où la police ne s'est jamais inspirée que de sentiments d'honnêteté et de droiture. On n'a plus besoin d'échafauder de conspirations pour sauver le souverain et revenir l'affection de son peuple. Ce sont là de vieux errements à jamais répudiés.

Aujourd'hui, il n'y a point à craindre de voir gagner les secrétaires et les valets de chambre. Tout ce vieux jeu est répudié. Si les secrétaires s'offrent, non seulement on les flanque dehors comme ils le méritent, mais on cite des préfets de police, galants hommes, qui ont écrit au maître pour signaler ces traîtres domestiques. Avec la lumière que font les journaux, avec la liberté des réunions publiques, la police secrète tendra à devenir de plus en plus inutile et par conséquent à disparaître. Nul ne le regrettera, les préfets moins que personne.

Il faut donc que les politiciens de cabaret en prennent leur parti : l'agent provocateur a disparu. C'est grand dommage pour certaines polémiques, mais c'est le résultat des progrès et des lumières que la liberté apporte avec elle. La République repousse hautement les errements de monarchies défuntes. Elle est trop solide pour avoir besoin d'organiser des conspirations contre elle.

Les agents réguliers, autrement dit les inspecteurs des brigades, ont le dégoût et l'horreur des agents secrets. Ces hommes, qui ont passé par le régiment et qui savent ce qu'est la fidélité au serment, sont animés contre eux d'un sentiment de répulsion. Aussi bondissent-ils quand on appelle la sûreté, par exemple, la police secrète. Ils s'insurgent contre cette appellation et ils ont mille fois raison, car ils font leur dur métier de soldats de l'ordre public au grand jour, tandis que les autres ne sont que des traîtres livrant leurs amis pour un peu d'argent.

XXV

LES MOUCHARDS

Oh ! la bonne naïveté !... Oh ! le bon billet qu'a La Châtre !...

Plus ça change, plus c'est la même chose.

La police politique existe toujours, plus que jamais et montée exactement sur les mêmes bases, marchant toujours suivant les mêmes errements qu'il y a cent ans.

Vous avez peut-être lu, dans les *Mohicans de Paris*, la façon dont, par l'ordre de M. Jackal, le savant policier, les agents de confiance, l'ex-forçat Gibassier, l'assassin Carmagnole, les réclusionnaires Brin-d'Acier et Papillon, organisaient une émeute...

— J'ai, dit Brin-d'Acier, transporté rue Saint-Denis autant de charrettes, de pavés, de solives qu'on m'a fait l'honneur de m'en confier.

— Bien, dit M. Jackal ; et vous, Papillon ?

— Moi, répondit l'effronté Papillon, j'ai cassé selon la recommandation de Votre Excellence, la majeure partie des carreaux de ladite rue.

— Ensuite, Brin d'Acier ? continua M. Jackal.

— Ensuite, à l'aide de quelques amis dévoués, j'ai construit toutes les barricades qui sillonnaient le quartier des Halles.

— Et vous, Papillon ?

— Moi, répondit le personnage interpellé, j'ai fait partir au nez des bourgeois qui passaient toutes les pièces d'artifice que Votre Excellence m'avait fait honneur de me remettre.

— Est-ce tout ? demanda M. Jackal.

— J'ai crié : « A bas le ministère ! » dit Brin-d'Acier.

— Moi : « A bas les Jésuites ! » ajouta Papillon.

— Et après ?

— Nous nous sommes retirés paisiblement...

Cela paraît exagéré et pourtant il y a du vrai, beaucoup de vrai, beaucoup trop de vrai...

Nous prouverons quand on voudra, pièces juridiques en main, que certaines émeutes ont été faites par la police politique, désireuse de montrer son utilité.

Les agents provocateurs remplissent le rôle des employés secondaires qui irritent le taureau, pour qu'il soit plus beau à vaincre.

Malheureusement quelquefois le taureau est tellement irrité qu'il tue le toréador...

Eh ! bien, à l'heure actuelle, on en est encore aux mêmes principes.

On entretient à la préfecture ;

Des agents secrets à l'étranger.

Des agents à l'intérieur.

Des espions dans les journaux ! ! !...

Des provocateurs dans les usines, dans les ateliers, dans les réunions publiques...

Oui, citoyens, oui, sachez-le bien. Beaucoup de ces orateurs fougueux qui vont sans frein, sans crainte, clabaudant dans vos clubs, demandant l'abolition de l'infâme capital, la pendaison du patron, les revolvers d'honneur pour les assassins, etc., etc.

Ce sont des mouchards!...

Et, vous imbéciles, qui les acclamez, qui les suivez, ils prennent vos noms pour leur rapport, et à la première occasion, ils vous feront « piger » par leurs collègues en uniforme...

Rappelez-vous Georges P... l'enragé, le révolutionnaire incorruptible, qui dénonça et fit arrêter dans sa retraite de Meudon, son ami Francis Enne...

Eh! bien, dans vos sociétés ouvrières, à la tête de vos comités, dans l'état-major de vos grèves, ces gens exaltés qui vous excitent, que vous préconisez...

Ce sont des mouchards!

Et vous les acclamez, et vous les nommez conseillers municipaux ou généraux, et vous les nommerez députés... Pauvres dupes!...

Faudra-t-il donc vous dire les noms tout au long pour vous ouvrir les yeux?

Ces gens-là sont des misérables, des infâmes. Mais que dire de ceux qui les emploient?

Que dire de ces moyens d'action, où l'on risque tous les jours une nouvelle Commune pour se donner la gloire et le profit de la réprimer?

Et si on n'arrive pas à temps? Si le mouvement, une fois commencé, ne peut plus être arrêté?

Ils se sauveront encore à Versailles, n'est-ce pas?

C'est honteux et c'est ignoble, et notez, par-dessus

le marché, qu'on lésine encore dans le choix des hommes employés à cette sale besogne et qu'on prend ceux qui demandent le moins...

M. Piétri, l'ex-préfet de l'empire qui, s'il ne fut pas sans reproche, montra du moins, en certaines occasions, qu'il était administrateur intelligent et policier habile, est l'auteur des maximes suivantes :

On naît « policier », mais on ne le devient pas.

La bonne police ne se fait qu'à grands coups d'argent.

La première maxime est une leçon donnée à ces fonctionnaires qui, aussitôt leur nomination parue à l'*Officiel*, s'imaginent qu'ils ont la science infuse et qui agissent, taillent et rognent comme des écervelés...

La seconde vise les fonctionnaires..... économes qui disent : « Moins j'en donnerai, plus il en restera... à l'Etat !... »

N. B. — Et ils connaissent le mot fameux « l'Etat, c'est moi ! »

Ils ont commencé par restreindre les gratifications mensuelles accordées aux agents officiels qui certes, sont très méritants, pour reverser ces économies « forcées » sur la meute des agents secrets !

Ils ont, pour distribuer leur police, délaissé leurs agents connus commissionnés, qui ont le devoir de calmer les esprits, de défendre les citoyens pour les « agents » occultes qui, eux, ne savent qu'envenimer, irriter et attaquer...

Il n'y a quelques années, il y avait à la Préfecture, deux agents officiels qui avaient pour spécialité de « lever » les agents secrets. On les a mis à la retraite.

Mais leurs fonctions ont été continuées par des chefs de service. — Nous n'avons pas besoin de donner leurs noms, n'est-ce pas ?

Eh bien ! combien ces chefs de service donnent-ils aux agents secrets ? M. Gragnon serait bien embarrassé, si on le priait de le dire.

Et cependant il devrait le savoir, car, lorsque les émoluments arrivent à mille francs par mois, c'est lui ou son chef de cabinet qui est en relations directes avec les « renseignateurs. »

N'est-ce pas un peu pour cela, du reste, que M. Caubet, tout en acceptant la place de Chef de la police municipale, voulait rester en même temps Chef du cabinet ?

Tout l'argent des fonds secrets lui eût ainsi passé par les mains sans contrôle...

Il a pris ses mesures du reste pour qu'aucun contrôle ne pût le gêner...

C'est lui qui contrôle les autres... et sans conteste.

Et tout le monde plie l'échine.

Il n'y a pas que des hommes dans la police politique ou police secrète, il y a aussi des femmes, des comtesses en ruoltz et des baronnes en plaqué qui donnent les noms des maîtresses de tel ministre, tel sénateur, tel député, tel ambassadeur, ainsi que les noms des amants supposés des femmes du grand monde. Elles font aussi un peu de politique et quelques-unes ne sont point payées...

On les récompense de diverses façons. Les plus usitées sont celles-ci :

Elles sont propriétaires de tout ou partie d'un

« claque-dent » et elles évitent, par leurs services, qu'on y regarde de trop de près ; ou bien elles ont un intérêt dans une brasserie à filles, ou dans une agence de proxénétisme secret...

Aussi, quel remue-ménage quand un naïf touche à l'un de ces établissements...

On en a eu un exemple par certaines affaires qui ne doivent pas être encore tombées dans l'oubli.

Ah! monsieur le Préfet, franchement la main sur la conscience croyez-vous que l'argent de la « caisse noire » ne pourrait pas être plus utilement employé ?

Croyez-vous qu'il ne vaudrait pas mieux consacrer à la police criminelle, absolument négligée, les sommes énormes que coûte la police politique ?

A quoi servent les farceurs que vous entretenez dans les journaux ?

Car il y en a dans tous ou à peu près. Nous en avons connu. Nous en connaissons encore. Nous en pourrions nommer un qui va tous les dimanches aux courses avec les cartes que le Comité donne aux officiers des brigades de recherches pour leurs agents.

C'est du reste un principe « d'acheter » dans chaque journal un « rédacteur » ou soi-disant tel !

Mais, monsieur le Préfet, ces gens-là se moquent de vous, s'ils vous font des rapports sérieux — et s'ils n'en font pas, pourquoi les payez-vous ?

A quoi servent vos « excitateurs » de réunions publiques ? à faire assassiner les gardiens de la paix dans la rue, par les pauvres diables auxquels ils tournent la tête. A faire durer cinq ou six mois une grève qui serait finie en huit jours.

Et vous croyez qu'en agissant ainsi vous faites œuvre utile?

C'est un jeu dangereux que vous jouez là; il a déjà été joué, nous le savons, et par des policiers de premier ordre. Et ils s'y sont cassé le cou. Or, ils avaient des hommes faits et de l'argent et vous n'avez que des « apprentis » que vous êtes incapable d'instruire. Quant à l'argent, vous en possédez, mais on l'économise... pour l'Etat. »

Un vieux routier de la police nous disait : « On » verrait moins de postulants aux emplois élevés de » la Préfecture de police, s'il n'y avait pas les chapi- » tres des agents secrets, des gratifications, des bud- » gets « noirs », des missions secrètes... »

Car, en effet, par quels moyens, à l'aide de quelle multiplication aussi désordonnée que discrète, des émoluments annuels de 6,000 fr. montent-ils à 14,000 fr.? Ceux de 8,000 fr. à 20,000 fr.? Ceux de 14,000 à 50,000? Ceux de 20,000 à 80,000 fr.? Et, enfin, ceux de 60,000 fr à 150,000 fr.?

Il serait utile, pour les contribuables, d'être renseignés à cet égard et d'apprendre à quels fonctionnaires leur argent a servi à faire de bonnes rentes...

XXVI

LE CONTROLE PARTICULIER

La troisième brigade de recherches devrait régulièrement comme les autres s'occuper de *rechercher* les renseignements utiles au fonctionnement de l'administration. Au lieu de cela par un singulier virement, on l'a affectée au service du contrôle... particulier — de la Police municipale.

Ainsi que nous l'avons dit, lorsque nous avons parlé du contrôle général, l'arrêté du 14 avril 1856 porte que « le contrôle général doit exercer son action sur les services de la Police municipale... et signaler les infractions ou irrégularités commises et indiquer les améliorations qui paraissent utiles dans l'intérêt du service. »

Mais en même temps qu'il retirait des mains du Préfet les services politiques qu'il voulait avoir à lui seul, le chef actuel de la police municipale s'arrangeait de façon à lui prendre en même temps la partie la plus importante du contrôle.

Ce n'eût pas été la peine en effet vraiment d'être le maître absolu et sans conteste d'un corps d'élite de plus de huit mille hommes si la surveillance d'un certain nombre de *gêneurs* eut pu venir examiner la façon dont manœuvrait ce corps, faire des critiques et proposer des modifications.

M. Caubet a donc déclaré qu'il ferait lui-même son contrôle ou tout au moins qu'il le ferait faire par des hommes à lui.

Pour arriver à ce résultat, il a usé d'une ruse assez adroite.

Le contrôle général étant le seul service placé directement sous la main du Préfet depuis que la quatrième brigade (brigade Lombard) était supprimée, les agents du contrôle étaient forcément employés à certaines des missions politiques qui sont les attributions du Préfet. Le jour, par exemple, où fut trouvée à Montmartre chez un individu soupçonné d'être anarchiste, une bouteille en grès cuirassée de balles de plomb et contenant un liquide noirâtre du plus inquiétant aspect, ce fut au bureau du contrôle général que cette bouteille fut portée et l'interrogatoire de l'individu arrêté fut fait en présence du Préfet, par MM. Gauthier de Noyelles, contrôleur général et Mourgues, Commissaire de police, attaché au contrôle.

M. Caubet, naturellement était un peu offusqué de ce privilège du contrôle qui lui semblait un empiètement sur son autorité souveraine. Aussi, lorsque M. Gragnon prit la direction de la Préfecture, il lui déclara qu'on avait réformé au contrôle une brigade politique remplaçant la brigade Lombard, que cela était du plus mauvais effet sur le public et qu'il fallait y mettre bon ordre.

En même temps, il lui faisait observer que le nombre des agents du contrôle, — quarante inspecteurs seulement, — était absolument insuffisant pour surveiller les quatre-vingts quartiers de Paris. Il lui proposa donc de consacrer ces quarante inspecteurs uniquement à la surveillance des Commissariats et de leur personnel et de charger lui-même sa troisième brigade de recherches du contrôle sur les gardiens de la paix, inspecteurs de la sûreté, des Halles, des voitures, des garnis et des mœurs, en un mot de toute la police municipale.

Avec la meilleure volonté du monde on est forcé de reconnaître que cette façon d'opérer est absolument irrégulière et anormale.

Le contrôle des agents de la police municipale, dit le *Temps* (Etude sur *la Police à Paris*), au lieu d'être exercé par un corps distinct, indépendant, est opéré par la 3º brigade de recherches, c'est-à-dire par un service relevant du Chef de la police municipale. Il suit de là que la police municipale se contrôle elle-même, et c'est la 3º brigade qui est affectée à cette mission. Les préliminaires par lesquels nous avons fait passer le lecteur étaient de ce indispensables pour expliquer les attributions de la 3º brigade de recherches, attributions qu'on aurait vainement cherchées dans l'arrêté du 14 avril 1856, car elles n'y figurent sous aucune rubrique.

Cette brigade est composée, comme les précédentes, d'un officier de paix, d'un inspecteur principal, de huit brigadiers ou sous-brigadiers et d'un nombre d'hommes que nous ne saurions préciser, par le motif déjà donné que plusieurs d'entre eux sont détachés dans les bureaux.

N'hésitons pas à dire que le contrôle des agents de police municipale, sous cette réserve d'un corps se contrôlant par lui-même, s'opère avec le plus grand soin et une judicieuse sévérité. Il se compose de deux parties : le service du contrôle sur la voie publique et le service d'enquête.

Aussi bien le jour que la nuit, des agents de la 3e brigade surveillent les gardiens de la paix durant leur service et notent, sans les prévenir, toutes les infractions qu'ils commettent. Ces infractions sont généralement peu nombreuses et surtout peu variées. Les plus fréquentes sont d'entrer parfois dans quelque allée obscure et de s'y réchauffer le cœur d'un bon verre de vin que leur tend, à la dérobée, quelque ménagère ou encore d'entrer dans l'arrière-boutique d'un charbonnier débitant (comme il y en a beaucoup dans les quartiers populeux) et d'y prendre sur le pouce un petit verre. Si quelques-uns pèchent par gourmandise, d'autres ont le cœur trop tendre et s'attardent à bavarder avec des filles d'une vertu facile et dont la profession est quelquefois surveillée par les agents des mœurs. Ce sont là les péchés mignons du gardien de la paix. Pendant qu'il boit ou qu'il fait sa cour, le service du contrôle est là aux aguets, et notre gardien est tout surpris, le lendemain, de s'entendre réprimander par son officier de paix, prévenu au rapport de cette infraction commise par son subordonné. Ajoutons que la réprimande est la plus légère des punitions, qu'il y a ensuite la réprimande avec mise à l'ordre du jour de la brigade, puis la retenue du traitement, puis la privation de grade pour les gradés, puis enfin la révocation.

La discipline est extrêmement sévère, et il est absolument défendu aux hommes de boire ou de flirter dans le service. Disons cependant qu'à côté de cette sévérité nécessaire il y a aussi un grand fonds de bienveillance pour ces hommes qui passent des nuits à la froidure, parfois sous la pluie, avec de perpétuelles variations de température. Aussi le Chef de la police municipale, tempère-t-il un peu la rigueur du règlement. Le service n'en souffre guère, et les bons serviteurs sont reconnaissants de ce qu'on ne les accable pas sous la dure loi d'une discipline sans entrailles.

La seconde partie des attributions de la 3e brigade de recherches consiste à faire les enquêtes sur les plaintes adressées contre les agents. Ces informations sont conduites avec un soin extrême, et quoi que puissent en penser certaines personnes, avec une impartialité absolue. Le souci de la vérité est le seul qui domine le Chef de la police municipale dans ces enquêtes, qu'il refait souvent lui-même en mandant les intéressés. Quand l'enquête révèle une faute certaine de la part d'un agent, il est inflexiblement puni et, suivant la gravité, frappé de la suspension ou de la révocation.

Dans son livre *Paris-Police* publié récemment M. Charles Virmaître qui ne peut pourtant pas être taxé d'animosité contre M. Caubet, critique plus sévèrement encore cet empiètement de la police municipale sur les attributions du Préfet.

Il reste la troisième brigade de recherches, qui est affectée spécialement au contrôle des agents de la voie publique, qui, par le fait, devrait seconder le contrôle général; elle ne le seconde pas du tout, voici pour quelles raisons :

Depuis quelques années, le système des recommandations est en grande faveur auprès du Chef de la police municipale ; les députés, les sénateurs, les conseillers généraux, les francs-maçons et surtout les conseillers municipaux ont tous des protégés à caser; or, malgré qu'ils crient contre « le dernier rempart de la réaction », contre « les derniers vestiges de la monarchie », qui n'est en somme qu'une création républicaine, ils s'empressent d'user de leurs influences personnelles pour placer les leurs; ce système n'aurait aucun effet désastreux pour la discipline, si le contrôle général agissait seul pour la surveillance, parce que ses rapports allant *directement au Préfet de police*, le Préfet n'obéit à aucune influence, à aucune considération, sa responsabilité et l'honneur de son administration passent avant tout; il punit à propos et récompense de même; il n'en est pas de même pour la troisième brigade de recherches, affectée au contrôle, ses *rapports vont directement au Chef de la police municipale*; la conséquence de cette anomalie est celle-ci :

Si le contrôle général prend en flagrant délit d'infraction à la discipline l'agent X... le Préfet, sans se soucier du protecteur, le punit ou le révoque; si on vient intercéder pour le coupable, il répond qu'il ne peut rien, que l'arrêté est signé; si au contraire c'est la troisième brigade qui prend l'agent X... le rapport est soumis au Chef de la police municipale, il demande le dossier de l'agent; diable! il est recommané par le vénérable de la loge des Parfaits Jouisseurs, ou bien par M. Un tel du Conseil municipal... Alors il se contente de donner une mercuriale à l'agent X... et a soin de prévenir le protecteur de sa mansuétude, à l'égard du protégé; le Préfet ignore ces actes graves, qui sont un principe réel de désorganisation; cela se passe tous les jours et c'est connu des agents qui s'en plaignent.

Tout cela n'existerait pas si le Préfet de police (un trait de plume suffirait) enlevait à la police municipale *le droit de se contrôler elle-même*, et réunissait la troisième brigade au contrôle général.

Cette fusion aurait une conséquence plus sérieuse.

Le contrôle général avec les cadres comprend *cinquante* personnes, la troisième brigade environ *soixante-seize*; ces deux services réunis compteraient cent vingt hommes environ, en réservant vingt hommes pour le service des enquêtes et des renseignements il resterait cent hommes disponibles pour la surveillance des arrondissements; cette surveillance pourrait être permanente à raison de cinq hommes par arrondissement, alors il importerait peu que les inspecteurs du contrôle général fussent connus des agents, il suffirait que ces derniers sachent bien que la surveillance est incessante et qu'ils n'ont rien à espérer de leur protecteur, pour qu'ils fassent un service irréprochable.

Là est la plaie, le jour où le Préfet de police exercera *seul* le contrôle, elle sera cicatrisée, le contrôle sera efficace et le recrutement des agents s'opérera sur le vrai mérite et non plus par la faveur. (*Paris-Police*, pages 255 à 257)

XXVII

4° 5° 6° BRIGADES DE RECHERCHES.

La quatrième brigade de Recherches ayant été, comme nous l'avons déjà dit, supprimée par arrêté du 12 mars 1879, nous n'avons pas à nous en occuper.

La cinquième qui, pour parler logiquement, devrait porter le nom de quatrième qu'on persiste à ne pas lui donner afin de bien rappeler la suppression, a pour mission spéciale de faire les enquêtes sur les candidats qui demandent à entrer dans l'administration et sur les individus qui sollicitent des permissions de bals, concerts, médailles de marchand de quatre-saisons, etc., etc. Son effectif se compose d'un officier de paix, un inspecteur principal, un brigadier, quatre sous-brigadiers et une soixantaine d'hommes.

La sixième brigade, bien diminuée maintenant, est la brigade de l'Élysée. Elle a succédé à celle qu'on appelait sous l'Empire, la brigade du Château.

A cette époque, elle avait une grande importance, car elle avait charge de protéger la personne du souverain contre les attaques de toute nature. Chaque fois que Napoléon III sortait, soit en voiture, soit à pied, un certain nombre d'hommes « du Château » devaient l'escorter, les uns devant, éclairant la marche, les autres sur les côtés en flanqueurs, d'autres enfin en arrière-garde.

Le métier, on le voit, était pénible. Il était même quelquefois dangereux, comme par exemple le soir où, devant l'Opéra, fut commis l'attentat d'Orsini. Il est vrai que les agents du Château touchaient une haute paie.

Depuis que la résidence du Chef de l'État est transportée à l'Élysée, la brigade a changé de nom. Son service aujourd'hui est bien moins difficile. Sous M. Thiers et surtout sous le Maréchal de Mac-Mahon, il y avait encore assez à faire. Le Maréchal, surtout, sortait souvent et il n'était pas toujours facile de le suivre. Aussi l'effectif était-il assez considérable. La brigade était alors commandée par un officier de paix, M. Blavier.

Depuis que M. Grévy a remplacé le Maréchal à la présidence de la République, le travail est devenu beaucoup plus doux. M. Grévy se montre peu au public et personne ne songe à attenter à sa vie.

La brigade de l'Élysée ne comprend donc plus que treize hommes : un inspecteur principal, chef de service, un brigadier, un sous-brigadier et dix inspecteurs. Son service consiste à surveiller le plus inostensiblement possible les abords du palais et des jardins — pour voir, disent les mauvaises langues, si les canards du Président de la République ne s'envolent pas dans les Champs-Élysées.

Le travail le plus difficile est l'éloignement des fous qui viennent de temps en temps rendre visite au Président de la République pour lui proposer des combinaisons politiques ou financières. On les écoule le mieux possible afin d'éviter tout scandale. La consigne est de ne les arrêter que s'il n'y a pas moyen de s'en débarrasser autrement.

Dans les cas urgents seulement, on les conduit au Commissariat voisin où le commissaire de police fait le nécessaire.

Les agents de l'Élysée sont encore chargés de prendre des renseignements sur les personnes qui sollicitent des secours du Président de la République. Ce travail, assez considérale à l'époque du Maréchal de Mac-Mahon a, comme le soin de surveillance, beaucoup diminué.

Les agents de la brigade de l'Élysée reçoivent maintenant une haute paie de trois à cinq francs par jour afin de pouvoir se mettre convenablement et de ne pas être trop remarqués au milieu des gens qui vont et viennent aux abords du palais. On devrait bien prendre la même mesure pour ceux de leur collègues chargés des fêtes publiques et surtout des courses, où ils se font parfois beaucoup trop facilement reconnaître.

XXVIII

LES ESPIONS

Entre nous croyez-vous que toutes ces brigades des recherches, composées d'agents d'une certaine valeur, ne seraient pas mieux employées à nous débarrasser un peu des voleurs, des mendiants et des espions ?

Ah ! les espions ! A ce mot bien des gens vont sourire, et nous accuser de retomber dans les vieilles déclamations, dont on nous accable depuis quinze ans.

— Comment, vous croyez encore aux espions ? nous dira-t-on.

Parfaitement. Vous aurez beau nous dire que c'est ridicule, que c'est vieux jeu, nous n'en démordrons pas. Les événements, malheureusement, ne donnent que trop de raison à cette croyance.

Oui, il est vrai qu'au moment du siège de Paris, on a abusé de ce mot et dit bien des bêtises. On a mis sur le compte des espions bien des choses qu'on n'avait à reprocher qu'à soi-même.

Il est dans la nature humaine en général et dans la nôtre en particulier — à nous autres Français — de vouloir toujours être les plus forts.

Quand deux hommes luttent, celui qui est terrassé s'écrie :

— Il a agi par ruse, par traîtrise ; sans quoi je lui aurais donné une bonne leçon.

Quand dans une guerre, un peu cherchée par nous, nous avons été battus, nous avons crié sur tous les tons :

— Nous avons été trahis, vendus; sans quoi nous aurions été à Berlin comme nous le voulions!

Et pour expliquer ces trahisons, ces actes de Judas, pendant tout le temps du siège, on ne parlait que d'espions.

Les espions ne pouvaient guère aller rendre compte de leur mission aux officiers prussiens. Les portes étaient fermées et la ville était gardée par un double cordon de grand'gardes. *Mais ils faisaient des signaux...*

Ah! ces signaux!... Vous en souvenez-vous? Qu'un pauvre coq échappé au massacre, essayât de témoigner sa joie par un *cocorico* matinal... V'lan!.. une patrouille se mettait sur pied, fouillant les maisons pour savoir quel était l'espion qui par un chant à peine perceptible à cent mètres, donnait des signaux à Bismarck, en ce moment distant de deux ou trois lieues.

Qu'un pauvre diable, sentant ses entrailles troublées par le bombardement, se levât la nuit et allumât sa bougie pour aller à l'endroit indispensable...

Pan ! un peloton de défenseurs de la patrie grimpait quatre à quatre son escalier et ne redescendait que convaincu *de visu* du motif de la lumière et de la réalité de l'urgence...

Fantaisies, enfantillages. Les espions, ce n'est pas cela, allez.

Il court encore aujourd'hui des légendes aussi ridicules que les histoires de coqs et de lumières qui préoccupaient les badauds pendant le siège. On parle de colonels prussiens, prenant sur leurs épaules la balle de colporteur pour explorer nos routes et lever le plan de nos villages, d'officiers supérieurs se faisant commis à 1,200 francs, pour pouvoir rendre compte à leur gouvernement de ce qui se dit, de ce qui se passe en France.

C'est stupide et l'on a pas besoin de cela.

Seulement, il faut dire que chaque pays a sa façon d'entendre le patriotisme. Chez nous, en France, nous sommes très chauvins... en paroles. — *A Berlin ! A Berlin !* criaient en 1870, dans les rues de Paris, des bandes de voyous qui, le moment venu, se sont cachés dans tous les trous possibles. — *La Revanche ! La Revanche !*... criaient un peu plus tard, un tas d'autres farceurs, sûrs que leurs emplois administratifs ou civils les plaçaient hors du danger. — *Qu'ils y viennent donc ces Allemands !...* disent aujourd'hui avec noblesse, ceux qui sont hors d'âge et n'auraient plus à prendre les armes si une guerre éclatait.

Ce n'est rien. Il faut avoir le courage de montrer ses plaies. Quand la guerre entreprise avec tant d'enthousiasme tourna au désastre, combien n'avons-nous pas vu de ces gens qui devaient tout tuer, boucler rapidement leur valise et gagner l'étranger. Beaucoup étaient d'âge non seulement à prendre le fusil, mais quelques-uns étaient soldats et furent déserteurs. Grâce à la Commuue qui brouilla tout, ils échappèrent à la punition que méritait leur lâcheté et leur infamie... et ils eurent l'audace, à leur retour, de nous reprocher — ces francs-fileurs — d'avoir mal défendu Paris... car ils sont patriotes, eux, allez... je parie qu'en cherchant bien, on trouverait les noms de quelques-uns d'entre eux dans la *Ligue*...

Enfin — chose peut-être plus navrante encore — pendant la guerre, cette guerre horrible et désastreuse, quand nos soldats en guenilles, manquant de tout, mourant de froid, de faim et de misère, arrivaient dans un village, le paysan cachait tout, son pain, son vin, sa paille, son avoine et son lard. Il les gardait pour les Prussiens qui payaient grassement et qui fusillaient quand il n'y avait rien. Il refusait aux Français plus pauvres et qui ne savaient que souffrir...

Eh bien ! si vous aviez mis un uniforme sur le dos de ces francs-fileurs lâches et vantards, si vous aviez attaché un fourniment au flanc de ces paysans avares et cruels, si à tous vous aviez donné des fusils, des tambours, un drapeau, vous auriez vu tout cela marcher au feu crânement et se faire tuer sans hésitation...

Chez nous, on n'est soldat qu'avec l'uniforme dans le rang, encadré...

En Prusse, au contraire, on est soldat depuis le jour où l'on vient au monde, jusqu'au moment où l'on est cloué entre quatre planches et mis en terre. Aussi, partout et toujours, obéit-on au mot d'ordre, exécute-t-on la consigne.

Et c'est comme cela depuis bien longtemps.

Alors que nous n'avions, nous, que l'armée active — car je ne compte pas la mobile, qui n'était à ce moment qu'une fantaisie, et la garde nationale, qui n'existait que pour rire — la Prusse avait, elle, sa *landwehr* sérieuse, sa *landsturm* prête à entrer en ligne.

Landwehr et *Landsturm* étaient disséminées un peu partout. Il faut bien vivre. Le capitaine Fitremann était bottier rue de la Paix, à Paris ; le lieutenant Saufaus était marchand de vins à Belleville, le caporal Schabig était balayeur municipal, le sergent Sudelkock était cuisinier dans un grand restaurant du boulevard.

Et chacun d'eux, s'il n'était pas dans le rang, n'en tâchait pas moins de se rendre utile en donnant aux représentants de son pays les renseignements qu'il pouvait recueillir ; celui-ci auprès des officiers français dont il faisait les bottes, celui-là près des citoyens qui venaient boire à son comptoir, l'autre sur la voie publique, le quatrième dans les couloirs des cabinets particuliers.

Le rêve de l'officier français, quand il a dépouillé l'uniforme, c'est de jouer au bourgeois. L'officier, le sous-officier, l'Allemand, de quelque ordre qu'ils soient, sont toujours militaires, *toujours en campagne*.

Toujours en campagne, retenez bien ceci, même dans un pays ami, dans un pays allié. Ce mot explique, ce mot justifie tout.

Vous, officier de la réserve ou de la territoriale française, qui en temps de guerre risqueriez votre vie pour aller relever une position ennemie, vous croiriez faire acte déshonorant en abusant, en pleine paix, de la confiance qu'on a eue en vous.

L'Allemand n'a pas ces scrupules. Il use et abuse carrément : il est toujours soldat, toujours en campagne...

A son point de vue, il a raison. C'est une question de délicatesse.

Et, quand la guerre éclatant, nous avons chassé les Prussiens de Paris, ils sont partis pour rejoindre leurs régiments respectifs, le carnet plein de notes, la tête pleine de renseignements utiles pour faire la campagne contre nous.

Le type le plus curieux, le spécimen le plus probant a été le fameux Glaser, ce petit employé de la compagnie de l'Est, si exact, si dévoué, si travailleur, si avide de s'instruire... une perle.

Glaser est revenu avec le grade de colonel, chef des chemins de fer prussiens en France. Quand il arrivait dans une gare, il disait tranquillement au chef :

— Monsieur, vous devez avoir tant en caisse, plus un matériel de tant de locomotives, tant de wagons, tant de coke, tant de charbon, etc. Donnez-nous tout cela.

Et, si le chef de gare voulait discuter, il lui fourrait sous le nez un inventaire de la Compagnie de l'Est — copié par lui-même, sur imprimés de l'administration… Impossible de dire non.

Comment, se dit-on, un colonel venir se mettre employé à douze cents francs dans une compagnie, pour espionner ?

Non, c'est l'inverse. C'était un employé à douze cents francs qui espionnait pour avoir une meilleure place et qui, en cinq ou six ans de service, a tellement recueilli de documents qu'on l'a nommé colonel.

Voilà la différence.

Eh bien ! ceux que vous avez chassés, ils sont revenus. Les négociants les ont reçus à bras ouverts. Ils sont travailleurs, modestes, peu exigeants.

Mais chacun d'eux se dit : — Si, au prix d'un travail assidu, de bonnes notes, de bons renseignements à fournir à mon capitaine, à mon colonel, à mon général le jour où la guerre éclatera, je pouvais acquérir une situation, comme Glaser, comme tant d'autres !

Et nous, nous les coudoyons, nous causons avec eux, nous leur serrons la main, nous les trouvons nous aussi « bien gentils, bien affables, bien complaisants. » Nous sommes prêts à leur raconter toutes nos petites affaires.

Le commerce en est encombré. Partout ils chassent les employés français qui ne trouvent plus de places et crèvent de faim. Les maisons d'expéditions du quartier Poissonnière en sont remplies. Mais le commerce ne leur suffit pas. Ils se glissent dans les administrations, dans les journaux, partout. Ces jours derniers n'a-t-on pas découvert un garde forestier qui n'était autre qu'un soldat allemand !

Si l'on cherchait bien, on trouverait bien d'autres exemples d'espionnage.

Ne vous y trompez pas. Partout où ils vont et en n'importe quelle circonstance, les Allemands, mêlés à nous, mouchardent tant qu'ils peuvent... *Ils sont en campagne. Ce sont des éclaireurs en pays ennemi...*

Nous, avec notre loyauté bonasse, nous trouvons cela infâme ; eux ils le trouvent glorieux.

Ils vous diront : « On s'honore toujours quand, de quelque manière que ce soit, on sert *das Vaterland*, la Patrie ! »

Et puis, nous sommes dix chez eux, chez nous ils sont mille.

Chez eux on se défie de nous ; nous, nous sommes pour eux pleins de confiance.

Voilà la situation.

Il y a quelques années, M. Camescasse, pour enrayer un peu l'espionnage a exigé que tous les saltimbanques ou marchands forains de nationalité étrangère circulant en France vinssent exhiber leurs papiers et montrer leurs certificats.

La mesure n'est certainement pas mauvaise, mais elle n'est pas suffisante.

Ces gens-là, qu'on le sache bien, ont pris leurs précautions.

Des certificats, ils en ont à revendre.

Et plus ils en auront, plus nous les croirons dangereux.

11.

Parce qu'on aura « mis en carte » quelques danseurs de cordes, une douzaine de directeurs de tourniquets, un patron de chevaux de bois, un quarteron de marchands de pains d'épices et une centaine de musiciens de manège, ce n'est pas cela qui empêchera les milliers d'Allemands introduits dans nos ateliers et dans nos administrations, de prendre des notes « ad majorem Bismarcki gloriam. »

XXIX

LA BRIGADE DES GARNIS

« Le service des garnis, lisons-nous dans un ouvrage publié dernièrement « sous une *haute* inspiration » c'est-à-dire pour démontrer que la police jusqu'à présent infâme, menteuse et mal faite, a atteint, grâce au nouveau chef de la P. M. le *nec plus ultra* de la perfection. — « Le service des garnis est une des créations les plus utiles; les inspecteurs relèvent les mutations des logeurs, ceux qui vendent, qui se retirent des affaires ou qui succèdent; par année, ces mutations dépassent six mille; les inspecteurs rédigent un bulletin qui est classé dans les bureaux par ordre alphabétique.

. . . .

» Le logeur, ou le *marchand de sommeil*, est un utile auxiliaire de la police, surtout avec les systèmes photographiques employés aujourd'hui; autrefois on se contentait de leur donner le signalement des malfaiteurs; ceux-ci, pour dépister les agents, se maquillaient, et logeaient sous un faux nom; aujourd'hui les inspecteurs des garnis, quand un crime se commet, et qu'un individu soupçonné est arrêté, vont, pour reconstituer l'emploi de son temps, de garni en garni, montrer la photographie au logeur, quelquefois on découvre ainsi des crimes inconnus, le service des garnis rend de très grands services à la police de sûreté; les inspecteurs, par l'inspection des livres des logeurs, suivent, pour ainsi dire, pas à pas tous les individus susceptibles de commettre un vol, ils connaissent tous les bouges.

. . . .

» Le service des garnis a une autre utilité, il fournit toute espèce de statistique celle des étrangers en première ligne; la situation économique industrielle et commerciale, et enfin il fait des recherches dans l'intérêt des familles. »

Autant de mots, autant *d'erreurs*, pour ne pas dire plus.

A notre avis — et nous allons en dire les raisons — le service des garnis, tel qu'il est organisé actuellement *ne rend aucune espèce de services* — avouables du moins.

Les inspecteurs qui le composent sont au nombre de *cent trente*. Ils ont à surveiller *douze mille* logeurs, dans les chambres desquels passent par an *deux à trois cent mille* individus.

Le voulussent-ils, ils ne pourraient faire sérieusement cette surveillance.

Et, par comble, *ils ne veulent* souvent pas.

Un exemple. Lorsque fut commis l'assassinat de la

femme Basengeaux à Montreuil, une jeune fille du pays donna au chef de la Sûreté le signalement des assassins qu'elle avait aperçus de loin.

Ce signalement fut communiqué aux journaux qui le publièrent.

Quelques jours après, un logeur de la rue du Temple disait à l'inspecteur des garnis qui venait le visiter.

— Dites donc, j'ai là-haut deux locataires qui ressemblent bien au signalement des assassins de Montreuil. Est-ce que vous ne pensez pas qu'il y aurait à s'occuper d'eux.

— Oh! ma foi, répondit l'agent, ce n'est pas là mon affaire. Ça regarde les agents de la sûreté. Allez les trouver si vous voulez. Moi je ne me mêle pas de ces choses-là...

Le logeur n'osa pas insister. Quelques jours plus tard le service de sûreté, avec mille peines, retrouvait Gille et Abadie à l'hôtel en question. C'étaient bien eux que le logeur avait signalés.

Eh! bien, par l'indifférence de l'inspecteur des garnis, ces deux misérables — dangereux entre tous, pouvaient changer de logement et échapper à la justice. Et qui sait combien d'autres crimes, ils pouvaient commettre avant qu'on les découvrît!

Une autre aventure qui montre bien l'inutilité du service des garnis, c'est celle de Walder, le fameux, le légendaire, l'introuvable assassin de la place Beauvau.

Walder, le soir de son crime alors que tout Paris en frémissait d'horreur, alla tranquillement loger cour Bony, près de la gare Saint-Lazare. Il s'inscrivit sur le livre de police sous son véritable nom!...

Si le logeur eût considéré cette inscription comme une chose sérieuse, il n'eût pas manqué de jeter les hauts cris à la vue du nom que le voyageur venait d'écrire, et, certainement, faisant son devoir d'honnête homme, il eût dénoncé l'assassin. Mais, sachant par métier, que cette formalité *ne signifie rien*, il ne regarda même pas l'inscription et Walder put dormir, repartir le lendemain par le train de Dieppe qu correspond avec le départ du paquebot de New-Hawen (Angleterre) et quelques mois après s'installer à Moniquira, Etat de Boyaca (Colombie, Amérique du Sud).

Ce n'est que le surlendemain que le nom fut relevé par l'inspecteur abasourdi !

Est-ce assez? Tenez un troisième exemple encore :
Le 15 juillet 1885 une fille de mœurs légères, Hélène Stein, était assassinée rue Bergère, et son cadavre était découvert le 21 seulement. Parmi les objets que l'assassin avait volés à sa victime se trouvait une grande malle pleine de robes et de linge. L'une des robes, au dire des amies de la victime était surtout reconnaissable ; elle était en soie verte, moirée, avec des bouquets de roses brochées sur l'étoffe et des agréments de jais.

Ce détail fut communiqué à la presse. Le lendemain, une marchande du Temple venait trouver M. Kuehn, alors chef du service de sûreté et lui racontait qu'un homme, disant se nommer Michel Mæmer et demeurant rue des Fontaines-du-Temple, hôtel Jacques Cœur, lui avait vendu cette robe.

Cet homme, ajoutait la marchande, était de haute taille, brun, portant moustache en brosse; vêtu d'une jaquette de velours et coiffé d'un chapeau mou en étoffe anglaise. Il avait au visage une éraflure comme un coup d'ongle.

On courut à l'hôtel Jacques Cœur... L'homme en question était parti depuis *deux heures*, emportant sa malle.

On n'a jamais su ce qu'il était devenu.

Dans aucune gare on ne se rappela l'avoir vu partir; dans aucun garni on ne le retrouva.

— Mais, direz-vous, par les renseignements inscrits sur le livre de l'hôtel, on eut peut-être pu arriver...

— Des renseignements ? Il n'y en avait pas !

Faut-il enfin citer un fait tout récent : Georges Ducret, l'assassin de la rue de Trévise, cherché en vain pendant quatre jours par la police, était bien tranquille dans un garni du boulevard Rochechouart, sous le nom de Chatenay !...

Nous le répétons. Telle qu'elle est la brigade actuelle des garnis est *impuissante* et par conséquent *inutile*.

Tenez, posons les points les uns après les autres. Par qui sont commis les neuf dixièmes des assassinats ? Par cette tourbe de voyous, rôdeurs de barrière, qui logent dans les garnis de bas étage et qu'une surveillance incessante devrait suivre.

Sont-ils surveillés ? Non.

Il faudrait une réforme radicale du service des garnis... ou plutôt il faudrait que ce service important fît exécuter réellement la Loi, constamment éludée, qu'il est censé sauvegarder.

C'est la loi du 19-22 juillet 1791, titre 1er, article 5, reproduite et sanctionnée par l'article 475, n° 2, du Code pénal, qui a fixé les obligations auxquelles sont soumises les personnes qui tiennent des maisons garnies. Dans les villes et campagnes, les aubergistes, hôteliers, logeurs ou loueurs de maisons garnies sont tenus d'inscrire de suite et sans aucun blanc, sur un registre tenu régulièrement, c'est-à-dire paraphé par un officier municipal ou un commissaire de police, les noms, qualités, domicile habituel, dates d'entrée et de sortie de tout individu qui aurait couché ou passé une nuit dans leur maison.

Or, tout le monde sait comment ces prescriptions sont exécutées.

On arrive dans un garni. On prend le livre et on écrit : « M. Bonaventure (Nicolas) vingt-cinq ans, né à Pampelune, sans papiers ». Le lendemain l'employé des garnis relève religieusement cette facétieuse dénomination et c'est fini.

Est-ce là, nous vous le demandons la garantie exigée par la loi? Qui prouve que ce M. Bonaventure ne soit pas Arnold Walder ou un autre type de même valeur ? Cherche-t-on ? Non.

Et, grâce à cette facilité de prendre dans un garni le nom, l'âge et la nationalité que l'on veut, on arrive au bout d'un certain temps à se créer une identité véritable et inattaquable.

Aussitôt que « le grand air devient dangereux à respirer dans un quartier, on file à l'autre bout de Paris, on se loue, n'importe dans quel bouge une chambre. A peine installé ; on s'écrit à soi-même quelques lettres. On peut même en *charger* une, cela fait bien, car l'enveloppe devient une pièce *officielle!* Petit à petit, on fait des connaissances et, au bout d'un certain temps, on a assez d'amis pour pouvoir devenir, si on en a la fantaisie, électeur et au besoin éligible.

En Allemagne, terre positive, on est bien plus rigide. En Belgique, terre de liberté, on ne laisse vivre un étranger sur le sol national qu'avec un permis de séjour. Chez nous, rien.

Il y a pourtant dans le même règlement un article qui dit que :

Il est défendu aux maîtres d'hôtels et logeurs d'inscrire sciemment sur leur registre sous des noms faux et supposés les personnes logées chez eux.

La contravention est punie d'un emprisonnement de six jours à un mois.

Mais ils se moquent bien de cela, les maîtres d'hôtels et logeurs. Qui jamais s'avise de leur demander compte des fausses inscriptions?

Nous savons bien qu'il est très difficile, pour ne pas dire impossible, d'établir l'identité réelle de tout ce qui grouille dans les bas-fonds de Paris. Chercher cela, ce serait aller d'un extrême à l'autre. Mais on pourrait au moins améliorer un peu l'état de choses actuel.

Ainsi, pourquoi se contenter de cet éternel S. P. *sans papiers ?* nous ne disons pas que tout le monde doive être muni d'un passeport — il n'y en a presque plus aujourd'hui. — Mais on peut avoir un acte de naissance, des traites, des quittances, etc., les papiers exigés par le Mont-de-Piété pour un prêt de 15 francs. Ce ne serait pas une garantie infaillible, mais ce serait toujours quelque chose.

Ensuite, puisque le livre de garni mentionne l'adresse précédente, ne pourrait-on, par un échange de vérifications entre les inspecteurs des divers quartiers, constater si réellement M. X... sort de l'endroit qu'il désigne ? Si la mention est fausse, c'est que l'homme a un motif de dissimuler la vérité. Voilà une indication utile...

Nous avons signalé deux points. Il y en a bien d'autres. Nous constatons seulement que par un examen sérieux — et *strictement légal* — vous auriez le dossier de toute une population bonne à surveiller et qui, se sentant serrée de près, serait beaucoup moins hardie.

Oui, ce serait bien. Mais, en France, le pays des phrases redondantes, des grands mots creux, on ne pourrait établir un pareil contrôle de surveillance sans entendre clabauder ces mots par certains individus :

— Mais nous ne sommes donc plus dans un pays de liberté?

— Mais cette mesure est attentatoire à la liberté individuelle!

Ou, encore :

— C'est pire que la Loi des suspects! etc... etc...

Nous aimons mieux que la France, que Paris surtout, servent de refuge à l'écume du monde entier. Nous aimons mieux supporter, sous faux noms, des espions qui viennent nous « moucharder » chez nous, surprendre nos secrets de fabrication ou soustraire des pièces importantes dans nos Ministères. Et, tout cela, parce que nous sommes amoureux de la liberté.

Nous le répétons donc ce service des Garnis, tel qu'il fonctionne actuellement, est inutile et doit être réorganisé sur de nouvelles bases. Et les cent trente Inspecteurs qui le composent et qui comptent parmi les meilleurs de la Préfecture — perdent absolument leur temps à cette inspection.

Il est vrai qu'ils font des statistiques !

XXX

LE SERVICE DE SURETÉ

La Sûreté! à ce mot, tout un monde de souvenirs vous assiège. Les ombres des Vidocq, des Canler apparaissent à vos yeux, comme celles de personnages fantastiques. Les agents de la Sûreté, des héros de roman, protées insaisissables, se métamorphosant à vue comme des personnages de féerie, un jour mendiants, le lendemain princes, jetant l'or à pleines mains, ne reculant devant aucun sacrifice pour atteindre le criminel qu'ils pourchassent, ne rencontrant aucun obstacle, n'ayant qu'à montrer leur carte ou à décliner leur qualité pour voir tout le monde s'incliner devant eux. Leur chef, un homme d'une puissance sans bornes, remuant Paris et la France entière d'un seul froncement de sourcils...

Hélas! quelle légende!... Et combien la vérité vous fait retomber bas!

La brigade de Sûreté est la plus importante, sans contredit, des brigades en bourgeois, et, aux yeux du public, elle personnifie la police dans son œuvre de préservation et de recherches. Le public a raison. Mais, à examiner les choses par le côté administratif, la brigade de la sûreté n'a pas à la Préfecture de pérogatives propres ni de privilèges. Elle est traitée comme les autres brigades et composée d'éléments analogues.

Les hommes qui la composent sont les mêmes que ceux des brigades de recherches ou de la section des mœurs ; c'est le même recrutement que celui de toute la police municipale, le même que celui des gardiens de la paix !...

Bien plus, ce personnel qui demande des policiers d'élite, sûrs, fidèles, dévoués, des hommes de confiance enfin, savez-vous comment on le recrute ? Avec les agents dont ne veulent plus les officiers de paix du service politique. Le service de Sûreté devient une brigade de discipline.

Voilà pour le personnel. Quant aux ressources pécuniaires, on peut dire que les agents de la sûreté travaillent beaucoup et sont peu payés. Le chef de la sûreté gagne 8,000 francs. Il touche, en outre, une allocation supplémentaire de 2,400 francs, plus ses frais de déplacement et ses frais de bureau, qu'il dépense amplement. Tout cela ne dépasse pas 1,000 francs par mois. En réalité, il n'a guère plus d'appointements lui revenant qu'un commissaire de police d'un bon quartier. Et quel tracas de jour et de nuit, quelle responsabilité et aussi quels déboires !

Les cinq inspecteurs principaux, sont tous au même traitement, 2,500 francs. Ils comptent de vingt à vingt-cinq ans de services militaires et civils. Les brigadiers gagnent 2,000 fr., les treize sous-brigadiers 1,000 francs chacun ; quant aux inspecteurs, leur traitement varie, suivant la classe, de 1,700 fr. à 1,400 francs.

Hein ! comme nous sommes loin de la légende dorée et fantastique des romans et des drames !

Et la puissance, l'autorité de ces policiers d'élite ? Elles sont à la hauteur de leurs appointements :

Le grand ennemi des criminels, leur adversaire de toutes les minutes, le chef de la Sûreté, ce héros légendaire des romans, ce mystérieux personnage entouré d'une auréole, entre les mains de qui se trouvent, à ce qu'on croit, les millions et la puissance, n'est, en réalité, dans le rouage administratif, qu'un sous-ordre modeste qu'on cherche par tous les moyens possibles à amoindrir encore et à qui il faudrait une volonté et une énergie de fer pour se maintenir à la hauteur de sa tâche.

Quand M. Macé, sur la prière du Préfet et par pur dévouement, a pris la direction du service de la Sûreté, qu'abandonnait M. Jacob, écœuré par une lutte dans laquelle ceux qui auraient dû le soutenir étaient les premiers à lui jeter la pierre, — quand M. Macé, disons-nous, a pris ce service en dislocation complète, il lui a fallu une série de batailles pour conserver son écharpe de commissaire et obtenir un bureau où il put recevoir les visiteurs.

Il a demandé un secrétaire, et non seulement on ne lui en a point donné, mais on lui a retiré son commis principal, M. Villa, qui avait été le bras droit de son prédécesseur. On lui a retiré, ou du moins, on n'a pas remplacé ses trois autres commis passés à la retraite. Il se voyait à la veille d'être obligé de fermer ses bureaux et de mettre la clef dans sa poche quand il aurait besoin de s'absenter. Il trouva heureusement un inspecteur principal, M. Martini, capable de remplir les fonctions de secrétaire, mais encore fallut-il le distraire du service.

Enfin, placé sous les ordres du chef de la police municipale, sans l'autorisation duquel il ne peut rien faire, le chef de la Sûreté, — s'il ne la prenait de lui-même et malgré les règlements, — n'aurait aucune autorité morale ni physique.

Pour montrer combien est négligé ce service si utile, je vais citer un des rapports de M. Macé, demandant la croix pour un vieux et modeste serviteur :

Paris, le 11 juin 1879.

J'ai l'honneur d'appeler l'attention toute spéciale de M. le chef de la Police municipale sur M. Droz, inspecteur principal au service de Sûreté.

M. Droz (Jean-David), né à Saint-Denis (Seine), le 13 juin 1815, est entré au service de la Sûreté le 16 mai 1846.

Il a été successivement sous les ordres de MM. Canler, Balestrino, Collet, Tenaille, Claude, Jacob ; il est mon collaborateur depuis le 17 février 1879.

En janvier 1851, un marchand de bronzes, M. Poirier-Desfontaines, demeurant rue Saint-Honoré, n° 422, était trouvé assassiné dans son domicile. Cette affaire fit alors grand bruit. Le coupable, un nommé Vion, domestique de la victime, avait quitté Paris. Revenu dans la capitale un mois après, il était découvert et arrêté par M. Droz, rue du Pont-Louis-Philippe, 21.

En 1859, M. Droz a été chargé de la caisse, du paiement de la solde et des avances (poste qu'il a occupé jusqu'au mois d'avril 1878), en même temps qu'on lui confiait la direction du Service des Mandats, direction qu'il a conservée depuis vingt ans, et qui comprend une des plus importantes et en même temps des plus délicates spécialités du Service.

Il a été aussi chargé :

1º Au mois de mai 1865, d'aller protéger les fabricants français à l'exposition du Portugal. Il est resté six mois dans ce pays ;

2º En 1867, de diriger, à l'Exposition de Paris, 50 inspecteurs du Service de Sûreté, détachés là pour la surveillance. (M. Droz a été décoré à cette occasion du Mérite civil d'Autriche et de l'ordre de Sainte-Anne de Russie);

3º En 1878, de la direction des 82 agents du service de Sûreté détachés à l'Exposition de Paris.

Il s'est toujours acquitté exemplairement de toutes les missions qui lui ont été confiées.

Modeste, intelligent, esclave de la discipline et du devoir, il semble être en ce moment comme un des derniers représentants de cette race fidèle de serviteurs satisfaits d'avoir accompli leur mission, et ne paraissant pas supposer qu'une récompense peut leur être due.

C'est cependant cette récompense que je viens solliciter pour M. Droz.

Il serait d'un exemple salutaire, en ce temps où les cœurs ont besoin d'être élevés, que la croix de la Légion d'honneur fût placée sur la poitrine de cet agent dévoué.

Cette décoration serait comme le noble couronnement de sa carrière si remplie et si pleine d'abnégation. Elle serait aussi, pour ceux qui le suivront, un encouragement et une excitation à l'imiter.

De plus, cette distinction relèverait, sans aucun doute, dans l'esprit public, le prestige d'honorabilité de l'administration toute entière, prestige que des attaques récentes et non justifiées ont pu amoindrir.

Cette demande, plusieurs fois renouvelée, est toujours restée sans résultat. En 1879, il y avait à décorer le secrétaire général et plusieurs chefs de cabinet ; plus tard, il fallait obtenir la rosette pour un autre important fonctionnaire ; enfin à l'entrée en fonctions de M. Taylor, après la mort de M. Kuehn, comme on continuait à s'étonner de ne pas voir le ruban rouge orner la boutonnière du vieux policier, on a pris une mesure radicale. On s'est, une fois pour toute débarrassé de lui, et nous avons lu dans les journaux :

NOTE OFFICIELLE

Un des vieux employés de la Préfecture de police, M. Droz, inspecteur de la sûreté, prend sa retraite à la fin du mois, après trente-sept ans de service actif. Pendant une carrière aussi longue, il a vu passer successivement onze chefs à la Sûreté. Entré en 1848 sous les ordres de M. Allard, M. Droz avait été nommé inspecteur principal en 1870. Il est âgé de soixante et onze ans.

(*Le Temps*)

NOTE INDÉPENDANTE

Mon général. — M. Droz, qu'on appelait familièrement à la Préfecture le « père Droz » ou encore « mon général », vient de prendre sa retraite. Entré à l'administration en 1848, comme inspecteur de la sûreté, le père Droz a eu successivement pour chefs, MM. Allard, Perrot, Balestrino, Collet, Canler, Tenaille, Claude, Jacob, Macé, Kuehn. M. Taylor était son onzième chef et il y a lieu de croire que l'âge n'est pas le seul motif de la retraite de cet auxiliaire que l'on n'hésitait pas à consulter dans les affaires difficiles et délicates.

Le nouveau chef de la sûreté a, dit-on, des allures tellement cassantes !

(*La France*)

Requiescat in pace !... M. Droz et sa décoration ne tracasseront plus personne ! C'est encourageant pour les autres, n'est-ce pas, cette façon d'en finir !

On dirait vraiment qu'on fait tout pour rebuter ces serviteurs si utiles. Il n'est pas jusqu'à l'avancement qui se fait par « tranches », à l'ancienneté, de sorte que les indisciplinés, les fainéants, les incapables qui traînent depuis longtemps leurs culottes sur les bancs du poste, passent avant les dévoués qui ont exposé cent fois leur vie et rendu à la société d'inappréciables services.

Eh ! bien, malgré cela, cette brigade composée de 237 hommes, y compris le cadre et les bureaux — en tout 180 agents disponibles — a fait, en 1879 :

37,309 rapports, enquêtes et recherches sur les malfaiteurs de toutes sortes ;

2,203 extractions nécessitant chacune l'emploi de deux hommes ;

1,331 surveillances spéciales exigeant également deux agents ;

1,125 arrestations en vertu de pièces de justice ;

1,432 arrestations en flagrant délit dues uniquement à la perspicacité personnelle des agents.

Enfin, ils ont établi les fiches de 26,180 hommes et 4,361 femmes, en tout 31,171 identités constatées par l'expérience des agents du service.

On a dépensé pour cela 57,233 francs d'indemnité et de frais.

En 1880, il y a eu 46,670 rapports sur enquêtes et recherches ; 3,036 extractions en vertu de pièces de justice ; 57 arrestations de déserteurs ou insoumis ; 1,600 arrestations en flagrant délit, c'est-à-dire, d'après les investigations personnelles des agents ; Les frais occasionnés par ces opérations ont coûté 66,998 fr. 90.

En 1881, M. Macé, ayant accepté et remanié la brigade des mœurs, — sans augmentation de budget du reste, — a dû organiser à nouveau son service. On a fait cette année-là : 40,148 rapports sur enquêtes et recherches ; 4,804 extractions, 922 surveillances, 2,711 arrestations sur pièces de justice, 104 arrestations de déserteurs, 2,400 flagrants délits.

Tout cela, toujours avec 180 hommes. On a dépensé 84,572 fr.

Nous ne voulons plus donner de chiffres. Ceux-là suffisent. Pourtant, il nous faut dire qu'en 1882, 1883 et 1884, grâce à la petite brigade de vingt hommes, triés sur le volet par le chef de la Sûreté et qu'il gardait, jour et nuit, à côté de son cabinet, toujours prêts, le nombre des opérations a encore augmenté sans modifier sensiblement les dépenses. Au sommaire du Rapport annuel de la dernière année figurent les *vols dans les magasins*, les *armes prohibées*, les *brocanteurs*, les *bureaux de placements*, les *fausses-clés*, les *pinces-monseigneurs*, les *moyens d'action qui échappent à la police*, les *récidivistes*, la *loi de déportation*, les *étrangers dans les ateliers*, la *prostitution*, le *chapitre des vices innombrables*.

Oh ! les braves gens ! les braves gens ! comme s'écriait ce général ennemi, à la vue d'un régiment français qui, calme, la baïonnette croisée, sans espoir autre que de vendre chèrement sa vie, obéissait à la consigne en allant se faire tuer pour protéger le reste de l'armée.

XXXI

LES AGENTS DE LA SURETÉ

Cela c'est un travail d'ensemble. Voulez-vous des faits particuliers. Ils abondent. Rien qu'en quelques années, nous en trouverons autant que vous voudrez.

Dans un rapport de M. Macé, ancien chef de la Sûreté, sur le personnel qu'il a dirigé, nous relevons les notes suivantes :

12 mars 1870, P... et D... poursuivent un malfaiteur qui se réfugie dans les échafaudages d'une maison de la rue de Lyon. Ils l'y suivent, mais à mesure qu'ils grimpent aux échelles, le bandit renverse ces échelles et deux fois les agents sont jetés à terre d'une hauteur de plusieurs mètres. Ils arrivent quand même sur le haut, et là, dans une lutte terrible où un faux pas peut coûter la vie, ils maîtrisent le malfaiteur, le ligottent et le descendent sur leur dos.

15 mai suivant, D... poursuit sur le toit d'une

maison un aliéné avec lequel il lui faut lutter corps à corps au péril de sa vie.

23 juin. Sage est enfermé dans une maison par un malfaiteur qu'il était chargé d'arrêter et qui le garde comme otage. Il réussit à s'évader et capture son gardien.

Juillet, E... est grièvement blessé par un fou qu'il arrête quand même et qu'il ramène à la maison d'où il s'était évadé.

12 août, P... est grièvement blessé par un malfaiteur qu'il était chargé d'arrêter, reste six mois au lit et n'échappe à la mort que par miracle.

5 octobre, Henri Mouquin arrête sur le boulevard Mazas deux chevaux emportés attelés à une voiture d'acide sulfurique dont les touries s'étaient brisées et brûlaient les malheureux animaux. Atteint au visage par le dangereux liquide, Mouquin est menacé de perdre la vue. A peine guéri, il recommence son service. Il est mort quelques mois après d'une fluxion de poitrine contractée dans une surveillance de nuit.

Enfin, dans la nuit du 25 au 26 décembre, C... plonge sous la glace du canal Saint-Martin et sauve une femme qui venait d'y disparaître.

Voilà pour une année. La suivante n'est pas moins bien remplie. Nous y trouvons de nombreux faits de sauvetage dont deux accomplis à quelques mois de distance par le brigadier Féau que l'animosité de certains journaux a forcé de prendre prématurément sa retraite.

Voici quelques autres faits :

Le 15 janvier 1880, Bernard est forcé de se battre

contre un voleur de voitures qu'il était chargé d'arrêter; il le ramène au Dépôt. Mais les coups qu'il a reçus sont si graves qu'il en meurt quelques mois après.

20 avril, C... L... et M... sont roués de coups en opérant la capture d'une bande de rôdeurs de barrières.

20 juillet, V... lutte avec un pick-pocket américain qui le menace d'un revolver. Il le lui arrache et l'arrête.

Décembre 1881, L... a réussi à arrêter, seul, un écouleur de faux billets de la Banque de France. Avec le talent d'artiste qu'il possède, il se déguisait pour le surveiller dans les marchés, et pendant plusieurs jours, il l'a suivi comme son ombre, sans que l'autre se doutât que le commissionnaire, le colporteur, le camelot qu'il voyait tour à tour près de lui étaient un seul et même individu, et que cet individu était un agent.

Nous en passons, car la liste serait trop longue. Nous citons au hasard :

M... arrêtant successivement trois membres d'une dangereuse bande dont l'un braquait sur lui un revolver chargé et dont l'autre l'a cruellement mordu à la main. Le même M..., un peu plus tard, a pénétré seul, en passant par une lucarne, dans une chambre où trois faussaires fabriquaient des billets de banque. Le revolver au poing, il les a tenus en respect jusqu'à l'arrivée des autres agents.

Pendant la nuit du 20 au 21 août 1882, quatre inspecteurs ont arrêté toute une bande d'Italiens et d'Allemands qui se battaient à coups de couteau dans les fossés des fortifications et qui, selon l'habitude, s'étaient réunis contre la police.

Nous citerons encore Rongeat qui, le 31 avril 1881, dans son quatrième mois de service, arrête, rue de Rivoli, un pick-pocket pris en flagrant délit. Le malfaiteur le renverse d'un coup de poing et prend la fuite. Rongeat se relève, le poursuit et le rejoint encore. Cette fois, c'est à coups de nerfs de bœuf qu'il est reçu. Un formidable coup de pied dans l'aine le renverse encore. Il se relève de nouveau, rattrape le malfaiteur dans la cour du Louvre et le remet aux gardiens de la paix. Il était temps : les forces manquaient au malheureux inspecteur. Il rentra chez lui. Huit jours après, il était mort.

Est-il besoin de rappeler encore l'arrestation de l'anarchiste Duval, le pilleur de l'hôtel de Madeleine Lemaire, condamné à mort par la cour d'assises de la Seine et gracié par M. Grévy. — De cette arrestation opérée si brillamment — mais si dangereusement par le brigadier Rossignol ?

Tout souffrant encore d'une blessure reçue en arrêtant des chevaux emportés, Rossignol venait à peine de reprendre son service. Il veut arrêter un individu qu'il croit être un des pillards de l'hôtel Monceau, il le saisit à bras le corps; l'autre, bandit de la pire espèce, a son *surin* tout prêt et, autant pour se sauver que pour assouvir sa haine, il larde furieusement l'agent. Mais, malgré les coups qu'il reçoit, malgré son sang qui coule, malgré ses forces qui s'épuisent, Rossignol ne lâche pas son homme. Il le maintient sous son genou jusqu'à ce que l'inspecteur Pelletier vienne le prendre.

Et, là encore, il ne veut pas l'abandonner. Il veut,

quoique défaillant et se soutenant à peine, conduire lui-même son prisonnier jusqu'au Dépôt afin d'avoir la satisfaction d'entendre les verrous se refermer sur sa capture.

— Ah ! hurlait le bandit furieux, je te retrouverai, va ! Et cette fois je ne te manquerai pas !

— Laisse donc, dit Rossignol, tu vas partir pour la Nouvelle et moi je ne crois pas que j'y aille jamais.

Et il reprit philosophiquement :

— Après cela, dans ce monde, il ne faut jurer de rien.

Nous nous arrêtons, et puisqu'il s'agit de Rossignol, nous allons au hasard encore, citer quelques notes de son dossier.

Rossignol est un ancien zouave. On ne s'étonnera donc pas qu'il soit brave et énergique. De plus, il est enfant de Paris, condition précieuse pour un agent de la Sûreté. Tout nouveau dans le service, le 8 mai 1879, alors qu'il assistait aux fouilles pratiquées dans le canal Saint-Martin pour l'affaire des assassins de Montreuil, le plongeur se trouva malade. Rossignol s'offrit à le remplacer.

— Je ne mets point en doute votre bravoure, lui dit M. Macé, mais ne craignez-vous pas que ce travail tout nouveau pour vous ne soit dangereux ? Pas de faux amour-propre, n'est-ce pas ?

— J'ai été déjà sur terre, sur mer et en ballon, répondit Rossignol en riant ; laissez-moi aller un peu sous l'eau, ça me changera.

Il endossa le costume du plongeur et réussit parfaitement.

Deux jours après, il arrêta seul un assassin armé d'un poignard. Cinq jours encore, et il contribue puissamment à l'arrestation de Gilles et d'Abadie.

Trois fois félicité, il reçut en récompense un avancement qui fit bien des jaloux dans le service ; de quatorze cents francs par an, son traitement fut porté à seize !

Ce fut encore lui qui dut, tout le temps de l'instruction, conduire Abadie qui, en vraie bête féroce, voulait se battre avec les gardes de Paris. En lui parlant du faubourg Saint-Antoine où il l'avait connu tout petit, à l'époque où on l'appelait *Biquet*, Rossignol avait conquis sa confiance et il en faisait ce qu'il voulait.

L'année suivante, Rossignol et ses camarades P... et L... restèrent durant trois nuits et trois jours consécutifs en surveillance sur la route de la Courneuve, pour arrêter deux complices du vol commis chez le général Schramm. Exposés aux intempéries de l'air et à la rigueur de la saison, sans même pouvoir se procurer des aliments, ils ont encore eu l'ingénieuse idée, pour motiver leur présence sur cette route déserte, de se livrer à un travail de cantonniers. Munis de pelles, pioches et brouettes, ils ont, à l'insu des autorités locales, réparé les chemins vicinaux. Une bronchite fut, pour P... la conséquence de cet acte de zèle intelligent, et il dut garder le lit pendant plusieurs semaines.

Enfin, c'est encore Rossignol qui avec son camarade, le brigadier Jaume, a parcouru, déguisé en colporteur, les départements de Seine-et-Oise et de Seine-et-Marne, à la recherche de Bistor et de sa maîtresse, Anna Perrin, auteurs de l'assassinat de la veuve Stordeur, rue de Charenton. Ils les ont trouvés à Creil, dans une chambre d'auberge, en compagnie de deux autres individus armés de revolvers et de rasoirs tout ouverts. Ils les ont arrêtés et ramenés à Paris.

Notez que Rossignol et Jaume sont de taille relativement petite et qu'il y avait dans la bande deux hommes de six pieds de haut.

Jaume! En voilà encore un qui aura une jolie biographie le jour où l'occasion s'en présentera.

Rossignol a certainement accompli bien d'autres actes méritoires que ceux-là. Il est déjà titulaire d'une médaille d'argent. Sur son lit de douleur, il se consolait, à la pensée que cette médaille allait être accompagnée d'une seconde, en or, cette fois. Satisfaction bien passagère, car les agents de la Sûreté n'ont pas d'uniforme, et c'est dans un cadre de son modeste logement qu'il devra attacher le témoignage de sa courageuse action.

Nous aurions voulu mieux pour lui. Il paraît que c'est impossible. On ne veut pas donner à un agent pour le prix de son sang ce qu'on octroie si libéralement à un chef de bureau pour avoir usé ses culottes sur un rond de cuir. C'est bien. Il a du moins, et c'est sa plus grande récompense, la satisfaction du devoir accompli.

Les hommes de la Sûreté, dit le *Temps* (la Police à Paris), sont soumis à une discipline très dure. Ils doivent, aux termes du règlement, « tout leur temps à l'administration ». Ils n'ont pas d'heures de repos déterminées et, quand ils sont en opération, il n'y a pas de fatigue qui tienne. Il faut marcher. Nuit et jour ils sont sous la main du chef, qui dispose d'eux comme de soldats. La journée pour ces agents ne se termine que sur l'ordre du maître, et tant qu'il faut aller on va. Aucune récrimination n'est admise, et disons bien haut que ces agents n'en font pas. Tout ce qu'ils demandent, c'est de réussir. Alors ils oublient la fatigue et témoignent leur satisfaction avec joie.

Les agents en bourgeois, et notamment ceux de la Sûreté, ne sont pas armés, ou du moins la Préfecture de police ne leur fournit pas d'armes. La plupart, cependant, portent des revolvers qu'ils s'achètent à leurs frais. Ils s'en servent bien rarement et il faut qu'ils se sentent perdus pour faire feu; encore le plus souvent est-ce pour donner l'éveil autour d'eux. Ils reçoivent plus de coups qu'ils n'en rendent et, pourvu qu'ils puissent maîtriser l'individu à arrêter, ils se déclarent satisfaits. Le reste passe aux profits et pertes. Un œil poché n'a jamais défiguré un bon agent.

Tandis que le gendarme a un sabre, un mousqueton, un revolver, les menottes, la chaînette, tout un arsenal que le décret du 1er mars 1854 lui enjoint d'employer en cas de résistance, l'agent de la Sûreté n'a (quand il l'a) que le cabriolet. Tout le monde connaît cet instrument, que l'agent se fabrique lui-même. On s'imagine qu'à la préfecture on les outille pour les expéditions. Erreur! la Préfecture ne donne rien aux hommes de la Sûreté comme moyens de défense. Le cabriolet, qu'elle tolère, est une ficelle de 30 centimètres de longueur terminée par deux manches de bois de la forme d'une olive allongée. Cette corde est passée au poignet du malfaiteur dangereux et l'agent tient les deux morceaux de bois à la main. Le poignet est ainsi maintenu et, en cas de résistance, une torsion imprimée à la corde rendrait la défense du malfaiteur plus difficile. Au fond, ce moyen n'est pas décisif. Un chef de la Sûreté avait inventé un artifice bien singulier. Il faisait déchausser un seul pied du malfaiteur, l'autre restant muni du soulier. L'homme se trouvait ainsi boiteux. La course lui était rendue fort pénible. S'il n'était pas content, on lui coupait les boutons de sa culotte et on l'obligeait à la tenir pour qu'il ne tombât pas. Boiteux et déculotté s'il bougeait le bras, c'était un homme perclus et par-dessus le marché ridicule.

Les gardes républicains qui font le service du Palais de

Justice ont la chaînette avec manches de vrille en fer. C'est le cabriolet, mais fourni par la gendarmerie, infiniment plus solide, plus dur au poignet, que le cabriolet de corde fabriqué par l'agent de sûreté. D'ailleurs, les agents mettent leur amour-propre à ne pas employer de moyens coercitifs, qu'on ne voit pas et qu'on a raison, à l'administration, de ne pas voir d'un bon œil. L'important est qu'ils ne laissent pas échapper le détenu, et il n'y a que de rares exemples où des malfaiteurs hardis aient trompé la vigilance des agents. Alors ce sont des courses folles et des prodiges d'héroïsme. Les faits divers des journaux les rapportent de temps en temps, et il n'y a pas à insister davantage sur ces détails, qui n'entrent pas en ligne de compte. Un agent qui laisse échapper un détenu et qui ne le rattrape pas n'a plus qu'à quitter le service.

L'agent de la Sûreté est heureux des légendes créées autour de son nom, mais il en est une contre laquelle il s'insurge et avec raison. C'est celle qui le représente comme pouvant avoir eu naguère, au commencement de sa vie, des démêlés avec la justice. Il n'y a pas d'erreur plus grosse. Vidocq, qui était un ancien forçat, a pu employer d'anciens camarades, mais depuis cette époque ces traditions sont absolument abandonnées. Les agents de la Sûreté se recrutent pour la plupart parmi d'anciens militaires qui ont un passé irréprochable.

L'auteur des lignes qui précèdent a parfaitement raison de faire justice de ce préjugé grotesque et suranné qui tend à faire repousser comme indignes, ces braves gens, ces admirables chiens de garde qui usent leur santé et risquent leur vie pour notre tranquillité. Nous devons cependant constater que, — par suite du favoritisme — quelques recrues défectueuses parviennent, en dépit des règlements, à se glisser parfois dans les rangs de cette brigade qui tient tant à son inaltérable honorabilité.

Parlant des inspecteurs qu'on lui a envoyés, pendant qu'il était chef de service, pour remplacer les vieux, mis à la retraite, M. Macé cite les *échantillons* suivants :

L'un condamné pour outrage et rébellion, puis réhabilité; un autre condamné pour cris séditieux; un troisième pour adultère et coups sur la personne du mari offensé; un quatrième, absolument myope et ne connaissant pas Paris qu'il n'avait jamais habité; un cinquième, demandant, dès son arrivé quand il pourrait être nommé officier de paix et disparaissant en apprenant que ce ne serait pas avant une dizaine d'années; un sixième, ex-marchand de vin, débutant à l'administration avec 8000 francs de dettes...
(G. Macé, *le service de Sûreté*, p. 303.)

Mais ce ne sont que des exceptions et des exceptions fâcheuses. Un bon chef doit, malgré ses supérieurs et malgré toutes les recommandations, d'où qu'elles proviennent, s'opposer à ces intrusions qui froissent et découragent les bons agents, ceux sur lesquels il sait pouvoir compter.

Cela lui coûte sa faveur et quelquefois sa place. Qu'importe? A la sûreté la devise est : *Le devoir avant tout!*

Les vrais policiers — les dévoués, ceux qui ont l'amour de l'art et ils sont heureusement encore quelques-uns, — savent ce qu'ils valent et marchent quand même. Les calomnies même dont ils sont l'objet ne les découragent pas.

A-t-on fait assez de bruit dans les histoires de soi-disant brutalités, commises par les agents de la Sûreté? A entendre ce qu'on racontait pendant un temps ils étaient de véritables bourreaux, martyrisant les assassins et les voleurs — innocentes victimes... On versait des torrents de larmes sur le sort des rôdeurs de barrières qui étaient, disait-on, à chaque instant « ligottés » et « passés à tabac ».

C'est peut-être le pittoresque du mot qui fit son succès. Mais il est certain qu'il en eut un véritable.

Passage à tabac ! c'est vrai, c'était sonore et drôle à répéter. Eh ! bien la vérité est que, dans toutes ces histoires, il y a eu grande dépense de mots à effet, et rien de plus. Ceux qui se sont le plus indignés le savent parfaitement. Des nombreux journalistes à qui la polémique a valu des arrestations, aucun ne viendra dire qu'il ait été ligotté ou maltraité. J'en appelle à la loyauté de M. Yves Guyot lui-même, qui, malgré sa haine de la police, justifiée par de longs mois de détention, avouera que jamais on ne l'a « passé à tabac ». Mais quand on arrête un rôdeur de nuit, un forçat évadé, un de ces individus sans domicile et sans aveu, qui guettent les passants la nuit pour les dévaliser, le ligottage est plus qu'un acte de prudence, c'est une précaution indispensable.

Quant au « passage à tabac », je répéterai ce cri indigné d'un vieil inspecteur :

— Nous sommes tous d'anciens sous-officiers, triés sur le volet. Tout « rousses » que nous sommes, nous avons conservé notre amour-propre, et quand un polisson, voleur ou souteneur de filles, viendra, comme ils l'ont fait un jour, porter la main sur mon ruban de médaille militaire, gagné au prix de mon sang, rien n'empêchera ce sang de se révolter, et ma main de s'abattre sur la figure du drôle. Si c'est mal, tant pis. Qu'on me révoque. Les gens de cœur m'approuveront !

Qu'on fasse une enquête. On trouvera beaucoup d'agents « passés à tabac » par les rôdeurs et mourant des suites de leurs blessures. Combien trouvat-on de rôdeurs tués par les agents de la Sûreté ?

XXXII

PROFILS DE CHEFS DE LA SURETÉ

Oh ! le curieux et instructif parallèle qu'il y aurait à faire avec la série des chefs de la Sûreté.

Vidocq le bandit, débutant avec son entourage de voleurs et d'assassins, inventant de faux crimes pour extorquer plus d'argent et se faire croire plus nécessaire, croulant sous la réprobation générale, malgré les services rendus et laissant après lui des *mémoires* aussi mensongers que ses prétendus exploits.

Coco-Latour, un voleur, marchant dans les plates-bandes de son prédécesseur, mais plus timidement et sans offrir plus d'honorabilité, ni de certitude.

Canler, honorable, lui, rompant avec la tradition des argousins, mais n'obtenant que par raccroc le titre d'officier de paix ; à peine avoué par ses collègues, opérant encore lui-même comme un simple agent, et ne craignant pas de se « camoufler » ou de courir les rues pieds nus à la poursuite des voleurs.

M. Allard, — un grand et beau vieillard que nous avons vu il y a quelques années encore, vert et solide, comme un chêne séculaire — honorable comme Canler, comme lui employant des agents sérieux, mais encore à demi-mouchard...

M. Tenaille, dernièrement encore commissaire des Halles, un véritable magistrat, qui n'a fait d'ailleurs que passer au service.

M. Claude, mort récemment, un excellent policier et un parfait honnête homme — malgré les *mémoires* posthumes qu'on lui attribue — officier de paix, fait commissaire de police seulement à propos de l'affaire Tropmann, mais ne s'étant jamais servi de son écharpe pour autre chose.

M. Jacob, commissaire de police de Saint-Vincent de Paul, forcé de rétrograder d'un cran pour obtenir la Sûreté, où on ne voulait pas placer un commissaire. Ayant relevé le plus possible le prestige d'honorabilité de son service. Malheureusement, à notre avis, plus *organisateur* que *policier*, il aurait fait un bien bon chef de police municipale si on avait compris ses aptitudes.

M. Macé, entré tout d'une pièce, avec son écharpe et sa croix, apportant d'inflexibles idées d'honneur et de devoir qu'il s'est appliqué et qu'il a réussi à inculquer à ses hommes...

Il a quitté le service comme il y était entré... il est parti, écœuré de toutes les résistances qu'il avait rencontrées à ses tentatives de progrès. Il est parti emportant les regrets de tous, et si M. Camescasse n'a trouvé qu'une sèche lettre pour saluer le départ de ce loyal serviteur, les humbles inspecteurs de la

Sûreté ont économisé sur leur maigre paie pour lui offrir un témoignage de regrets et de sympathie...

M. Kuehn, moins ardent, moins progressiste que son prédécesseur, mais brave et loyal comme l'acier et possédant un fonds de finesse native, avec laquelle il débrouillait admirablement l'écheveau mêlé d'une affaire. Soucieux de sa dignité, il a voulu lui aussi porter haut le drapeau de la Sûreté. Commissaire de police, il n'a pas voulu rabaisser la dignité que lui donnait l'écharpe tricolore. Chef d'une brigade d'élite, que lui avait laissée M. Macé, il a essayé de la protéger contre les jalousies et les abus de pouvoir... Il est mort à la peine, sans avoir pu obtenir la croix qu'il avait cent fois méritée et l'on n'a mis sur son cercueil que la médaille militaire vaillamment gagnée à Sébastopol, au prix de la perte de son bras gauche.

A la mort de M. Kuehn, s'est agitée de nouveau cette grave question de savoir si le chef de la Sûreté serait commissaire de police ou officier de paix. Le parquet tenait à un commissaire, car il redoutait le terrible et toujours augmentant empiètement de la Police municipale sur la Police judiciaire. M. Caubet, jaloux de son autorité, voulait un officier de paix qui serait à lui, tout à lui, sa créature et son esclave.

Il trouva un biais. On nomma M. Taylor, commissaire de police de la Chaussée-d'Antin, qui, tout en conservant son titre, voulut bien renoncer aux droits et aux prérogatives qu'il lui donnait.

Commissaire de nom, officier de paix de fait. M. Taylor fit ce qu'avaient toujours refusé de faire

MM. Macé et Kuehn. Il adressa au chef de la Police municipale des rapports sur toutes les opérations de son service, il se rendit tous les jours à l'ordre chez M. Caubet. Il fit mieux. Pour plaire à son chef, il renonça au local « trop luxueux » qu'avaient occupé ses deux prédécesseurs au n° 36 du quai des Orfèvres et alla s'installer dans l'entresol étroit, sombre et fumeux du quai de l'Horloge, si poétiquement dénommé la *fosse à Bidel*.

Le service a-t-il trouvé avantage à cette modification ? M. Caubet et ses amis prétendent que oui. Le bilan des crimes impunis donne une preuve du contraire.

L'affaire Barrême, l'affaire de la rue de la Gaîté, l'affaire de la rue Caumartin, l'affaire de la rue de la Cerisaie, et dix autres, etc., ont été autant d'insuccès pour M. Taylor et depuis son entrée en fonctions, la police n'a arrêté d'assassins que ceux qui ont été pris sur le fait par le public ou qui, comme Rosel, l'assassin de la rue Saint-Jacques, sont allés se faire prendre en province.

Les causes — multiples — de l'impuissance de M. Taylor ont donné lieu dans la presse à de nombreuses discussions. Nous allons les faire connaître par quelques extraits du *Figaro*.

XXXIII

CHEZ M. MACÉ

Au moment où le *Mystère de Montrouge* attire de nouveau l'attention du public sur le peu de chance du chef actuel de la Sûreté dans ses recherches, on n'a pas été peu surpris de trouver dans un journal du matin un panégyrique de M. Taylor, fait par lui-même.

— Je fais mon devoir, à la satisfaction de mes chefs, dit-il modestement; et, non moins modestement, il ajoute : « Je ne crie pas mes succès par-dessus les toits!... »

— Pendant un espace de cinq ans, continue-t-il, M. Macé a manqué 44 criminels. Pendant un exercice de dix-huit mois, M. Kuehn en a manqué 11. Depuis huit mois, j'en ai manqué, non pas 8, comme on l'avance, mais 5 seulement...

M. Macé se trouvant mis en cause, comme point de comparaison, j'ai cru intéressant d'aller le voir, et je me suis mis en route pour Champigny, où il habite depuis son admission à la retraite.

J'ai trouvé l'ancien chef de la Sûreté, dans son jardin, en train de soigner ses fleurs. Il a paru tout surpris de ma visite.

— N'avez-vous donc pas lu ce qu'on dit de vous? lui ai-je demandé.

— Si, tout à l'heure, après mon déjeuner. Mais en quoi cela me touche-t-il?

— Dame, on parle de vous. On dit que vous avez manqué quarante-quatre affaires?

— Rien que quarante-quatre? On a donc bien mal compté!... A mon estime, j'en ai *manqué*, comme vous dites, bien plus que cela. Il y a eu en effet, surtout le premier hiver où j'étais en exercice, une centaine d'attaques nocturnes et autant de vols dans les chambres de bonnes, dont je n'ai pas connu les auteurs. Il est vrai que, de temps en temps, quand nous pincions un rôdeur ou un cambrioleur, il nous en avouait une douzaine. Mais, malgré cela, j'aurais cru qu'il en restait plus de quarante-quatre inconnus... Je n'ai jamais songé à les compter. Je suis heureux qu'on l'ait fait pour moi.

— Mais des grosses affaires?

— Des grosses affaires? Il y en a eu peu. La plus marquante est celle du passage Saulnier — et encore, sur celle-là, ma conviction est faite. Et je ne crois pas que M. Taylor me la reproche. Le rôle qu'il y a joué n'a pas été si brillant que cela. Comme vous l'avez su dans le temps, alors que tous les commissaires de police, les agents, les gendarmes, etc., recherchaient le fourreau du poignard japonais qui avait servi au crime, M. Taylor avait sur son bureau ce fourreau qu'un passant lui avait apporté et qu'il a fini par envoyer sans rien dire aux objets perdus, où je l'ai trouvé par hasard six mois après.

— Alors l'article en question ne vous a pas froissé?

— Si. Il y a une chose qui m'a serré le cœur d'une façon horrible. C'est de voir le chef de la Sûreté, dont j'avais fait un magistrat indépendant et libre, tombé au point de n'être plus qu'un domestique qui se tient dans l'antichambre de M. Caubet et accourt au premier coup de sonnette de son maître! Voyez plutôt la phrase! « Il sonna, une porte s'ouvrit, et M. Taylor parut!... (1)

— Est-il vrai, ai-je repris, que M. Taylor, comme il le prétend, ait été sollicité plusieurs fois de prendre la Sûreté?

---

(1) C'est ainsi que le journal *Le Gaulois* débutait pour raconter l'entrevue d'un de ses rédacteurs avec M. Taylor.

— C'est la première fois que j'en entends parler. Au départ de M. Jacob, quand M. Voisin me demanda comme un service de prendre la Sûreté désorganisée, et comme j'hésitais, il me consulta sur quelques candidats qu'on pourrait essayer à mon défaut. M. Taylor n'était point sur la liste. A mon départ aussi, il y eut plusieurs compétitions. Le nom de M. Taylor ne fut point non plus prononcé. On parlait pour lui à cette époque — car il était très protégé — du poste de contrôleur général. Enfin, à la mort de ce pauvre Kuehn, on mit en avant MM. Lalmand, Mouquin et Guénin... La nomination de M. Taylor fut une véritable surprise. Je l'ai considérée comme une compensation du Contrôle qui lui échappait.

— A quoi pensez-vous qu'il faille attribuer les insuccès — malheureusement trop évidents quoique niés — que M. Taylor a eus depuis son entrée en fonctions? Est-ce une question personnelle?

— Je ne crois pas. M. Taylor n'a peut-être pas l'étoffe d'un chef de la Sûreté. Il est instruit, érudit, bon légiste, mais il n'est pas... comment dirais-je? assez *fouinard*, suivant l'expression du père Claude. Malgré cela, s'il avait une bonne brigade et qu'il la laissât travailler...

— Pourtant il affirme que jamais le service n'a été mieux monté.

— Allons donc! Eh bien! tenez, je vais tout vous dire.

Vous savez quelles luttes j'ai eues à subir pour couvrir mon personnel contre les attaques de la presse révolutionnaire. On m'envoyait des agents chassés des autres brigades avec ordre de les utiliser et, dès que je l'essayais, ces agents faisaient des bévues qui retombaient sur tous leurs camarades. Cependant, grâce à un petit noyau d'hommes dévoués braves, énergiques, intelligents et toujours sur la brèche, j'ai pu tenir tête et sortir à mon honneur de la tâche difficile que j'avais entreprise. Je partis et on profita de l'entrée en fonctions de Kuehn pour décimer mon bataillon sacré. Pourtant il en restait encore assez pour qu'il pût remplir sa tâche. Mais arrivèrent les élections...

— Comment, les élections?

— Oui, les élections générales du 4 octobre, dans lesquelles on mit en réquisition le service de la Sûreté pour seconder les brigades politiques dans les opérations de la période électorale. Ce n'était pas déjà du goût de mes anciens limiers, que j'avais habitués à chasser les voleurs et les assassins et non pas à moucharder. Mais ce n'était rien encore. On les lançait dans Paris sans ordres. Au moment du dépouillement des votes, répartis dans les sections, ils ne savaient qu'y faire. Le dépouillement durant plusieurs jours, quelques agents crurent pouvoir s'absenter pour prendre leurs repas et se reposer, ne se doutant pas qu'en ce faisant il compromettaient le salut de la France. Il y eut en haut lieu une fureur terrible. Les mises à pied tombèrent comme grêle, et tout ce qui était d'âge à être mis à la retraite eut l'oreille fendue...

— Je le sais, et on a dit à cette époque que ce fut cette hécatombe de vieux serviteurs qui tua M. Kuehn.

— Cela n'a rien d'impossible. Concentré comme il l'était, le désespoir et la colère ont bien pu provoquer la congestion dont il est mort. Notez que les hommes sacrifiés étaient les meilleurs de la brigade. Vous les avez connus ?

— Plusieurs du moins, et je sais qu'ils étaient en état de faire encore un bon service.

— C'est si vrai, qu'après les avoir mis à la retraite, on a fait les démarches auprès d'eux pour les embrigader comme agents politiques, leur promettant de leur faire gagner plus qu'ils n'avaient à la Sûreté.

M. Taylor a donc pris une brigade désorganisée et vous avez pu juger par vous-même, vous qui connaissez pas mal les anciens agents, de ce qu'ils pensent de son état actuel.... Je sais bien que M. Taylor l'a réorganisée à son idée. Mais j'attendrai les résultats de cette réorganisation pour l'apprécier.

— Et la question d'argent ?

— J'allais l'aborder. A mon entrée en fonctions, j'ai fait tous mes efforts pour améliorer le plus possible la situation de mon personnel. J'ai fait accorder aux hommes — vous l'avez dit dans le temps — des suppléments pour les déplacements, des indemnités, des primes. Tout cela a été supprimé ou rogné. Demandez-leur quel effet cela a produit ?

— Déplorable. Ils disent qu'on les fait travailler maintenant « pour la peau ».

— Et pourtant le budget reste le même, cinquante mille francs, affectés aux « agents auxiliaires » de la police municipale. C'est-à-dire aux indicateurs. Or, comme les gardiens de la paix, ni les garnis, ni les autres services n'ont d'indicateurs à payer, cet argent pourrait, sans inconvénient, être affecté à la Sûreté seule. Eh bien! avec toutes ces largesses, je dépensais à peine huit mille francs sur les cinquante mille.

— Où passe le surplus?

— ??? On payait sur mandats ce que je demandais. Je ne m'occupe pas du reste.

— Et vos dépenses personnelles?

— Quand j'étais en service j'en faisais supporter une partie au budget en me basant à peu près sur la dépense d'un de mes agents. Je payais le surplus de ma poche. Et pourtant je ne suis pas riche comme M. Taylor qui a de fortune personnelle, quinze à vingt mille livres de rente... et qui est bien bon de se laisser tracasser si longtemps...

— On prétend que vous consentiriez volontiers à reprendre du service? Est-ce vrai?

— Moi! Je plante mes choux. J'écris mes souvenirs. Malgré les nombreuses affaires que j'ai ratées — et que je saurai gré à M. Taylor de vouloir bien reprendre, comme j'ai repris et réussi quelques-unes de celles de mes prédécesseurs, j'ai encore assez de « bons souvenirs » pour faire quelques livres comme *Mon premier crime* qui me rapporteront de quoi de pas demander l'aumône... J'en prépare un en ce moment, dont vous me direz des nouvelles. Aussi je suis heureux dans mon calme et mon obscurité... Je ne demande qu'à y rester et je me moque absolument de tout ce qu'on pourra dire et faire... Dût-on même publier que c'est moi qui ai coupé en morceaux la femme de Montrouge pour créer des embarras à mes successeurs... je ne prendrais la peine de nier que pour éviter des fouilles dans mes plates-bandes.

(*Le Figaro*, jeudi 19 août 1886.)

XXXIV

LE PETIT ÉTAT

Une grande discussion s'est élevée à propos de mon article de jeudi dernier.

M. Macé, dans la conversation assez rapide que j'avais eue avec lui, m'avait dit ceci : « Avec toutes mes largesses, je dépensais à peine huit mille francs sur les cinquante mille affectés au budget des agents auxiliaires ou indicateurs. »

Immédiatement, le chef de la police municipale a bondi et a mandé les représentants des journaux qui lui sont dévoués, pour réfuter cette assertion.

Notons en passant que ce sont des rédacteurs de ces journaux amis de M. Caubet, qui, les premiers, sont venus me demander de commencer la campagne contre M. Taylor. Le 6 août dernier, — je précise — l'un d'eux me suppliait de lancer quelques brocards contre le chef de la Sûreté, disant qu'il avait des choses très dures à lui dire, mais qu'il n'osait prendre l'offensive tout seul...

Était-ce un piège ? Une provocation pour donner à MM. Taylor et Caubet le droit de répondre ? En tout cas, cela a mal réussi.

Le chef de la Police municipale, donc, a riposté immédiatement en affirmant que le chiffre total des mandats payés à M. Macé pendant sa dernière année d'exercice — 1883 —

s'élevait à 35,000 francs. Comme preuve de son dire, il exhibait à qui voulait les voir un tas de papiers couverts de chiffres...

M. Macé a répondu, et M. Caubet a riposté encore. Mais chacun parlant un langage différent, le public n'en sait pas plus que le premier jour.

Éclairons un peu la lanterne.

De deux choses l'une, a dit M. Macé, ou le chiffre énoncé par M. Caubet réunit *en bloc* les mandats de mes cinq années d'exercice (5 fois 7,000 font en effet 35,000); ou il fait figurer dans le budget de la Sûreté certaines dépenses officielles, telles que primes aux gendarmes, indemnités de route, etc., payées sous sa responsabilité. Voir du reste le rapport que j'ai adressé pour cela au préfet le 5 octobre 1881.

Et M. Caubet répond :

« Il résulte de documents officiels et signés de M. Macé même que le montant des mandats touchés par lui pour l'année 1883 s'élève à 34,567 francs. Ce ne sont donc pas, ainsi que l'affirme l'ancien chef de la Sûreté, les mandats réunis de 1879 à 1883 qui forment ce total. D'ailleurs, la somme dépensée par le service de Sûreté atteint à peu près le même chiffre chaque année. »

Très habile, la réponse de M. Caubet, surtout en ce qu'elle évite les points litigieux.

Elle parle toujours d'un chiffre total de mandats, mais elle évite d'en donner le détail.

Elle ne touche point surtout à ce rapport du 5 octobre dont parle M. Macé, et qui, cependant a son importance.

Ce rapport, voici en substance ce qu'il dit :

La comptabilité du service de Sûreté comporte deux bordereaux que l'on est convenu d'appeler le *Grand Etat* et le *Petit Etat*.

« Sur le Grand Etat figurent les *dépenses faites par les employés* dans les diverses missions dont ils sont chargés. Les acquits de ces dépenses sont donnés sur l'état même, en regard de chaque somme et du nom de l'employé.

» Sur le Petit Etat, celui qui nous occupe, on fait figurer, *par tradition* :

» 1° Certaines grosses dépenses occasionnées par le service.

» 2° Les primes de capture et de reconnaissance de malfaiteurs allouées aux *gendarmes, gardiens de prison, gardes-champêtres et autres agents du département de la Seine;*

» 3° Les gratifications mensuelles accordées au personnel *pour travaux supplémentaires ;*

» 4° Les gratifications accordées *aux secrétaires des commissariats de police* et notamment à ceux des délégations qui dressent les procédures concernant les malfaiteurs arrêtés par les agents de la Sûreté ;

4° *Enfin,* les sommes allouées par le chef de la Sûreté aux indicateurs libres et détenus... »

Ce Petit Etat *détaillé,* transmis chaque mois à la police municipale, m'est retourné quelques jours après, *transformé en un bon général,* sur lequel *la somme totale figure comme ayant été allouée à des indicateurs non dénommés,* et cette somme est payée sur le fonds de 50,000 francs, ch. III. art. 3 du budget de la Préfecture de police. »

Ne serait-il pas possible, continue le rapport, *dans un intérêt moral et comme régularité,* de porter seulement au *Petit Etat* les sommes données aux indicateurs, auxquels, *dans l'esprit de la Loi,* sont seuls affectés les fonds du ch. III. art. 3 du budget, et d'inscrire les autres dépenses officielles à leurs chapitres respectifs, savoir :

» Les gratifications du personnel à celui des gratifications.

» Les primes à celui des primes.

» Et les dépenses pour les grosses affaires criminelles ou administratives au Grand Etat dont il est parlé plus haut?

Le Préfet fut peut être de l'avis de M Macé, mais M. Caubet était là. Quand il a parlé, personne n'ose rien dire.

On répondit donc à M. Macé que l'*usage* — lisez la *routine* — était d'agir ainsi et il lui fallut obéir. Il acquitta donc chaque année un *Petit Etat,* sur lequel son service ne touchait que des sommes absolument minimes, mais qui était tout entier mandaté au nom de S. D. S.. *sur l'acquit du chef.*

Pour 1883 — l'année citée par M. Caubet — le *Petit Etat* est de 32,667 francs, et la somme payée aux indicateurs et agents n'est en réalité que de 7,760 fr. !...

Voilà la clef du mystère.

Grâce à un petit virement de fonds, on a l'air de sacrifier les services, qui touchent le plus — et d'être écrasé par celui qui a le moins.

Et on peut dire que c'est cette maudite Sûreté qui mange tout — alors qu'elle est, la malheureuse!... réduite à la famine!

Si les agents touchaient peu autrefois, aujourd'hui ils touchent moins encore, quoi qu'en dise M. Caubet. Sur quoi porteraient les dépenses? On n'arrête plus les assassins!...

Ils touchent donc fort peu de chose. Plusieurs d'entre eux — et de ceux en qui nous pouvons avoir la plus grande confiance — nous l'ont affirmé.

On leur refuse jusqu'au strict nécessaire. On leur marchande six sous d'omnibus, trouvant qu'ils *peuvent bien prendre l'impériale.*

Oh! on niera. Parbleu! on sait bien que nous ne pouvons citer des noms. Ce serait le signal d'une révocation immédiate.

Mais tous ceux qui, au début de l'affaire de Montrouge, ont vu M. Taylor prendre son numéro au bureau des tramways et attendre son tour, alors que l'heure pressait et que, pour une minute peut-être, on pouvait manquer l'assassin, seront de mon avis sur les largesses actuelles de la Préfecture à l'égard du service de Sûreté.

Si j'avais le temps, j'en dirais bien d'autres, allez!

GEORGES GRISON (*Figaro*, 25 août 1886.)

XXXV

TROP DE DÉLICATESSE

En ce qui concerne la Sûreté, dont nous nous sommes particulièrement occupés, puisque c'est son impuissance momentanée qui a été le point de départ de la campagne, il est une question sur laquelle je tiens à insister.

C'est celle des *indicateurs*.

Chaque fois qu'on l'effleure, on ne manque pas de faire remarquer avec orgueil que nous ne sommes plus à cette époque où Vidocq, recrutant sa brigade parmi les repris de justice et les forçats en rupture de ban, faisait garder les Parisiens par les gens qu'ils avaient à redouter le plus.

Le système avait peut-être du bon, mais il avait ses dangers. Dresser les loups à garder la bergerie, s'est s'exposer à voir, sous la tentation, le gardien fidèle redevenir un féroce carnassier. En outre, comme le dit fort bien M. Gisquet, lorsque, en 1832, il supprima la brigade de Vidocq, cette façon de procéder était absolument immorale et indigne d'une police qui se respecte.

Depuis l'entrée de M. Allard donc, la brigade de Sûreté est exclusivement composée d'agents sur le passé desquels nulle tache ne doit exister et dont la moralité doit être irréprochable.

A ces agents jadis on avait adjoint un certain nombre d'indicateurs, provenant de l'ancienne « bande à Vidocq » et qui, déchus de tout mandat, étaient chargés seulement d'avertir les inspecteurs de tout ce que leur promiscuité avec les assassins et les voleurs pouvait leur faire apprendre d'utile pour la répression des crimes.

Peu à peu, à mesure qu'ils disparurent, ces indicateurs ne furent pas remplacés. Mais on continua à payer les services des indicateurs libres, quels qu'ils fussent, qui se présentaient.

Aujourd'hui, on ne le fait plus et on s'en vante.

A mon avis, on a tort.

En toute chose il faut considérer le but et ne pas se montrer trop délicat sur les moyens. Le fumier n'est pas une chose propre, ni agréable à manier. Et cependant, il en faut pour faire pousser le blé qui nous fournit du pain. Les poisons sont dangereux et ils constituent pourtant la principale ressource de la thérapeutique moderne.

Il était immoral et dangereux d'embrigader officiellement les souteneurs, les assassins et les voleurs. Il est stupide de se priver systématiquement des services qu'ils peuvent rendre.

Voilà, par exemple, un crime comme celui de la rue Caumartin. Une fille assassinée par l'homme qu'elle avait emmené chez elle.

On n'a rien. On ne découvre aucun indice. On se trouve dans un monde spécial que les honnêtes gens ne doivent pas fréquenter.

Eh bien! qu'un vagabond, qu'une fille en situation irrégulière, qu'un libéré enfui de sa résidence officielle, viennent offrir une indication utile, je soutiens qu'il est de bonne guerre et de bonne police de dire au vagabond : on ne t'arrêtera pas; à la fille: on ne te mettra pas en prison; au forçat libéré : on fermera les yeux sur ta présence à Paris. Je soutiens qu'il faut leur donner une prime pour récompenser leur bon mouvement, après les avoir rassurés, de façon à pousser les gens qui sont dans leur cas à agir de même.

C'est, me dira-t-on, encourager la dénonciation. Parfaitement. Moi, je suis d'avis et je le dis hautement, que lorsqu'il s'agit de faire punir un crime, la dénonciation est non seulement une chose permise, mais un devoir.

Est-ce que tous les témoins qui viennent chaque jour devant la Cour d'assises ne sont pas plus ou moins des dénonciateurs ?

Si on se met à faire de la bégueulerie en fait de police, on n'arrivera jamais à rien.

On ne guérit pas la gangrène avec de l'essence d'opoponax.

Dans ces dernières années, on avait adopté un système mixte. A part certains cas, où il n'y avait pas moyen de faire autrement, le chef de la sûreté n'avait pas directement affaire aux indicateurs, il laissait ce soin à ses agents. Filles et voleurs l'aimaient, du reste, mieux ainsi. Ils étaient moins gêné pour leurs confidences. On traitait de gré à gré. L'inspecteur demandait l'argent qui lui était nécessaire. On le lui donnait et on réglait avec lui après résultat obtenu, — comme pour les remèdes. Il carottait peut-être un peu. Il pouvait avoir des petits bénéfices. Qu'importe ! Doit-on marchander quand il s'agit de la sécurité publique ?

On ne veut plus de cela. On veut faire marcher les agents de la sûreté comme des grenadiers à la parade : tête droite! tête gauche! En avant, marche ! Vous voyez le beau résultat.

Mais, sapristi, puisqu'on est si délicat en matière de crime, que ne l'est-on un peu plus en police politique ? C'est là qu'on se dispense de prendre des gants ; c'est là qu'on encourage la dénonciation, la délation et même la provocation. C'est là qu'on ne ménage pas l'argent ! Et le public est tout étonné un beau jour d'apprendre que tel fougueux révolutionnaire qui pérorait dans les meetings, qui brandissait le drapeau noir dans les manifestations et qui proposait à tout instant de marcher sur la Préfecture ou sur l'Elysée, n'était qu'un agent salarié de la soi-disant brigade des recherches.

On ne craint pas alors d'imiter Vidocq et ses *cosaques*. Qu'on ait donc un peu moins de scrupules avec les criminels.

On se plaint que les agents de la Sûreté ne soient plus les

limiers légendaires dont on a lu les exploits dans les romans de mon pauvre ami Gaboriau.

Ce n'est certainement pas de leur faute. Même aujourd'hui, malgré la réglementation qui les entrave, ils sont capables de véritables prodiges. J'en citerai dix exemples quand on voudra.

. . . .

Malgré le nombre de ceux qu'on a sacrifiés, il en reste encore de ceux-là et ils sont prêts à accomplir des prodiges... à la condition qu'on les laisse faire, qu'on ne les paralyse pas et surtout qu'on ne soit pas si avare d'argent et si délicat sur les moyens à prendre.

Un bon chasseur doit laisser quêter ses chiens et ne pas les tenir en laisse.

Un bon chef de la Sûreté doit employer ses agents suivant leurs aptitudes et utiliser leur intelligence, tout en les tenant en bride, lorsque, dans leur zèle, ils dépassent le but. Mais vouloir les mener comme des conscrits ou comme des soldats prussiens, alignés, fixes et le petit doigt sur la couture de la culotte... Laissez donc ! Vous ne parvenez qu'à les dégoûter du métier.

Et vous y avez trop réussi déjà. L'événement le prouve.

(*Figaro*, 8 septembre 1886).

XXXVI

LA RÉORGANISATION DE LA SURETÉ

Un *tolle* général s'élevait de tous côtés contre M. Taylor, chef de la Sûreté qui, avec la même brigade, les mêmes hommes dévoués, le même budget que ses prédécesseurs, manquait régulièrement chacune des affaires criminelles qui se présentaient et ne trouvait d'autre excuse que « son ignorance du métier » et les quelques fautes que les autres pouvaient avoir commises.

Le Préfet s'en émut à la fin. Mais, comme toujours, mal conseillé par un entourage de gens inquiets, désireux de conserver leur place et, par suite n'ayant pas le courage de dire la vérité, il ne prit pas la mesure commandée par la situation.

Il n'osa point remplacer le chef incapable et présomptueux qui n'avait même pas la honte de sa défaite; il crut suffisant de lui donner un auxiliaire.

Peut-être aussi, dominé par le « maire du Palais », n'eut-il pas le courage de couper le mal dans sa racine. On dit si souvent à la Préfecture que *les Préfets passent et que le Chef de la Police municipale reste* inamovible au poste qu'il a conquis !

Quoi qu'il en soit, voici l'arrêté que prit M. Gragnon :

Nous, Préfet de police,
Vu l'arrêté du 12 messidor an VIII ;
Vu l'arrêté du chef du pouvoir exécutif de la République française du 20 juin 1871 ;
Vu l'arrêté du Préfet de police du 9 mars 1881 ;
Considérant qu'il y a lieu de fixer l'effectif, les cadres et le mode de recrutement du service de la Sûreté ;
Considérant, en outre, que l'expérience a démontré la nécessité pour le bon fonctionnement de ce service de la création d'un emploi de sous-chef chargé de seconder le chef et de le suppléer en cas d'empêchement ;

Arrêtons :

Article 1er. — Le service de la Sûreté se composera de :
1º Un commissaire de police, chef de la Sûreté ;
2º Un commissaire de police, sous-chef de la Sûreté ;
3º Deux commis ;
4º Cinq inspecteurs principaux ;
5º Dix brigadiers ;
6º Vingt sous-brigadiers ;
7º Trois cents inspecteurs.

Art. 2. — Les chef, sous-chef, commis, inspecteurs principaux, brigadiers, sous-brigadiers et inspecteurs, seront nommés à leurs grades et emplois dans le service de la Sûreté et aux diverses classes de ces emplois par arrêté du Préfet de police.

Art. 3. — Les divers agents du service de la Sûreté auront droit, dans les cas et suivant les distinctions qui y sont établies, aux primes fixées par arrêté en date de ce jour, pour capture ou reconnaissance de malfaiteurs, et aux récompenses spéciales prévues par ledit arrêté.

Art. 4. — M. le secrétaire général de la préfecture de police est chargé de l'exécution du présent arrêté.

Fait à Paris, le 11 septembre 1886.

Le Préfet de police,
Gragnon.

Un autre arrêté en date du même jour, « considérant que les primes allouées aux agents de la Préfecture de police pour capture ou reconnaissance de malfaiteurs doivent être graduées en raison de la gravité des crimes ou délits, des difficultés que rencontrent les agents pour arriver à leurs constatations et des dangers auxquels ils s'exposent », élève le tarif des primes établies par les arrêtés des 5 février 1831, 19 mars 1836, 31 juillet 1844 et 26 juillet 1858, et institue des primes nouvelles.

Cet arrêté contient, en outre, les deux articles suivants :

Art. 5. — Les primes seront acquises sans préjudice des récompenses spéciales prévues par l'article suivant.

Art. 6. — Il sera accordé des récompenses basées sur l'importance de chaque affaire aux agents ayant reçu des blessures ou couru des dangers dans l'arrestation de coupables, ou qui auront fait preuve de dévouement, de zèle, d'habileté, dans l'accomplissement d'un acte de leurs fonctions.

Le montant de chaque récompense sera fixé par un arrêté du Préfet de police.

Les amis de « la maison » entonnèrent à propos de cet arrêté, un concert de félicitations qui brisa les oreilles de tout Paris.

Laissons-en encore l'examen au rédacteur du *Figaro*, qui l'a examiné et discuté pièce par pièce.

LA NOUVELLE ORGANISATION DE LA SÛRETÉ

Presque tous les journaux ont reproduit, en l'approuvant, l'arrêté de M. le Préfet de police modifiant l'organisation du Service de la Sûreté.

Ils ont eu raison. C'est une amélioration et toute amélioration doit être applaudie, — sauf à examiner ensuite si la modification est suffisante et remplit le but qu'on s'est proposé.

C'est ce que je vais faire.

L'arrêté de M. Gragnon a été motivé par les réclamations unanimes de la presse et du public qui voient avec effroi rester impunis tous les crimes dont les auteurs ne se suicident pas ou ne viennent pas se dénoncer eux-mêmes. On s'est inquiété des causes de cette situation qui date de l'entrée en fonctions de M. Taylor.

Ces causes, en thèse générale, peuvent être divisées en quatre catégories : *le choix du chef, le recrutement du personnel, les ressources budgétaires, la subordination du service.*

En ce qui concerne la première, M. Taylor est-il pour quelque chose dans les insuccès de sa brigade ?

Je réponds sans hésiter : Oui.

Non pas que je mette en doute les capacités personnelles et l'intelligence de M. Taylor. Mais chacun a ses aptitudes particulières. Tel officier, qui, comme organisateur, rend de précieux services à l'armée, peut être sur le champ de bataille un déplorable soldat. Et réciproquement.

Je sais que M. Taylor est un excellent légiste, mais je ne le crois pas très bon policier.

En le doublant d'un sous-chef, commissaire de police comme lui, suppléera-t-on à son insuffisance ?

C'est à voir.

Il est certain que, le service de la Sûreté ayant des attributions de plus en plus multiples, le personnel actuel devenait insuffisant. Le 5 juin 1879, M. Macé, venant d'entrer en fonctions, réclamait vainement au Préfet de police la nomination d'un secrétaire comme en ont tous les autres commissaires de police. Jusqu'alors la Sûreté avait eu, pour ses bureaux, quatre employés commissionnés. Deux venaient d'être mis à la retraite. Le troisième passait dans un autre service sans être remplacé. Il n'en restait donc qu'*un* chargé de la comptabilité. Le chef sorti, il n'y avait plus personne pour recevoir le public.

La demande de M. Macé resta sans réponse. Il dut se décider à prendre un de ses inspecteurs pour en faire son secrétaire, exactement comme dans l'armée on détache un soldat de sa compagnie pour aller travailler dans les bureaux du colonel.

Il eut, il est vrai, la chance de bien tomber.

Du premier coup, on donne à M. Taylor, au lieu du secrétaire, ou du commis vainement réclamés depuis sept ans, *une doublure*, — non pas un secrétaire, non pas un officier de paix, — un commissaire comme lui.

C'est beaucoup d'un seul coup. J'ai même peur que ce soit trop.

Comment les deux commissaires se partageront-ils la besogne ?

Le sous-chef prendra-t-il la partie administrative, et M. Taylor continuera-t-il à rechercher les criminels comme par le passé ?

Hé! il y aurait à craindre qu'il ne continuât aussi à réussir « comme par le passé », ce qui n'est pas, je crois, ce que veut M. Gragnon.

Si c'est l'inverse, si c'est le sous-chef qui fait la besogne active, il eût été plus économique de replacer, M. Taylor dans un bon commissariat et de nommer simplement un autre chef.

Enfin, s'ils se partagent les affaires, faisant chacun la leur à tour de rôle, il y aura, soyez-en sûr, des compétitions, des jalousies et, forcément des discussions sur le choix des agents employés pour telle ou telle affaire, choix d'où dépend souvent le succès lorsqu'il est intelligemment fait.

A mon avis, il n'y aurait pas besoin de trente-six chefs; un seul suffirait; mais à la condition qu'il eût l'amour de son métier et qu'il n'hésitât pas à donner dix sous de pourboire à un cocher pour aller plus vite où cent sous à un voyou pour avoir un bon renseignement.

Passons au personnel : Quoi qu'on en ait dit, il n'est nullement choisi et examiné par le chef. Le chef n'est même pas consulté pour la nomination d'un nouvel inspecteur ou la mise à la retraite d'un ancien. On a congédié des hommes pleins de force et d'intelligence, rompus au métier, pouvant rendre d'immenses services. On les a remplacés par des jeunes gens pleins de bonne volonté, mais tout neufs encore dans la police, connaissant à peine Paris et dans des conditions d'infériorité évidente lorsqu'il s'agit de ruser avec les vieux *fagots* pour qui Paris n'a pas de mystères.

Ne fût-ce que comme *professeurs* ou comme *guides*, les vieux « sergents » avaient du bon. On le sait tellement en haut lieu, qu'on a cherché après leur avoir fendu l'oreille, à les embrigader dans les services politiques, pour lesquels, paraît-il, on ne les trouvait pas trop décatis.

L'article 2 du nouvel arrêté porte que les « chef, sous-chef, commis, inspecteurs principaux, brigadiers, sous-brigadiers et inspecteurs seront nommés à leurs grades et emplois dans le service de la Sûreté et aux divers emplois par arrêté du Préfet de police ».

C'est très bien, mais reste à savoir *sur quelle proposition et par quelles influences* seront réglées ces nominations.

Tout est là.

Arrivons à la troisième cause : *la question d'argent*. Je l'ai déjà traitée et j'ai démontré combien l'administration, si libérale dans certains cas, se fait parcimonieuse quand il s'agit de rémunérer les services de ces hommes si utiles et si dévoués qu'on appelle les agents de la Sûreté.

Il n'y a pas plus de huit jours, j'en ai rencontré un dans un coin ignoré de Paris. Chargé d'une surveillance importante, il était là, en chasse depuis sept heures du matin. Assis sur une borne il dînait philosophiquement d'un gros morceau de pain et d'une saucisse de deux sous.

Comme je le complimentais sur sa sobriété :

— Je ne peux pas aller manger dans un restaurant, me dit-il, ça me ferait peut-être manquer mon affaire. Et puis, il faut faire des économies. Depuis ce matin, en verres de vin payés à l'un ou à l'autre, en cigarettes, en bêtises de toute espèce, pour justifier ma présence par ici, *j'ai dépensé une pièce de quarante sous qui ne me sera pas remboursée*. Or, quand on gagne quatre francs par jour...

M. Gragnon agit donc bien en augmentant les primes. Mais ce n'est pas suffisant. Tout en stimulant l'agent à *gagner* la prime promise, il faut lui donner les *moyens d'y par-*

venir. L'inspecteur de la Sûreté n'est pas un capitaliste. S'il a besoin, pour arriver à son but, de payer à dîner à un concierge, de prendre une voiture, de glisser une pièce de cent sous dans la main d'un ouvreur de portières, il faut qu'il puisse le faire sans craindre de se voir discuter cette dépense urgente et d'être traité de *carottier* par son chef.

— Nous sommes des honnêtes gens, me disait l'un d'eux. On doit avoir confiance en nous. Si l'on n'a pas confiance, qu'on nous flanque à la porte. Mais qu'on nous rembourse nos dépenses sans nous éplucher, comme si on avait affaire à des filous. *Sinon, flûte !*

C'est précisément parce qu'on ne veut plus traiter directement avec les indicateurs qu'il faut être très large avec les agents qui savent les découvrir et utiliser leurs services.

Enfin, si, pour les trois premiers points, M. Gragnon a, en partie, remédié au mal, il n'a rien fait pour le quatrième.

La Sûreté reste, comme par le passé, absolument dans les mains du Chef de la police municipale.

Un de nos confrères, cependant fort bien disposé pour l'administration, n'a pu s'empêcher de le constater.

« Le chef de la Sûreté, dit-il, dépendant de la police municipale, est obligé d'aller chaque jour au rapport, chez M. Caubet, comme les autres commissaires de police. — Perte de temps. »

Il y a là une erreur de mots, un lapsus. Les commissaires de police ne sont point obligés d'aller chez le chef de la police municipale, *dont ils ne dépendent point et avec lequel ils n'ont rien à faire.*

Ce sont les officiers de paix, capitaines d'une compagnie de sergents de ville, qui doivent chaque jour aller au rapport chez leur général, M. Caubet.

Et c'est justement là qu'est le nœud vital de la question.

Comme *commissaire de police*, le chef de la Sûreté ne dépend absolument que du Préfet au point de vue hiérarchique, et du juge d'instruction au point de vue du service.

Il est magistrat; par suite d'une délégation du Parquet, il peut faire une arrestation, procéder à un interrogatoire, et il ne doit compte de cet interrogatoire et de cette arrestation qu'au juge et au Procureur de la République.

Il y a plus. De par le Code de Procédure Criminelle, l'*instruction étant secrète*, il lui est interdit de faire connaître à qui que ce soit les secrets de cette instruction.

A qui que ce soit, sauf au juge, pas même au Préfet de police, pas même à M. Caubet, qui, disons-le une bonne fois, *n'est point un magistrat* et n'a *aucune qualité* pour s'occuper d'une instruction criminelle.

C'est bien pour cela que M. Caubet s'opposait si fort à ce que le chef de la Sûreté gardât son écharpe.

Officier de Paix, le chef de la Sûreté était son homme, sa chose. Il était obligé de lui faire des rapports. Et, assistant à l'instruction, où l'on avait besoin de ses services, il pouvait, *il devait* tout raconter à son chef.

Commissaire de police, il lui est *interdit* d'agir ainsi, et s'il le fait, *il manque à son devoir*.

Il serait urgent de sortir des mains de la Police municipale le chef de la Sûreté, qui s'y trouve tiraillé par deux puissances différentes et, est comme on dit, entre le marteau et l'enclume.

Ce n'est pas seulement *une perte de temps*. C'est une lutte entre la hiérarchie et la Conscience.

On ne peut pas servir deux maîtres et les bien servir.

Si les deux prédécesseurs de M. Taylor ont pu réussir malgré les difficultés de cette situation ambiguë, c'est qu'ils ont carrément attaqué de front la difficulté et choisi entre les deux puissances.

Ils ont gagné à cela, il est vrai, l'animosité de M. Caubet qui a fait partir l'un et mourir l'autre.

M. Taylor est plus sage. Il tient *à rester* et *à vivre*.

Mais nous, nous voudrions aussi un peu qu'on découvrît et qu'on arrêtât quelques assassins — ne fût-ce qu'un de temps à autre...

Enfin, ce qui est fait est fait. Il nous reste à voir le résultat de la nouvelle combinaison.

J'en donne ma parole, je désire de toute mon âme et sans arrière-pensée qu'elle ait d'excellents résultats...

Mais si vous saviez comme je suis sceptique !...

(*Figaro*, 15 septembre 1886.)

XXXVII

LA POLICE DES MŒURS

Par le tapage qu'elle a causé depuis quelques années, on pourrait croire que la brigade des mœurs est l'une des plus importantes et des plus considérables de tout l'ensemble policier. Cela devrait être en effet, car ce n'est point une brigade, c'est une véritable armée qu'il faudrait pour disputer Paris à l'armée toujours envahissante de la prostitution.

Un des chapitres du *Paris horrible*, paru en 1882, nous donnera une idée de la conquête de cette grande ville par *la Fille :*

Combien sont-elles aujourd'hui ? Quarante mille, disait M. Lecour dans son étude si intéressante de la prostitution parisienne. Soixante mille, dira-t-on demain, et on sera peut-être encore au-dessous de la vérité.

On a voulu poétiser la prostitution. On l'a rendue gracieuse et folâtre, intéressante, touchante. *La Dame aux Camélias*, *Manon Lescaut*, *Nana*, autant de récits de convention auxquels la vérité donne un démenti brutal. A quelque classe qu'elle appartienne, ou plutôt qu'elle semble appartenir par sa fausse élégance, la prostituée se ressent toujours de son origine, elle est brutale, grossière, mal élevée en un mot. Grattez la *cocotte*, vous retrouverez la *fille*. La plus éthérée en apparence ne demande qu'une occasion pour faire réapparaître son fond de caractère voyou. La caque sent toujours le hareng.

Entre toutes, en dépit de l'auréole dont on lui a ceint la tête, la Parisienne est peut-être celle qui se prête le moins à la transformation en grande dame. Débutant dans l'atelier avec des galopins de son espèce, roulant les bals de barrières, parlant un jargon impossible dont elle ne peut se défaire, elle est, toute jeune encore, flétrie, encroûtée, avachie pour dire le mot. Elle a commencé dans la boue, elle ne peut pas s'en sortir. Regardez-la, elle est bien reconnaissable, au ruban vert dans les cheveux mal peignés, la robe de coupe élégante parce qu'elle l'a achetée toute faite, mais sale et pleine d'accrocs, les pieds aplatis par l'abus des savates sont mal à l'aise dans la bottine cambrée, la démarche est traînante comme celle des canards et des matelots... Faites donc une élégante avec cela, allons donc ! Une fille à soldats et pas autre chose. Elle est venue de la barrière et à la barrière elle retourne.

La vraie cocotte, c'est la provinciale, c'est surtout l'étrangère. L'Allemande, par exemple, qui a quitté son pays, y laissant un fiancé qui effeuille patiemment le *Vergiss mein nicht*, tandis qu'elle amasse sa petite dot. Celle-là est une commerçante qui prend bien soin de ne pas user sa beauté sur laquelle elle compte pour son avenir. Mais quelles qu'elles soient, Parisiennes, Françaises ou étrangères, l'espèce de protection qu'on leur accorde leur donne une audace qui inquiète les honnêtes gens; elles sont les maîtresses, les reines; il faut leur céder le pas.

Je sais bien qu'on entend dire de temps à autre que des razzias ont été faites sur le boulevard entre minuit et deux heures du matin. Mais à quoi cela sert-il ? La situation n'en est pas modifiée d'un *iota*, et le flot monte toujours.

Ces grandes chasses nocturnes n'ont guère d'autre effet — que de faire réveiller les habitants de la rue Drouot, par les hurlements épouvantables des femmes qu'on traîne au poste pour les relâcher le lendemain.

14.

Il y a, m'a-t-on dit, des questions de soumises et d'insoumises, des réglementations, que sais-je ?... toutes choses qui me sont indifférentes. Mais ce qui ne m'est point indifférent, par exemple, c'est de voir s'étaler effrontément, en plein jour, cette prostitution que la police est censée réprimer et proscrire.

Car ce n'est plus la nuit, le soir, de *l'allumage du gaz à onze heures* que les hétaïres opèrent. C'est toute la journée. Ce n'est pas dans les quartiers extérieurs qu'elles cherchent leur butin, c'est au centre le plus vivant de Paris.

Passez donc de midi à minuit sur le trottoir de gauche du faubourg Montmartre, — vous voyez que je précise, — vous rencontrerez vingt, trente, quarante filles, âgées de quinze à dix-huit ans — il y en a de douze ! — en cheveux, décolletées, provocantes, éhontées, vous frôlant du coude ou de l'épaule, vous barrant le passage en vous disant à haute voix des mots à faire rougir un carabinier. D'où sortent-t-elles ? A leur allure il est facile de le voir ; elles marchent traînant les pieds, gênées par les bottines à hauts talons dont elles n'ont pas l'habitude, embarrassées par les corsets qu'elles ne portent que depuis peu. C'est le rebut des bals de barrière qui, alléché par l'impunité a fait sa descente dans Paris.

Plus cela va, plus leur audace augmente. Les premiers jours elles murmuraient timidement à vos oreilles leurs obscènes propositions ; maintenant elles vous les crient. Que sera-ce dans quelque temps ?

Eh ! bien, comment ce qui blesse la morale à deux heures du matin, ne l'offense-t-il pas à deux heures de l'après-midi ? Comment ce qui est criminel sur le boulevard désert et à demi-voilé par l'ombre, est-il licite dans le faubourg Montmartre plein de monde et illuminé par le soleil ? Voilà ce que je serais bien curieux d'entendre expliquer. Une femme rôde la nuit, rasant les murailles, se cachant, glissant tout bas un mot au passage au soupeur attardé ; on l'arrête. La même femme s'étale le jour sans vergogne, répète tout haut le même mot qui est entendu par vingt personnes, jeunes gens, femmes et enfants : on ne lui dit rien ! C'est absolument comme si un nouveau règlement de police interdisait aux voitures cylindriques de la Villette de circuler passé dix heures du soir, et leur ordonnait d'aller chercher leur marchandise à l'heure de la Bourse. Au point de vue de l'infection, c'est identique.

Vous me direz que les gardiens de la paix devraient intervenir. Mais il paraît que ce n'est pas leur affaire. Il y a quelque temps, l'un d'eux, écœuré de ce qu'il voyait, adressait des observations à deux filles. Elles ont parfaitement su lui dire que cela ne le regardait pas. Il semble pourtant que ces filles-là devraient tomber sous l'autorité directe de toute police. Car enfin, elles commettent à chaque instant le délit d'outrages aux mœurs qui les rend justiciables de la police correctionnelle. Or, là, elles auraient des condamnations plus sérieuses que celles qu'on leur inflige par mesure administrative, et dont elles se moquent comme de Colin-Tampon. Vous verriez le résultat.

Je sais ce qu'on va me répondre ; c'est ce qu'a répondu un jour M. le Préfet de police Andrieux à quelqu'un qui l'entretenait de cette question :

— Que voulez-vous faire ? Il n'y a plus de place à Saint-Lazare. Quand on arrête ces filles, il faut les relâcher au bout de deux jours, pour faire place aux nouvelles arrivantes.

Eh ! Mais d'abord une chose bien simple : agrandir la prison ou en créer une nouvelle.

Est-ce que si Foullois avait été condamné à mort, vous l'auriez remis en liberté sous prétexte qu'il n'y a que trois cellules spéciales à la Roquette, et que ces cellules étaient à ce moment, occupées toutes les trois ?

Puis, au lieu d'arrêter une fille, de la relâcher pour l'arrêter de nouveau, et ainsi de suite pendant des années, — noter à son dossier les condamnations progressives qu'elle subit, et quand elle arrive à un chiffre déterminé, l'expulser de Paris, et la renvoyer dans sa province. Il doit certainement y avoir une loi qui permet cela, maintenant surtout qu'on fouille dans l'arsenal ancien des *lois existantes*. On a bien trouvé une loi pour expulser les jésuites, on pourrait bien aussi en découvrir une pour expulser les prostituées.

Eh ! mais, sans aller plus loin, sur dix d'entre elles, il y en a au moins six qui sont Luxembourgeoises, Belges ou Prussiennes. Ce serait une occasion superbe d'utiliser la passion qu'on a, en ce moment, de reconduire les étrangers à la frontière.

Qu'on fasse comme on voudra, il faut que cet état de choses se termine. Il faut que nos femmes et nos enfants puissent passer dans les rues sans avoir la vue, l'oreille et l'imagination souillés par cette foire de la débauche. Qu'on prenne telle mesure qu'on croira bonne, qu'on arrête les filles, qu'on les parque si l'on veut dans certains quartiers, comme cela se fait en province, de sorte qu'au moins on ne va dans ces léproseries qu'à bon escient ; qu'on fasse des lois spéciales pour elles et leurs mâles, non moins obscènes, non moins repoussants ; qu'on s'arrange comme on voudra, mais qu'on agisse et vite. Il faut que cela finisse tout de suite. Chaque jour de délai est un jour de trop.

(*Paris Horrible*, pages 294 à 299).

Comme on le voit, il y a fort à faire et les agents des mœurs, fussent-ils plusieurs centaines et même plusieurs milliers, n'arriveraient pas, — nous ne dirons pas à faire disparaître, — mais même à tenir en bride la prostitution parisienne.

Les filles soumises, oui, on les tient. On est même très sévères pour elles. Et voici le règlement qui leur est imposé, et dont on remet à chacune un exemplaire en même temps que sa carte :

PRÉFECTURE DE POLICE

1re DIVISION — 2e BUREAU — 3e SECTION

Obligations et défenses imposées aux Femmes publiques

Les filles publiques en carte sont tenues de se présenter, au moins une fois tous les quinze jours, au dispensaire de salubrité, pour être visitées.

Il leur est enjoint d'exhiber leur carte à toute réquisition des officiers et agents de police.

Il leur est défendu de provoquer à la débauche pendant le jour ; elles ne pourront entrer en circulation sur la voie publique qu'une demi-heure après l'heure fixée pour le commencement de l'allumage des réverbères, et, en aucune saison, avant sept heures du soir, et y rester après onze heures.

Elles doivent avoir une mise simple et décente qui ne puisse attirer les regards, soit par la richesse ou les couleurs éclatantes des étoffes, soit par les modes exagérées.

La coiffure en cheveux leur est interdite.

Défense expresse leur est faite de parler à des hommes accompagnés de femmes ou d'enfants, et d'adresser à qui que ce soit des provocations à haute voix ou avec insistance.

Elles ne peuvent, à quelque heure ou sous prétexte que ce soit, se montrer à leurs fenêtres, qui doivent être constamment tenues fermées et garnies de rideaux.

Il leur est défendu de stationner sur la voie publique, d'y former des groupes, d'y circuler en réunion, d'aller et venir dans un espace trop resserré, et de se faire suivre ou accompagner par des hommes.

Les pourtours et abords des églises, des temples, à distance de vingt mètres au moins, les passages couverts, les boulevards de la rue Montmartre à la Madeleine, les Champs-Elysées, les jardins et abords du Palais-Royal, des Tuileries, du Luxembourg, et le jardin des Plantes leur sont interdits.

Il leur est expressément défendu de fréquenter les établissements publics ou maisons particulières où l'on favoriserait clandestinement la prostitution, et les tables d'hôte, de prendre domicile dans les maisons où existent des pensionnats ou externats, et d'exercer en dehors des quartiers qu'elles habitent.

Il leur est également défendu de partager leur logement avec un concubinaire ou une autre fille, ou de loger en garni sans autorisation, il leur est expressément interdit de se prostituer dans le garni.

Les filles publiques s'abstiendront, lorsqu'elles seront dans leur domicile, de tout ce qui pourrait donner lieu à des plaintes des voisins ou des passants.

Celles qui contreviendront aux dispositions qui précèdent, celles qui résisteront aux agents de l'autorité, celles qui donneront de fausses indications de demeure ou de noms, encourront des peines proportionnées à la gravité des cas.

Avis important. — Les filles inscrites peuvent obtenir d'être rayées des contrôles de la prostitution, sur leur demande, et s'il est établi par une vérification, faite d'ailleurs avec discrétion et réserve, qu'elles ont cessé de se livrer à la débauche.

Il faut rendre cette justice aux filles qu'elles s'attachent soigneusement à faire tout ce qui leur est défendu. Aussi les arrête-t-on souvent, ce qui, du reste, ne les épouvante pas beaucoup comme on va le voir.

XXXVIII

LES ÉTAPES D'UNE PROSTITUÉE

Les étapes de la fille arrêtée sont intéressantes à suivre. Nous les trouvons bien pittoresquement racontées dans une *Etude* sur Saint-Lazare par *Ignotus*, du *Figaro*.

Il met en scène une femme qu'il est allé visiter en lui exposant franchement son but qui est de se renseigner le plus exactement possible et de contrôler la version officielle de ceux qui arrêtent par le récit de ceux — ou plutôt de celles qu'on arrête. Il tombe — par hasard — sur une fille intelligente, qui le comprend et lui promet de tout dire sans rancune et franchement :

» Ah! je connais bien Saint-Lazare, puisque j'y étais encore lundi dernier — pour la troisième fois. D'abord, j'étais mineure et j'avais été arrêtée comme insoumise. L'autre semaine, ils m'ont emballée parce que ma bonne, voyant un monsieur très bien mis passer et repasser devant nos fenêtres, en regardant — m'avertit. Je dis à la bonne de faire un signe. Le monsieur monta. Il entre. C'était un agent. Deux minutes après, on frappe. Ce sont deux autres agents qui font le boniment bien connu de nous toutes, quand on nous arrête : « Inspecteurs de police ! Habillez-vous ! Montrez vos cartes !...

» Au bas de l'escalier, il y avait trois autres inspecteurs de police. Ils se mettent aujourd'hui en nombre parce que la foule défend parfois les femmes. J'avais promis de ne pas faire de *pétard* (du bruit). Mais j'étais si émue et blanche comme cette chemise — que le public a compris. Les gamins surtout nous ont suivis, et j'ai été amenée au poste, suivie d'une vraie procession. Je tombai exténuée sur une chaise. »

Elle me raconta minutieusement les détails de la mise au violon.

« Le violon ; ça, c'est infect. Et pas seulement *la tinette*... On est là avec toutes sortes de femmes... Le gaz n'est pas toujours allumé. »

Je l'interromps... « Même les toutes jeunes filles arrêtées ? » — « Eh ! oui, même les enfants... Je ne suis pas bégueule, mais... on reste là pêle-mêle parfois cinq heures, en attendant le passage du panier à salade. »

Le lecteur grave qui me lit comprend-il déjà le grand rôle social que cette fille va jouer en *déposant*, témoin étrange mais vrai ? J'ai recueilli ce témoignage pendant trois heures — et, hélas ! je n'extrais ici que les parties les moins cruelles et les moins brutales...

Quelle photographie exacte du panier à salade, la nuit ! Le voiturier ou le gardien permettent parfois aux femmes de rester dans le couloir, — avec les toutes jeunes filles arrêtées sur la voie publique, affolées comme des levrettes perdues — ou avec les mères et les épouses honnêtes, mises à la porte par quelque mari ivrogne.

Le voyage est long. On va de poste en poste. Voici le greffe du Dépôt. Il faut que j'écoute de mon témoin toutes les formalités.

Voici le Dépôt. Tout ce monde attend pêle-mêle.

Enfin arrive *la fouilleuse*. « Les Sœurs aux trois voiles,

» blanc, bleu, noir, dirigées par la Sœur assistante — une
» grande, bien bonne femme, la sœur Petrus — prennent
» les tickets qui sont marqués d'un trait au crayon bleu si
» la fille est soumise — et d'un crayon rouge si la fille est
» insoumise. Quand aux autres femmes, jeunes ou vieilles,
» elles ont droit à une cellule particulière pour huit sous;
» mais il n'y a que les vieilles rouchies qui aient sur elles
» huit sous... les petites *gosses* n'ont rien. »

Voici le *menu* des repas depuis *la boule de son* (le pain),
jusqu'à *la gobette de vin*.

Mais la *gobette de vin*, un cinquième de litre, qui coûte
trois sous deux centimes, n'est donnée qu'aux femmes qui
ont de l'argent — « presque toujours les vieilles rouchies. »
Alors elles offrent des *gobettes* aux jeunes. »

Alors vient le récit de la visite médicale et surtout de la
comparution devant le grand juge des filles de Paris, l'unique juge, *unus judex* — sans appel, sans recours en cassation. Il n'y a pas en France un homme aussi puissant sur un
être humain que ne l'est M. Bard!

Car il s'appelle M. Bard. C'est, paraît-il, un gros à face
glabre! Bref, mon témoin manifeste ici un véritable respect,
plutôt qu'un effroi. Pour elle, il n'y a que M. Bard. Le préfet de police, M. Caubet, M. Taylor n'existent pas; encore
moins M. Grévy et M. de Freycinet. Et elle a raison de penser
ainsi! La fille appartient à M. Bard et à lui seul.

Elle me donne ce détail curieux que l'année dernière,
arrêtée par ce qu'elle avait égratigné un sergent de ville,
M. Bard l'a réclamée — comme un ministre de la guerre
réclame les soldats arrêtés dans Paris!

Et elle dit que M. Bard est un homme juste et bon...
Malheureusement, il croit trop les *roussins*.

M. Yves Guyot qui nécessairement m'a envoyé son livre
que j'ai lu avec intérêt, quoiqu'il soit contraire à mes idées,
m'interrompra en disant que la bonté du titulaire n'enlève
rien de l'atrocité de la charge! Soit! Je ne discute pas ici.
J'écoute le témoin!

Je ne discute pas. Sinon, j'eusse déjà fait remarquer plus
haut que la police des mœurs me semble employer un pro-

cédé provocateur qui n'est plus dans nos sentiments modernes. C'était peut-être là une exception? On sait que je suis ici avec le gendarme et la police contre la Révolution sociale — quoiqu'on m'ait déjà bien gâté mon gendarme.

Cela dit, Périnette, continuez !

M. Bard l'a condamnée à quinze jours de Saint-Lazare. Voici de nouveau le *panier à salade*. Au bout d'une demi-heure, les chevaux ne trottinent plus ce trot lent qui les caractérise. Ils vont au pas. C'est la rue montante du faubourg Saint-Denis. *Rannrômm*, c'est la porte cochère de Saint-Lazare qui s'ouvre — *rannrômm*, c'est la porte qui se referme.

Et le témoin reproduit avec son étonnante facilité de peindre les formalités de l'écrou. Je ne retiens que le bonnet noir qu'on présente à la *fille*. Les prévenues, qui ne sont pas filles et m'occupent surtout, reçoivent une paire de draps, une chemise qu'elles peuvent ne pas mettre et une paire de bas, si elles n'en ont point. Elles conservent les vêtements qu'elles ont sur elles. De même les *filles*, depuis un très récent article du règlement. « C'est très drôle, dit Périnette, notre préau : on y voit de belles dames habillées comme si elles étaient encore dans leur voiture ! »

Les dortoirs des prévenues sont de grandes cellules qui contiennent huit lits. Ils ont un judas grillé. Ils sont fermés, la nuit, et éclairés seulement jusqu'à onze heures. A ce moment, la Sœur qui est de garde dans le couloir s'en va... Les huit femmes honnêtes ou perverties restent sans surveillance...

Qu'en dit mon époque si fière de ses réformes ?

La prévenue n'est pas forcée de travailler. On lui donne 5 sous par confection de chemises d'homme ; la prévenue a le droit comme *la fille*, de refuser ce travail.

Promiscuité et oisiveté !

Qui donc effacera ces deux mots terribles du fronton de la porte de Saint-Lazare ?

Vous devinez tous les détails que donne le témoin.

Ici, il faut plus que jamais de l'argent. Comme toujours, chez les prévenues comme chez les autres, ce sont les vieilles, qui ont de l'argent et en donnent aux jeunes. C'est toujours la femme perdue par la femme... et par qu'elle innommable corruption !...

La discipline est d'ailleurs sévère. La Sœur assistante, la mère Valérie, et l'autre, la grande, la Mère principale, sont de vrais « anges des pauvres filles ». Sans elles, on se révolterait chaque jour. Jamais témoignage plus bas, mais plus décisif n'a été fait en votre faveur, ô nos saintes, enfermées vivantes avec les damnées de Baudelaire!

Je les vois... debout, immobiles, adossées aux murs des salles !

Ce sont les madones de pierre accrochées aux murs des lupanars napolitains !

Le cachot est terrible — surtout parce qu'il y a des rats !

Combien Périnette a fait de réflexions qui, partout ailleurs m'eussent fait rire ! Mais j'étais là comme le médecin interrogeant, seul, une femme malade.

Pourtant combien était drôle ce lapsus fréquent qu'elle faisait en croyant parler à une camarade : « On a beau nous
» fouiller, tu comprends, — tu n'es pas assez bête pour
» cacher les cigarettes dans ton corset où l'on cherche, — tu
» les mets dans tes bas, sous la plante des pieds. »

Et je ne riais pas, à cause de la gravité et de la hauteur de mon œuvre. J'étais comme dans un cabaret du côté de l'Océan, où retentit la chanson grivoise, alors que la mer crie son *hou hou* formidable...

O société française ! vois donc ce que tu fais de la jeune fille prévenue — de la femme honnête arrêtée — même de la femme coupable, pas toute pervertie?

« Périnette, pouvez-vous, vous les *filles*, voir les jeunes prévenues ? — Oui, nous avons le même préau. Vous savez, le grand préau, avec ses deux marronniers, son bassin de pierre où on lave le linge... On n'y va pas aux mêmes heures mais on peut laisser des billets dans les coins du préau que trouvent les prévenues.

« Et puis on voit les prévenues à la chapelle le dimanche, elles sont de la même messe que les *filles de la cour*, car on nous appelle ainsi », dit Périnette, en se rengorgeant comiquement. « Et alors on se retrouve à la sortie !... ou bien des femmes se font arrêter à nouveau pour retourner à cet épouvantable Saint-Lazare qu'elles aiment !... »

Maintenant ne pourrait-on pas dire au témoin, comme à la *salle des assises* : « La Cour et le Jury vous remercient — vous pouvez vous retirer. »

Alors, elle me parle des jugées, au costume marron, qui font leur temps à Saint-Lazare. Elle me décrit minutieusement leur vie, leur *menu*. Ces *jugées* elles lui font toujours peur avec le roulement de leurs sabots dans les escaliers... Elles seules ont des sabots obligatoires... *brr-brr*.

Elle s'écrie : « Ah ! voyez mes longs bas de dentelle rouge... » ce sont des bas de catin... mais j'aimerais mieux mourir » que d'avoir des sabots de voleuse... »

(*Figaro*, 7 février 1886).

Elles n'ont pas toutes le même scrupule les « clientes de M. Bard. » Combien, indépendamment du « truc » comme elles disent, ne se font pas faute de « barboter » les poches du client !... Combien, rôdant le soir, attirent le promeneur attardé, dans un guet-apens, préparé par le souteneur — le *petit homme!*

C'est pour cela, nous le répétons, que la prostitution devrait être sérieusement surveillée — plus sévèrement qu'elle ne l'est, hélas !

XXXIX

SOUMISES ET INSOUMISES

Mais comment faire ? Les filles soumises ne composent qu'une faible partie de la prostitution parisienne et lors même qu'elles se soumettraient toutes au règlement, cela n'en rendrait pas Paris beaucoup plus tranquille. N'y a-t-il pas toute l'année des insoumises ?

Celles-là font ce qu'elles veulent. Elles refusent obstinément de se rendre aux visites sanitaires ; elles se costument comme bon leur semble et elles fréquentent les lieux qui leur plaisent. Vous en rencontrerez dans les salles d'attente des chemins de fer, aux abords des théâtres, au Palais de Justice et, même dans les églises ? De quel droit le leur défendrait-on ? Elles sont des femmes comme les autres et, tant que la police des mœurs ne les a pas prises en flagrant délit de raccolage, elle n'a sur elles aucune espèce d'autorité.

Or, les prendre n'est pas facile. Aussitôt que

l'une d'elles est tombée sous la main d'un agent des mœurs, elle pousse des hurlements féroces. On commet une erreur ou plutôt un monstrueux abus de pouvoir; la soi-disant prostituée que l'on vient de prendre est une pauvre ouvrière sortant de son atelier, une femme attendant son époux, une fiancée attendant son futur qui doit la reconduire dans sa famille. Voire même une mère de famille qui conduit ses enfants à la promenade...

Beaucoup de filles ont adopté ce *truc* qui réussit toujours. Elles empruntent à une amie, à une voisine, à la maîtresse du garni où elles demeurent un *môme* qu'elles emmènent promener dans un square quelconque. Pendant que l'enfant joue, la fille fait de l'œil aux passants. Si un agent la prend, elle crie, rassemble le monde et pendant qu'on la traîne ou qu'on la porte, car elle refuse obstinément de marcher, le petit à qui on a fait la leçon accourt en pleurant et en réclamant sa maman. Le public indigné proteste et force l'agent à lâcher la fille qui va recommencer ailleurs. Encore heureux si le lendemain les articles furibonds de toute la presse ne force pas le Préfet à révoquer « l'infâme Mouchard » qui a si brutalement insulté une honnête femme.

Les méprises, du reste, sont bien faciles. Il y a trois ans, deux actrices, l'une de petit théâtre, l'autre de café-concert, sortaient de souper au café Américain avec des journalistes de leurs amis. Au coin du boulevard et de la rue Drouot, elles embrassèrent leurs amphytrions. Puis elles se mirent en route vers la rue Grange-Batelière où l'une d'elles demeurait. Un peu en train, grâce au Champagne qu'elles avaient largement sablé, les deux folles riaient, chantaient au milieu de la rue et interpellaient les passants. Un agent des mœurs, trompé par leur attitude un peu trop gaie, les suivit jusqu'à la rue Rossini et les arrêta. Au poste elles se firent reconnaître et on les relâcha avec des excuses. Mais le lendemain ce fut un tapage énorme. On parla de robes en lambeaux, de meurtrissures bleuissant la peau délicate des deux victimes. Bref, l'agent des mœurs reçut une réprimande épouvantable et, pendant huit heures, le Préfet se demanda s'il ne devait pas faire ses malles.

C'est sur les erreurs de cette nature et l'indignation qu'elles soulèvent que comptent les insoumises pour braver la police et les filles inscrites qui voient que cela réussit aux autres, regrettent leur *soumission* et n'ont qu'un désir, c'est d'arriver à s'y soustraire.

« On comprend, lisons-nous dans l'enquête municipale, le désir dont sont animées les filles inscrites de se soustraire à la police. Ainsi en 1875, sur les 4,564 soumises, 1,644 auraient disparu ; on en a retrouvé 744. Sur les 3,582 de 1880, 1,935 ont tenté de se dérober ; mais la police a pu en rattraper 1,159, qu'elle a réinscrites. »

Le chiffre des inscriptions annuelles a baissé considérament de 1871 à 1884.

1871	1,014
1880	354
1881	527
1882	494
1883	615
1884	1,006
1884	1,299

Nous ne connaissons pas encore les chiffres de 1885 et 1886.

Quant au nombre des insoumises, il est difficile à apprécier, mais il doit être considérable.

Une création qui a favorisé énormément l'extension de la prostitution clandestine, — clandestine est un joli mot administratif qui veut dire sans doute inconnu de la police, car rien n'est moins clandestin que les agissements de ces dames — c'est la création des brasseries à femmes, aujourd'hui au nombre de près de deux cent cinquante. Ces brasseries sont de véritables maisons de prostitution beaucoup plus dangereuses que les autres, car on n'a sur elles aucun pouvoir. Il y a pourtant des règlements, notamment l'ordonnance du 19 sept. 1861, qui donne à la police autorité sur ces établissements, mais on n'ose pas les appliquer de peur d'être accusé de violer les domiciles des citoyens. Et tandis que dans les maisons publiques la surveillance est exercée au point de vue de l'ordre comme au point de vue sanitaire, on laisse aux caboulotières toute liberté d'empoisonner au physique et au moral les clients jeunes ou vieux qui viennent s'esbattre dans leurs établissements. On voit d'un œil tranquille les jeunes commis et les collégiens en uniforme se vautrer sur les banquettes de velours, ivres d'absinthe et d'amour pour ces phrynés plâtrées auxquelles ils portent la caisse de leurs patrons ou la tirelire de leurs mamans.

Dans ces conditions le rôle de l'agent des mœurs est bien difficile. Aussi la plupart du temps s'abstient-il. Il a honte, du reste, de son métier et ne l'exerce qu'avec timidité. Les officiers de paix eux-mêmes n'acceptent qu'avec répugnance la direction de ce service.

Le service des mœurs, dit M. Macé, a toujours été une pierre d'achoppement pour l'administration. Pour le faire accepter par la population parisienne, il a été souvent annexé à une autre attribution.

En 1880, M. Hébert, officier de paix, qui en était le chef, avait aussi dans ses attributions les garnis, les jeux et les étrangers.

En 1858, M. Wedembach, également officier de paix, avait sous sa direction la politique et les mœurs.

En 1859, M. Degausse, inspecteur principal, n'avait que la direction des mœurs ; M. Carlier, officier de paix, qui l'a remplacé de 1860 à 1870, a eu concurremment avec le dit service, une brigade politique.

De 1870 à 1881, M. Lerouge, officier de paix, a eu les mœurs isolément.

Nous allons voir maintenant l'organisation actuelle.

XL

LA SUPPRESSION DU SERVICE DES MŒURS

A la suite de la campagne entreprise par le journal *la Lanterne* contre la Préfecture de Police, de nombreuses plaintes avaient été adressées à divers journaux contre les agents des mœurs, signalés comme se livrant à des abus d'autorité de toute sorte. Ils arrêtaient, disait-on, qui bon leur semblait, relâchant les filles les plus coupables, moyennant une pièce de cent sous, pourchassant impitoyablement celles qui refusaient de « casquer », laissant les scandales les plus odieux se produire dans la rue, et allant, lorsqu'on leur ordonnait d'agir, cueillir des filles tranquilles jusque chez elles, etc.

M. Andrieux fit faire une enquête et put se convaincre que ces accusations étaient à fort peu d'exception près, fausses ou exagérées. Mais les rapports du Contrôle général lui signalèrent, en revanche, des irrégularités assez sérieuses. Les agents, d'après ces rapports, perdaient beaucoup de temps à flâner dans les maisons de tolérance, où ils n'avaient aucune surveillance à faire, mais où on les régalait et négligeaient la voie publique. De plus, les états d'arrestation étaient falsifiés. On faisait figurer comme accomplies, faubourg Montmartre, des arrestations faites sur le boulevard extérieur où elles étaient beaucoup plus faciles. Dans le double but de refondre le service et d'imposer silence aux criailleries de la presse, M. Andrieux « releva de leurs fonctions » l'officier de paix, chef de la brigade des mœurs et fit annoncer à grand fracas qu'il se décidait à supprimer la police des mœurs. »

Voici l'arrêté qu'il prit au sujet de cette fameuse « suppression », à la date du 9 mars 1881 :

« Le député préfet de police,

« Considérant que la fusion du service des mœurs avec celui de la sûreté, dont il fait naturellement partie, aura pour effet de faciliter les recherches des crimes et des délits en même temps que celle des infractions au règlement.

» Considérant que cette mesure, en ne laissant plus à des agents spéciaux la surveillance des mœurs, répondra autant qu'il est possible aux vœux émis par le Conseil municipal de la ville de Paris;

» Vu l'arrêté du 12 messidor an VIII;

» Vu la délibération du Conseil municipal de Paris, en date du 28 décembre 1880;

A décidé :

ARTICLE PREMIER. — La brigade des mœurs est supprimée.

ART. 2. — Les brigadiers, sous-brigadiers et inspecteurs de ladite brigade, sont versés dans la brigade de sûreté.

ART. 3. — M. Lerouge (Auguste-François-Hyacinthe), officier de paix, chargé du service des mœurs, est admis à faire valoir ses droits à la retraite, pour cause de suppression d'emploi.

ART. 4. — M. Remise (Durand), inspecteur principal, est admis à faire valoir ses droits à la retraite.

Art. 5. — Les attributions du service des mœurs sont confiées aux chefs inspecteurs principaux, brigadiers sous-brigadiers et inspecteurs du service de la Sûreté.

Comme on le voit, la « suppression » n'était que fictive. En réalité la brigade des mœurs était versée dans la brigade de Sûreté et *tous* les inspecteurs chargés concurremment des deux services.

Les choses en allèrent-elles mieux? Malgré les efforts de M. Macé et les modifications qu'il apporta au mode de procéder, on peut répondre que non.

Certaines arrestations — sur lesquelles nous nous abstiendrons de donner notre opinion pour ne pas raviver de vieilles querelles, mais qui, si elles n'étaient pas justes, étaient du moins justifiées par les apparences — provoquèrent de nouvelles attaques contre la police des mœurs.

Quant au raccolage il continua, ignoble et éhonté, dans les plus beaux quartiers de Paris, comme dans les plus éloignés du centre.

Voici du reste encore deux articles du *Figaro* qui donnent une idée de la chose.

Qu'on nous pardonne d'insister ainsi sur cette question de mœurs. Mais c'est qu'elle est primordiale.

Les filles ne sont pas seules. Elles ont leurs souteneurs.

Et ces souteneurs, fainéants, habitués à un luxe relatif, à une vie de « noce » dont ils ne peuvent ni ne veulent se passer, sont la pépinière qui fournit Paris de voleurs et d'escarpes.

Donc, à la répression plus ou moins sérieuse de la prostitution, se lie intimement la diminution ou l'augmentation des crimes.

Ceci établi, nous continuons :

XLI

DOCUMENTS

L'ÉPURATION DE PARIS

Plusieurs personnes, cette semaine, m'ont écrit ou sont venues me voir, pour me prier de continuer vigoureusement la campagne commencée contre l'immonde population qui transforme en sentines, certains quartiers de Paris... Elles m'ont assuré que je ne prêchais point dans le désert; que mes observations étaient entendues, écoutées...

Est-ce vrai? Toujours est-il que depuis quatre jours, le nouveau Préfet, M. Camescasse, a donné l'ordre de purger un peu le faubourg Montmartre. Cette mesure, considérée comme don de joyeux avènement, nous fait beaucoup espérer de la fermeté du successeur de M. Andrieux, et doit offrir matière à réflexion à ceux qui croyaient qu'il serait entre leurs mains comme une pâte molle.

Donc, on nettoie le faubourg. A deux heures du matin, M. Provendier, l'officier de paix, arrive avec des agents. On fait fermer les cafés. — N'était-il pas inouï, en effet, que ce fût justement aux cafés qui servent de rendez-vous à ces gens-là, qu'on laissât l'autorisation d'ouverture après l'heure? — On ferme donc les cafés — ostensiblement — et on prie les individus qui en sortent de ne pas stationner en groupes dans la rue. Les premiers jours, forts de leurs droits acquis, quelques-uns ont résisté; on les a conduits au poste. Maintenant — la pluie aidant surtout — cela va tout seul.

Oui, c'est très bien ; mais M. Provendier et les quinze ou vingt agents qu'il lui faut pour cela, ne peuvent être là tous les soirs. Quand ils croiront avoir assuré le calme, ils cesseront ce service extraordinaire et écrasant, et alors — surtout s'il ne pleut plus — vous verrez tout recommencer comme devant.

Sans compter que l'un des rôdeurs, ou l'une des traîneuses de nuit arrêtés, pourra se révéler tout à coup « honnête citoyen » ou « digne mère de famille », et qu'alors commencera toute une « affaire » avec articles dans les journaux, interpellations à la Chambre, etc., etc.

Cette impure plèbe est puissante, et avec elle il faut compter. Un magistrat éminent me le disait, il y a peu de jours : « On est contre elle, sans armes sérieuses. Ils sont, vivant aux crochets des filles, peut-être vingt-cinq à trente mille. On ne peut pas trouver de prison assez grande pour les mettre tous. »

On ne peut donc rien faire contre ces gens-là? Si. Il y a un moyen. Un moyen « roide » mais qui, je crois, aurait de sérieux résultats.

Il est certain, que c'est l'appât du gain, l'attrait du luxe, la haine et la crainte du travail, qui poussent la femme au vice. Supprimez ce gain illicite et facile... la prostituée n'a plus de raison d'être.

On ne peut le supprimer complètement, mais on peut l'amoindrir en grande partie. Voici comment.

Si vous avez occasion de passer de une heure à quatre heures dans le Palais-Royal, ou de trois heures à... la fermeture, dans le Faubourg-Montmartre, vous verrez que de la nuée de filles qui sont là comme un essaim de mouches vertes après... leur pâture, les neuf dixièmes n'ont pas vingt ans. Il y en a de seize à dix-huit, de quinze à seize, de quatorze et même de treize ans. J'en ai vu deux hier, dans la galerie de Montpensier, qui certes ne marquaient pas plus de onze à douze; de onze à douze ou treize sont aussi celles qui exploitent les abords du Café Riche, poussées par des exploiteurs...

Tout cela vient des quartiers excentriques et trouve, pour la débauche, un asile momentané dans certains hôtels, cafés ou brasseries des environs. Il y a aux alentours du Palais-Royal, cinq ou six hôtels garnis très connus qui n'ont pas d'autres ressources. Jamais un voyageur n'y descend... Pour quoi faire? On n'y demeure pas. Un cabinet meublé d'un grabat, de deux chaises et d'une table de toilette boiteuse, y rapporte vingt francs par jour! Quant aux débits et brasseries, ils ont des arrière-magasins arrangés *ad hoc* et loués à l'heure dans des conditions analogues.

Et bien, croyez-vous que ces maîtres d'hôtel, de brasseries ou de cafés ne tombent pas sous l'application de la loi? Lisez le Code pénal, le plus brutal de tous les Codes, celui que les *Commentaires* parviennent le moins à défigurer:

« ART. 334. — Quiconque aura attenté aux mœurs, en *excitant, favorisant,* ou *facilitant habituellement* la débauche ou la corruption de la jeunesse de l'un ou de l'autre sexe au-dessous de l'âge de vingt et un ans, sera puni d'un emprisonnement de six mois à deux ans, et d'une amende de cinquante francs à cinq cents francs. »

Donc voilà des gens, contre lesquels on pourrait, on devrait sévir. Mais attendez, ce n'est pas tout. Il y a les « messieurs » qui vont dans ces endroits avec les filles. Ceux-là pourraient très bien être considérés comme complices... Oh! parfaitement. Lisez le Code:

« ART. 60. — Seront punis comme complices d'une action qualifiée crime ou délit, ceux qui par *dons, promesses...* auront provoqué à cette action. »

Eh! eh! *par dons, promesses...* il me semble que c'est bien là le cas. Or, vous savez que, d'après l'article 59, le complice du crime ou délit est passible de la même peine que l'auteur.

Six mois à deux ans de prison!... On y regarderait à deux fois avant de se laisser tenter par un minois provocateur.

Mais lors même qu'on n'impliquerait pas le « monsieur »

dans l'affaire, il faudrait toujours qu'il comparût comme témoin. Il faudrait qu'il se montrât à la barre d'un tribunal, où en face de tout un public gouailleur et narquois, il déposerait des faits... Rien que cela serait déjà une punition...

Et il y aurait un cas plus grave; celui où il s'agirait de ces horribles petits monstres, dépravés et vendus avant d'être femmes : les filles de moins de treize ans. Pour ces cas-là la loi qualifie le crime d'*attentat à la pudeur* et prescrit la *réclusion*. Pour ces cas-là, sûrement, le « monsieur » serait traduit en justice.

Eh ! bien, que pendant un mois seulement, un commissaire délégué pour cela, et piloté par des agents spéciaux, arrête chaque jour un des individus qui louent les chambres et fasse une procédure en conséquence. Vous verrez qu'au bout de ce mois, les filles mineures ne trouveront plus ni proie, ni repaires...

Voyant que l'argent, si facile à gagner, leur fait défaut, elles rentreront dans les ateliers qu'elles abandonnaient.

Et les « hommes » qui vivaient à leurs dépens, ayant aussi leurs ressources coupées, seront obligés de disparaître.

Plus d'argent, plus de filles ; plus de filles, plus de souteneurs.

Notez bien que je ne prétends pas dire qu'avec ce système, on abolira la prostitution. Malheureusement, non. Il en restera assez. Mais tout au moins vous en aurez fait disparaître une bonne partie, la pépinière.

Vous aurez entravé surtout cette chose épouvantable qui se passe en ce moment : le recrutement. Enhardie par le succès, la petite ouvrière qui, après huit ou quinze jours de « fête », étrenne sa première robe de soie, va voir ses anciennes amies à l'atelier, les « épate », leur raconte les plaisirs de la vie facile... et le soir, il y a dix prostituées de plus sur le trottoir.

Oui, il est affreux et navrant, ce recrutement. Si je vous disais qu'il y a à Asnières, à Levallois, à Clichy, de braves gens, dont les fillettes partent le matin, en robes de toile ou de laine, disant qu'elles vont à l'atelier; des mères confiantes à qui l'on se plaint d'avoir de l'ouvrage pressé qui force de veiller trop tard; des mères qui ne se couchent pas, attendant le retour de leurs filles qu'elles croient à l'atelier, et qui roulent les brasseries !...

N'empêchât-elle que cela, la mesure que je demande serait urgente.

Et puis, de restriction en restriction, peut-être en arriverait-on à masquer au moins le vice. C'est tout ce qu'on peut demander.

Puisque M. Camescasse semble disposé à ne pas reculer devant les mesures vigoureuses, qu'il étudie un peu celle-là. Nous verrons ensuite.

(*Figaro*, 27 juillet 1781.)

On a fait beaucoup de bruit aussi de l'épuration du faubourg Montmartre et des quartiers adjacents.

Eh bien ! allez donc voir maintenant si ce n'est pas absolument comme autrefois. Le « joli métier » s'y fait en plein jour, et la nuit, souteneurs et filles se promènent en vainqueurs, insultent les passants, glapissant des choses immondes...

Il a été annoncé aussi que, conformément aux règlements de police, les gardiens de la paix allaient recevoir l'ordre d'intervenir dans les scandales causés par les filles — qu'ils arrêteraient, sans avoir besoin de l'injonction des agents des mœurs, toute prostituée qui rôderait avant l'allumage du gaz ou après onze heures... On l'a dit, mais on ne l'a pas fait.

Tenez, il y a rue des Martyrs, au coin de la rue de Morée, une fille qui, chaque soir, est ivre comme jamais la Pologne ne l'a été. Groupant autour d'elle une demi-douzaine d'autres créatures qui l'admirent et cinq ou six mauvais drôles qui l'encouragent, elle interpelle les passants, leur faisant les offres les plus pornographiques et les moins séduisantes, et les invectivant grossièrement quand ils passent sans l'écouter. Cela dure jusqu'à trois heures du matin. Voyez-vous une famille honnête obligée de passer par là ? Eh bien! personne n'intervient. Si, pourtant, j'ai été heureux de voir, lundi soir, un brave brigadier qui, écœuré de ce spectacle, a vigoureusement dispersé toute cette société aquatique... Mais c'est une honorable exception. D'ordinaire les agents passent sans rien dire. J'ajouterai que les truands sont partis eu se jetant des coups d'œil comme pour dire :

— Ah ! si nous étions sur le boulevard extérieur !

De fait, l'intervention du brigadier était chose si inaccoutumée !

(*Figaro*, 22 mars 1882.)

Les scandales étant de nouveau signalés, la campagne des journaux recommença, non pas contre la prostitution, mais contre la police.

Cela arrive ainsi quelquefois, dans les grandes épidémies. Quand le choléra ravage une ville, c'est aux médecins qu'on s'en prend.

L'infortunée police des mœurs se trouve toujours entre l'enclume et le marteau. Dès qu'elle veut faire acte de vigueur, tout le monde lui jette la pierre. Si elle ralentit son fonctionnement on lui reproche son inaction.

Supprimée nominativement et versée dans le service de la Sûreté, elle gêne encore les clabaudeurs et voilà qu'un beau jour, il y a de cela quatre ans, le Conseil municipal se mit dans la cervelle l'idée de la supprimer tout à fait, en se basant sur ce principe que « s'il n'y avait pas de police des mœurs, il n'y aurait plus de prostitution. »

Nous empruntons encore au *Figaro* un article publié à l'époque sur cette joyeuse et paradoxale fantaisie du Conseil municipal parisien.

ENCORE LA POLICE DES MŒURS

Voilà encore cette éternelle question de la Police des mœurs qui revient sur l'eau. On la croyait pourtant bien enterrée. Jamais, en effet, industrie malsaine n'a joui d'une liberté semblable à celle qu'on laisse de nos jours à la prostitution. Les règlements sont lettres mortes. Les filles qui ne doivent pas sortir avant l'allumage du gaz, ni après minuit, se promènent toute la nuit et toute la journée. Les endroits publics qui leur sont interdits, — le boulevard, les passages, par exemple, — sont devenus leurs lieux de réunion. Il leur est défendu d'habiter en garni, et les garnis en regorgent. Il ne leur est pas permis de vivre avec un homme et elles ont toutes des souteneurs...

Aucun ennui, aucun contrôle dans leur métier. Aussi, le nombre des filles et des souteneurs a-t-il triplé, quintuplé depuis cinq ans. Les parents intelligents de Grenelle à Charonne et de Belleville à Ménilmontant, ne rêvent plus d'autre avenir pour leurs enfants. Garçons et fillettes s'y préparent de bonne heure. C'est pour cela que nous voyons dans les garnis de bas étage, tant de ménages « libres » où les époux ont *à eux deux*, en additionnant, vingt-six à vingt-huit ans.

Cela ne suffit pas pourtant à certaines gens qui rêvent la prostitution assise sur une base plus large et presque officielle. (N'avons-nous pas entendu proposer le régime de la prostitution obligatoire, par voie de conscription ?) Mais, en même temps, cela épouvante les honnêtes gens, qui se demandent où cette marée montante s'arrêtera. Aussi, le conseil municipal a-t-il nommé une commission chargée d'examiner les mesures les plus urgentes. Cette commission s'est réunie plusieurs fois. Et, enfin le rapporteur, M. Fiaux, a présenté un gigantesque manuscrit dans lequel, examinant toutes les solutions proposées, il arrive à cette conclusion que la meilleure mesure, c'est... de supprimer ce qui reste de la police des mœurs !...

Vous connaissez cet éternel paradoxe : « Ce sont les juges et les gendarmes qui sont cause qu'il y a des voleurs. » On le reproduit avec cette variante : « C'est la police des mœurs qui fait la... » plusieurs points, comme sur l'affiche à effet des Bouffes du Nord pour certain titre interdit par la censure.

C'est sur ce principe qu'est basée la solution qui semble plaire à nos édiles et qu'ils vont sans doute voter par acclamation.

En voici, du reste, le texte que je vous demande la permission d'examiner brièvement au fur et à mesure.

Article premier. — Sont supprimés, à partir du 1ᵉʳ janvier 1884 : 1° le deuxième bureau de la première division de la Préfecture de police, dit bureau de la police des mœurs ; 2° la brigade de la police des mœurs, incorporée le 9 mars 1881 au service de Sûreté ; 3° le dispensaire de salubrité de la Préfecture de police ; 4° la deuxième section de la prison de Saint-Lazare et l'infirmerie spéciale de ladite prison.

Le deuxième bureau de la première division s'occupe d'abord des mesures à prendre vis-à-vis des individus arrêtés, de leur renvoi devant le Parquet, des détenus libérés, des étrangers, des mendiants, des vagabonds, des récidivistes, des gens en surveillance, etc. Mais il a aussi la surveillance des filles publiques. Voici à ce sujet, la nomenclature de ses attributions :

« Enregistrement des femmes publiques. — Mesures auxquelles elles sont assujetties dans l'intérêt de l'ordre et de la santé publique. — Surveillance des maisons de tolérance. — Recherche de la prostitution clandestine. — Correspondance avec les familles au sujet des filles mineures. — Intervention administrative dans l'intérêt des familles, au point de vue des mœurs. — Répression des outrages à la morale publique par débauche, corruption, publications, mise en vente d'ouvrages obscènes. — Avis à donner, au point de vue des mœurs, sur les autorisations des débits de vin, cafés, etc., et retrait des dites autorisations, au même point de vue. »

Cette simple nomenclature en dit assez sur les conséquences de la suppression de ce bureau, demandée par le rapporteur.

Quant à la brigade des mœurs, tout le monde sait qu'elle n'existe plus, ayant été fondue et absolument fondue dans la brigade de Sûreté. Cette fusion n'a même pas produit d'excellents effets. Si d'un côté, certains agents des mœurs ont considéré leurs nouvelles fonctions comme une espèce de relèvement moral et en ont été satisfaits, d'autres ne les ont acceptées qu'en rechignant. « Le service des mœurs, disent-ils tout bas, était moins fatiguant que celui de la sûreté. On était plus libre et, pourvu que le soir on eût fait *quelque chose*, on ne vous en demandait pas plus. Or, il est plus facile de pincer une fille en contravention qu'un assassin en fuite... Enfin, on avait quand on savait s'arranger, *de jolis petits profits*, dont on ne devait compte à personne, ce qui n'arrive jamais au service de Sûreté. »

Ces agents-là, il a été difficile de les acclimater. Pourtant on y est arrivé en les « amatelotant » à des hommes sûrs, avec lesquels il leur a fallu marcher, et qui ensuite ont utilisé, le cas échéant, leurs connaissances spéciales et leurs relations dans le monde de la prostitution. Aujourd'hui, presque tous travaillent « comme les camarades. »

Mais depuis certains échecs, — notamment celui du passage des Panoramas, où les agents ont été désavoués par les commerçants mêmes qui les avaient appelés et leur avaient donné les indications, — la Sûreté ne s'occupe plus ou presque plus des mœurs. Elle y serait du reste impuissante. Il n'y a pas d'Hercule qui, même avec des balais perfectionnés, puisse essayer de nettoyer ces sentines auprès desquelles les étables d'Augias n'étaient qu'une flaque de boue.

Il n'y a donc plus de brigade des mœurs. Il n'y a donc pas à la supprimer, à moins qu'on n'entende par ce mot la diminution de la brigade de Sûreté, déjà si peu nombreuse pour une ville comme Paris où le crime va sans cesse en croissant.

La suppression du dispensaire et de l'infirmerie spéciale de Saint-Lazare, serait la conséquence de la disparition du deuxième bureau. Du moment où l'on n'inscrit plus les filles, il est inutile d'avoir des endroits pour les examiner et pour soigner celles qui sont malades. Je reparlerai de cela tout à l'heure.

Passons à l'article 2.

Art. 2.— Le Préfet de police est invité : 1º à étudier un système d'organisation qui substitue les gardiens de la paix et les commissaires de police du quartier aux agents actuels de la police des mœurs, pour ce qui concerne la police d'ordre public à l'égard des femmes qui se livrent à la prostitution ; 2º libeller des arrêtés nouveaux touchant la prostitution, en prenant pour base exclusive les indications données dans le présent rapport, les contraventions à ces arrêtés étant désormais déférées aux Tribunaux compétents.

Ici j'approuve aussi franchement que possible, car j'ai toujours trouvé absolument insensée cette théorie, d'après laquelle les gardiens de la paix prétendent que « tout ce qui touche aux filles » ne les regarde pas.

Rien ne me semble plus scandaleux que de voir — je l'ai raconté souvent — des gardiens de la paix en uniforme, la cigarette à la bouche, causant avec des filles sur le trottoir où elles exercent, et cela, quelquefois en plein jour, à une heure où ces filles sont en flagrante contravention.

D'autant plus qu'enhardies par cette familiarité qui semble dégénérer en protection, les filles en arrivent à se croire tout permis et se livrent à ces scènes scandaleuses qui rendent certains quartiers impossibles à une femme honnête...

Une modification radicale dans le service des gardiens de la paix serait donc une excellente chose. Mais, vu les dispositions particulières du Conseil à l'égard de tout ce qui est *police*, parions que nos édiles repousseront tout ce que leur proposera M. Camescasse.

Enfin, nous allons voir.

Art. 3. — L'administration de l'Assistance publique est invitée à procéder dans le plus bref délai : 1° à la transformation des hôpitaux du Midi et de Lourcine en hôpitaux généraux; 2° à l'extension du service des enfants et des filles mineures moralement abandonnées, en vue de prévenir la prostitution.

La première partie de cet article va de pair avec le paragraphe 4 de l'article premier. La... (plusieurs points) n'étant plus une créature à part, mais une femme comme toutes les autres, aussi honorable et jouissant des mêmes droits, nous ne devons pas avoir d'hôpitaux spéciaux pour soigner les *accidents* auxquels l'expose sa profession. Cela l'humilierait et c'est ce qu'il faut éviter. Comme raison apparente, on vous dit que déjà il lui répugne fort d'entrer dans un hôpital spécial, qui a mauvaise renommée. La pauvrette aime mieux cacher sa situation — s'exposant et exposant les autres à toutes les conséquences.

Croyez-vous qu'une fois l'hôpital spécial disparu, comme

vous le désirez, les choses en seront autrement? Dans vos hôpitaux généraux il faudra bien des *salles spéciales* et ces salles auront, elles aussi, une déplorable réputation. A moins que vous ne pensiez meilleur de mêler les gens atteints des maladies en question aux malades ordinaires, comme vous voulez que la... (titre interdit par la censure) se mélange et se confonde avec les autres femmes... Eh bien, ce sera un joli voisinage pour la mère de famille, clouée sur son lit de douleurs. Et, comme ce ne sont pas les riches, mais les pauvres, qui d'habitude réclament les secours de l'Assistance publique, vous serez bien gentil envers la classe des prolétaires en lui infligeant pareille société et pareille assimilation!

Quant à l'extension du service des enfants moralement abandonnés pour prévenir la prostitution, je n'en veux rien dire. Il faudra voir. Cela ne peut, en tout cas, donner des résultats plus mauvais que le régime actuel.

Art. 4. — Les crédits affectés au budget spécial de la Préfecture pour le service de la police des mœurs (bureau, brigade et dispensaire) sont et demeurent reportés au budget de l'Assistance publique, dans le but de faciliter l'organisation nouvelle, à partir du 1er janvier 1884.

Naturellement, les trois premiers articles étant votés, ici aucune observation à faire.

Mais, dans tout cela, je cherche en vain quelque idée, quelque effort pour faire disparaître ou pour amoindrir la prostitution.

Je n'aperçois qu'une organisation nouvelle, dans laquelle, à l'instar de la censure pour la pièce des Bouffes du Nord, on veut faire disparaître le *mot*, en conservant *la chose*.

On prétend que c'est le meilleur, le seul moyen pratique d'arriver à un bon résultat. N'ayant plus de nom, la prostitution n'existera plus. Une chose ne peut être, sans un nom pour la désigner.

C'est réellement très joli comme utopie.

Les partisans de ce système nous donnent, du reste, pour exemple, l'Angleterre, où il n'y a aucune réglementation pour la prostitution, et où, par suite, disent-ils, elle est presque complètement annihilée...

Malheureusement, les personnes qui reviennent d'Angleterre ne sont pas du tout de cet avis. Nulle part, disent-elles, la prostitution n'est plus répandue, plus écœurante et plus dangereuse !

Et c'est là le *desideratum* où l'on veut nous amener ? C'est gai et cela donne bon espoir pour le relèvement matériel et moral de la France.

(*Figaro*, 6 juin 1883.)

RÉAPPARITION DE LA BRIGADE DES MŒURS

J'entends dire, depuis quelques jours, qu'il serait question de rétablir la brigade des mœurs supprimée — ou plutôt fondue, en 1881, dans la brigade de sûreté.

Je me demande quelle pourrait être l'utilité de cette mesure qui serait un pas en arrière, tout simplement.

Tous les agents de la sûreté ayant autorité et action sur les filles et leurs souteneurs, le rétablissement d'une brigade distincte n'aurait pour effet que de retirer à tous, au profit de quelques-uns, cette autorité, et par conséquent, d'amoindrir le résultat général.

Que si on objecte que les agents des mœurs avaient des connaissances spéciales qu'il ne faut pas laisser perdre, je répondrai que le chef de la sûreté qui connaît tous ceux qu'il a sous ses ordres, sait bien utiliser ces connaissances. Un changement de nom, de titre, un parquage, n'est pas indispensable pour cela.

Eh bien ! puisque cette question que j'ai déjà tant de fois traitée, revient sous ma plume, je veux dire une bonne fois que l'administration se trompe grossièrement sur ce point.

On s'ingénie pour éviter les conflits entre les agents des mœurs et le public, et on ne sait comment faire. « Les agents, dit-on, doivent opérer occultement ». Il faut pourtant qu'au besoin ils puissent prouver leur qualité. Ils n'ont pour cela qu'une carte... C'est long à exhiber. Et on a pensé à une médaille, à une plaque, à un brassard... Mais, dit-on cela se voit trop...

Cela se voit trop !... Mais au contraire, cela ne se verrait pas encore assez.

Pourquoi voulez-vous que l'agent des mœurs opère d'une façon occulte ? Pensez-vous donc comme certaines gens qu'il doit rougir de son métier ?

Mais, c'est stupide, cette idée. En réalité, pour qui regarde la chose à son vrai point de vue, l'agent des mœurs fait œuvre de moralité, de salubrité publique... Pourquoi voulez-vous qu'il s'en cache ?

Mais, pour la sûreté de ses opérations ?

Oui, justement, pour la sûreté, pour l'efficacité de ses opérations, moi je lui donnerais un uniforme — un uniforme très voyant.

Que voulez-vous, somme toute, monsieur le Préfet ? Débarrasser le trottoir ; ne plus entendre les pères de famille se plaindre de ne pouvoir passer dans la rue avec leurs filles et leur femme, éviter les scandales, les ignominies qui font de Paris, à certaines heures, non plus seulement un vaste lieu de débauches, mais une ignoble Lesbos, mais une répugnante Sodome ?

Eh bien ! croyez-vous que la promenade de quelques gardiens en tenue n'aurait pas plus d'effet que les *guets* et les *pistes* de vos agents travestis en voyous ?

Le costume bourgeois est bon pour tromper et pincer les voleurs. Pour les filles, qu'avez-vous besoin de les arrêter ? Effrayez-les et forcez-les à rentrer chez elles.

Peu nous importe ce qu'elles font, pourvu qu'elles ne se livrent pas à leurs ébats dans la rue, et ne nous en rendent pas témoins quand nous passons.

Vous ne savez comment nettoyer Paris !... Ce serait pourtant bien facile. Il n'y aurait qu'à donner aux gardiens de la paix l'ordre d'exécuter les ordonnances de police.

Au lieu de cela, vous les rencontrez dans la rue, côte à côte avec elles, riant, causant, badinant... faisant pis quelquefois ; j'en ai vu. Le sergent de ville semble le protecteur naturel de la prostituée... soumise ou insoumise.

Permettez-moi de vous dire que c'est réellement stupéfiant.

Y a-t-il, oui ou non, une ordonnance de police, fixant l'heure à laquelle les filles doivent cesser leurs opérations sur la voie publique? Si oui, pourquoi les gardiens de la paix ne font-ils pas exécuter cette ordonnance? Pourquoi, eux, à qui est confiée la voie publique, regardent-ils d'un œil paternel et satisfait, cette violation des règlements?

Donnez ces ordres, monsieur le préfet, et au bout de peu de temps, vous verrez les filles fuir devant l'arrivée des « sergots » dont l'uniforme les effarouchera, comme les loques des mannequins rustiques effarouchent les pierrots mangeurs de cerises.

Cela vaudra mieux que toutes les brigades de mœurs — que nous réserverons pour l'étude de la prostitution dans la criminalité.

Débarrassez donc la voie publique... le reste ne nous regardera plus. Nous n'aurons rien à dire.

C'est pourquoi, je trouve, c'est pourquoi je déclare maladroite, immorale et coupable la tendance actuelle de l'administration, qui veut supprimer les maisons de tolérance et qui les supprime en effet, petit à petit, par voix d'extinction, en ne renouvelant pas les permissions qui cessent par le retrait ou la mort des titulaires.

Vous défendez ces maisons? me dira-t-on, — Eh! parbleu, quand on ne peut y échapper, de deux maux il faut choisir le moindre.

Réfléchissez bien. Dans les habitations parisiennes, on donne une petite assiette pleine de cendres aux chats, pour qu'ils ne salissent pas tous les coins de la maison. Dans la ville, on a fait des « Rambuteau » pour éviter *l'arrêt* des passants le long des maisons. Sous nos rues coulent des égouts où l'on jette les ordures qui choqueraient la vue et l'odorat si elles restaient sur le pavé...

Bref, on cache ce qu'on a honte de laisser voir, ou tout au moins on le centralise dans des endroits où le passant n'est pas forcé d'aller le regarder. C'est au même titre que je veux conserver ces maisons. C'est pour cela que leur suppresssion est une erreur capitale au point de vue de la moralité et surtout de la décence parisienne.

Et par quoi les remplacez-vous? Par les brasseries à femmes qui ont le même personnel, mais libre, changeant, sans garanties ni surveillance, où les enfants, les écoliers, les collégiens vont se pervertir et se dépouiller, quand il ne leur arrivent pas pis encore. Par les maisons clandestines. Par les hôtels garnis surtout — on en compte aujourd'hui des centaines qui n'ont pas d'autres moyens d'existence... Et les gens qui les tiennent se prétendent honnêtes... honorables.

Oui, c'est bien curieux, allez. Il y a là des familles patriarcales, des jeunes filles, des enfants. Ces gens, les soirs d'hiver, jouent au loto et au bezigue ; l'été ils prennent le frais, sur le pas de la porte. Les bébés jouent, les parents causent, et les filles qui rôdent aux environs, vont, viennent, passent et repassent, adressant quelquefois un mot aux bébés, dont elles sont les amies, qui les suivent, vont dans leurs chambres, acceptent d'elles le sucre du café, ou la dernière goutte de la liqueur que « le monsieur » qui vient de sortir leur a payée...

Et, de temps en temps, une d'elles rentre avec un passant raccolé dans la rue voisine. On traverse cette réunion pour prendre la clé de la chambre et la bougie... A moins que la mère de famille ne les donne, ou ne les fasse remettre par sa fille...

Dernièrement, dans un de ces hôtels, la fille de la maison faisait sa première communion. Il y avait, le soir, grand dîner et grande fête. La table était mise dans le bureau de l'hôtel. La communiante en robe blanche, avec sa médaille et son chapelet, y tenait la place d'honneur...

Et les « locataires », en venant prendre ou rapporter leur clé, entraient boire quelque chose à la santé de la communiante... et plusieurs glissaient des pièces de monnaie dans une tirelire blanche, ornée de faveurs, déposée sur la commode.

— Ces dames sont tout de même bien gentilles, disait le lendemain la fillette, à ses petites camarades : il n'y en pas une qui ait « fait un monsieur » sans lui demander dix sous pour moi.

Vous trouvez cela moral, vous ?

(*Figaro*, 20 août 1884).

ENCORE LES MŒURS!

Une récente aventure vient de ramener l'attention sur le vice d'organisation de notre police des mœurs. Deux dames, touchant au monde artistique, et sur lesquelles on n'a rien à dire, ont été arrêtées, au coin d'une rue, par des agents des mœurs, conduites au poste et — relâchées avec excuses. Elles n'avaient pas trop à se plaindre, elles ne sont pas plaintes bien haut. Néanmoins, leur histoire, regrettable, a fourni aux « policiérophobes » un excellent prétexte pour renouveler leurs lamentations.

— C'est une chose terrible, nous disait quelqu'un de bien impartial pourtant, qu'au milieu de la légion, de la myriade de femmes qui infestent nos rues, les agents des mœurs aillent toujours choisir des innocentes.

Ils vous répondent à cela que rien ne ressemble à une cocotte comme une honnête femme et vice-versa — d'autant plus que nos élégantes — et les deux dames en question sont fort élégantes — copient de tout leur possible, la toilette, les allures, le genre des chevalières du trottoir.

Quel remède apporter à cela? C'est bien difficile. — Non, c'est d'une élémentaire simplicité.

Toutes les fois que l'opinion publique a demandé une réforme, la bureaucratie, avec sa maussaderie inhérente, a tenu à faire de telle sorte que cette réforme rendît pire l'état de choses critiqué.

On se plaignait de l'ancienne police des mœurs et on demandait sa modification. Cette modification a eu lieu — non pas dans le sens réclamé, mais à l'inverse.

« Les trois services des garnis, des mœurs et de la Sûreté, disions-nous, doivent être réunis sous une même haute direction, de telle sorte que, dans un moment d'urgence, on puisse faire partir immédiatement les agents, chacun dans sa spécialité, et que l'ensemble de leurs recherches, centralisé le soir, conduise au but désiré. »

Eh! bien, a-t-on répondu, nous allons faire une expérience. A partir, d'aujourd'hui, nous rattachons les Mœurs à la Sûreté.

C'était très bien — en paroles. Seulement, sous cette prétendue concession, se cachait tout bêtement une économie.

On ne *rattachait* pas les mœurs à la Sûreté; on *versait* les agents des mœurs dans les cadres de l'autre brigade.

De la sorte on supprimait :
Un officier de paix au traitement d'au moins. . 5,500 fr.
Un inspecteur principal. 2,800
Enfin 12,000 fr. affectés aux primes. 12,000
                                    Total. . . . . 20,300 fr.

En revanche, on donnait au chef de la Sûreté, déjà si occupé, quatre-vingts hommes avec lesquels, il était chargé de réprimer la prostitution dans les quatre-vingts quartiers de Paris.

Un homme par quartier.

Paris se trouve donc, à ce point de vue, exactement aussi avancé que les plus petits villages de France.

Que dis-je? Pas même. Dans une commune de 180 âmes, il y a un garde champêtre. Or, comme, des 80 hommes accordés au chef de la Sûreté, pour son service, il faut déduire 5 brigadiers et 4 sous-brigadiers, il ne reste que 74 hommes pour le service...

Surveillez donc les 60 à 80,000 prostituées de Paris avec cela !

Aussi emploie-t-on le procédé des gardes champêtres. On se promène, tantôt d'un côté, tantôt de l'autre, selon les demandes ou les plaintes des habitants.

Et, de même que, lorsqu'ils voient le garde aller d'un côté, les braconniers chassent sans crainte de l'autre; de même quand la petite brigade d'agents opère dans un quartier les filles vont faire leurs farces dans le quartier voisin.

Le soir où on a arrêté rue Rossini et conduit au poste Drouet les deux dames dont nous parlons plus haut, la rue des Martyrs et la rue Notre-Dame de Lorette retentissaient de vociférations obscènes, qu'écoutaient paisiblement les gardiens de la paix.

Si j'avais l'honneur de connaître M. le Préfet de police et qu'il voulût bien m'écouter, je lui ferais comprendre, j'en suis sûr, combien est scandaleuse et déshonorante pour Paris cette promiscuité publique des sergents de ville et des filles.

Je le persuaderais certainement de l'inanité, des inconvénients, des dangers de ces prétendues spécialités qu'on s'imagine être la quintessence d'une bonne police.

Tenez — je vais peut-être me répéter — mais il est des choses qui ne sauraient trop être redites.

Et d'ailleurs, c'est à force de rabâcher que j'ai, depuis cinq ans, obtenu deux ou trois réformes urgentes — pour lesquelles on a décoré des chefs de bureau.

Voici donc comment je comprendrais les choses!

Le chef de la Sûreté — personnage important, comme ceux des romans, et non pas le sous-ordre qui se débat contre les entraves dont la hiérarchie l'écrase — le chef de la Sûreté dirigerait de haut son service en ayant sous ses ordres, les trois brigades de la Sûreté proprement dite, des garnis et des mœurs.

Un crime est commis. Il appelle les chefs de ses trois brigades — Trois officiers de paix ou tout au moins trois bons inspecteurs principaux.

— On a assassiné une femme rue Bergère. C'est une femme de mœurs légères. Vous, monsieur, visitez les garnis. Vous, usez des connaissances spéciales de vos hommes pour savoir, dans le monde des filles, si on a quelque indice. Vous monsieur, mettez vos hommes à la disposition du juge...

Est-ce comme cela que la chose se pratique? Non.

Voici ce qui arrive :

Le chef de la Sûreté, je l'ai dit n'est qu'un sous-ordre. Quand un crime est commis, ce n'est pas lui qu'on avertit tout de suite. On expédie une dépêche au chef de la Police municipale, duquel il dépend et qui le fait prévenir après examen de l'affaire.

Cela prend du temps, vingt-quatre heures quelquefois, comme pour le crime de la rue Saint-Denis où le Procureur de la République et le chef de la Sûreté ont été avertis... par les journaux!...

Cela prend du temps et... les chemins de fer vont vite.

Que si le chef de la Sûreté a besoin de faire rechercher un malfaiteur, il lui faut s'adresser à l'officier de paix, chef de la brigade des garnis, et ce par l'intermédiaire de la police municipale. Cela prend du temps encore...

Je voudrais donc qu'au lieu d'être rivaux, agents de la sûreté, des garnis et des mœurs concourussent ensemble à la sûreté et à la moralité publiques. Mais je n'emploierais plus pour cela les garnis à la politique, ni les mœurs à ces razzias aussi sauvages qu'inutiles et dont le principal résultat est de causer des erreurs déplorables et dangereuses. Avec une ville remplie de prostituées comme l'est Paris, tout ce qu'on peut demander, c'est que ces prostituées se tiennent tranquilles, et il n'y a pas besoin de *rafles* pour cela.

Qu'elles se promènent dans les rues, mais en n'insultant personne, en n'apostrophant pas les passants, en n'ayant ni propos, ni gestes obscènes, elles ne nous gêneront pas.

Et, pour les contenir dans les limites voulues, il n'est pas besoin d'agents spéciaux. Les gardiens de la paix, en faisant leur tournée, peuvent bien défendre à une promeneuse, de relever sa robe au-dessus d'un certain point ou de chanter certaines chansons à peine tolérées dans les casernes.

Cela serait plus utile que d'aller toutes les nuits faire le planton devant les cafés pour voir si la fermeture se fait bien à deux heures juste et non à 2 h. 25 secondes... ce qui mettrait sans doute la France en péril.

Quant aux spécialistes, j'utiliserais leurs connaissances en temps et lieu.

Et, comme cela, il n'y aurait pas d'erreur. On n'arrêterait pas une honnête femme, à côté de cinq cents filles laissées libres. On ne ferait pas une razzia au hasard... On ne sévirait qu'à coup sûr...

Mais que raconté-je là ? Je ne suis pas Préfet de police, et, le serais-je, qu'avec l'organisation actuelle, je n'aurais peut-être le pouvoir de faire aucune amélioration.

(*Figaro*, 16 septembre 1885.)

XLII

LE CHEF DE LA POLICE MUNICIPALE

Nous venons de voir ce qu'est la police municipale, — une armée. Voyons maintenant quel est le général qui la commande.

Un véritable général, car il a sous ses ordres quelque chose comme huit mille hommes, troupe d'élite, armée, admirablement disciplinée et prête à marcher au premier signal.

Cette troupe occupe tout Paris; elle a des postes dans tous les quartiers, des sentinelles dans toutes les rues, des réserves importantes à la Préfecture, des éclaireurs disséminés dans tous les camps. Son chef suprême a donc une véritable et colossale puissance. Mieux que les ministres, le général Boulanger, et M. Grévy, Président de la République, lui-même, le chef de la police municipale n'aurait qu'à lever le doigt pour faire un coup d'Etat.

Il n'entre pas dans nos idées de nous attaquer aux

personnalités. Nous étudions l'organisation de la police en ne nous occupant que des vices à signaler et des réformes à faire. Nous examinons les principes et non les hommes. Mais ici, forcément la thèse change. L'organisation n'existe plus, réglementairement du moins. L'homme a tout changé à sa fantaisie et à son avantage. Ce n'est donc plus le chef de la police municipale *créé par la loi* que nous avons sous les yeux, c'est le potentat qui de *sous-ordre* s'est fait *maître* et peut dire à l'instar de Louis XIV : « La police de Paris, c'est moi. »

Certes, jadis le poste de chef de la police municipale était déjà fort important. Aussi choisissait-on pour le remplir un homme jeune, vigoureux, mais cependant ayant déjà par un long séjour dans l'administration, acquis de grandes connaissances pratiques, de nombreuses relations, ayant fait ses preuves en un mot.

Tels furent les Balestrino, les Primorin, les Nusse et les Ansart. Nous nous souvenons d'avoir vu, il y a quelques années, M. Ansart arriver sur le lieu d'un incendie. Officiers de paix et gardiens se précipitaient pour recevoir ses ordres. Bref, incisif, très imposant malgré sa petite taille, M. Ansart faisait en quelques mots ses observations, et tout évoluait avec une précision mathématique. Personne ne connaissait Paris, au point de vue policier, comme M. Ansart. En posant le doigt sur un plan, il pouvait vous indiquer la situation de tous les hommes en tournée dans un arrondissement.

— Où est maintenant votre brigadier? demandait-il un jour à un officier de paix.

— Mais... il fait sa ronde.

— Dans quelle rue ?

— Dame ?...

— Vous ne le savez pas ? reprit M. Ansart, en tirant sa montre. Eh bien ! moi, je vais vous le dire. Il est une heure de l'après-midi. Votre brigade C est de service, le brigadier, parti à dix heures après l'appel, doit avoir parcouru telle, telle et telle rues. Il a rencontré ici le sous-brigadier, là, là et là des gardiens. Enfin, il doit se trouver en ce moment à l'angle de ces deux rues; si on ne l'y voit pas c'est que son service est mal fait. Un officier de paix doit savoir cela, monsieur. Moi, je le sais pour tout Paris et je puis faire quand je le voudrai mon contrôle sans que personne vienne m'y aider. Agissez de même si vous voulez être certain de n'avoir jamais à endosser les fautes des inférieurs dont vous êtes responsable.

C'est peut-être là du petit détail. Mais, nous sommes forcés de le dire, jamais l'honorable M. Caubet, maître absolu aujourd'hui de cet important service, ne serait capable de faire une observation pareille.

C'est que M. Caubet est entré tout de go dans l'administration apportant une intelligence et des talents que nous sommes loin de lui nier, mais ignorant absolument le premier mot du service dont il allait être le chef suprême.

La façon dont s'est faite sa nomination mérite d'être connue.

Lorsque M. Andrieux fut nommé Préfet de police, il se trouva dès les premièrs jours en butte aux attaques de la *Lanterne* et aux interpellations du Conseil municipal. Malgré tout son esprit, le fin politicien comprit qu'il ne pouvait tenir longtemps avec de pareils adversaires, s'il ne les muselait un peu. Il chercha un moyen d'obtenir l'apaisement.

Il crut avoir trouvé ce moyen en choisissant pour son bras droit un de ceux qui le combattaient avec le plus d'acharnement. Il prit donc son courage à deux mains et s'en fut trouver le citoyen Caubet, une des plus féroces barbes du radicalisme, une des colonnes les plus puissantes du temple maçonnique.

M. Andrieux savait bien ce qu'il faisait. Le citoyen Caubet n'était point un inconnu à la Préfecture. Au 4 septembre il avait déjà fait une petite station dans les bureaux, d'où il était passé au ministère de l'Intérieur, division de la Sûreté générale...

Il avait été rendu à la vie privée. Mais il se targuait souvent de ses anciennes, quoique passagères fonctions, pour *démolir* la police et les policiers.

Cet homme devait être accessible. M. Andrieux n'hésita pas à l'aborder.

Il fut d'abord reçu assez maussadement. Mais aussitôt qu'il eut exposé le but de sa visite, l'œil du patriarche s'illumina.

— Comment donc, monsieur le Préfet, le temps de faire un bout de toilette et je suis à vos ordres !

Le patriarche se précipita chez le *frater* du coin, fit rogner ses longs cheveux, tailler un peu sa barbe inculte, acheta une paire de bottines neuves et courut à la Préfecture. Une heure après le citoyen Caubet était devenu « M. le secrétaire général, chef du cabinet. »

C'était un beau poste, mais il ne suffisait pas à un homme de la valeur de M. Caubet. Il se disait que quelque importance qu'eût la fonction dont on venait le bombarder, elle pouvait être éphémère. Les chefs du cabinet changent généralement avec les préfets de police. Or, les préfets changent souvent. M. Andrieux s'en allant, M. Caubet pourrait être exposé à abandonner le beau fauteuil dans lequel il se prélassait et à retourner dans la petite boutique de livres à bon marché, que son épouse tenait sur la rive gauche.

Il exigea quelque chose de plus solide et M. Andrieux qui ne ménageait pas les sacrifices, le nomma par arrêté du 8 mars 1879, Chef de la police municipale — provisoirement, disait le *Journal Officiel*, — mais M. Caubet se promettait *in petto* de faire durer ce provisoire le plus longtemps possible.

On voit comme il a tenu parole.

Selon la position qu'on occupe, la façon de voir se modifie. En haut d'une montagne, on découvre un tas de choses qu'on ne soupçonnait pas alors qu'on était en bas.

C'est ce qui arriva au nouveau fonctionnaire. Il s'aperçut que cette administration qui lui faisait horreur alors qu'il était conseiller municipal, était devenue admirable depuis qu'il trônait au boulevard du Palais.

Il n'hésita pas à s'attribuer cette modification si heureuse et en conséquence, il résolut d'augmenter le plus possible son pouvoir afin d'accomplir encore beaucoup d'améliorations.

Il était pourtant assez grand ce pouvoir. Comme

chef du cabinet, M. Caubet avait en main toute la police assise ; comme Chef de la police municipale il commandait à toute la police debout. Auprès de lui, le Préfet n'était plus rien.

Et, le plus grave dans cette situation anormale, c'est que la police n'était plus dans la main du ministre.

Le ministre, en effet, n'a de rapports directs qu'avec le Préfet de police nommé par lui. Or, le Préfet ne sachant rien, ne pouvant rien sans l'intervention du maître qu'il s'était donné devenait un rouage absolument inutile.

M. Andrieux le comprit si bien que, feignant d'avoir la main forcée, il dût prier M. Caubet d'opter entre les deux situations.

Le choix n'était pas douteux et, le 25 juillet 1879, M. Caubet opta pour la police municipale où il savait qu'il serait inamovible.

Mais, avant de quitter le cabinet, il eut soin d'en emporter le plus d'attributions possibles : la police politique, par exemple, dont il fit valoir bien haut la prétendue suppression et qu'il confisqua tout simplement à son profit.

De cette façon, il avait double avantage. Amoindrir la situation de son successeur auprès du Préfet et augmenter la sienne.

Nous avons vu par les chapitres précédents combien, depuis qu'il est en fonctions, M. Caubet a su continuer cette politique d'envahissement.

Il faut lui rendre cette justice que « comme tireur de couverture » il ne craint personne.

M. Caubet est aujourd'hui l'homme le plus puissant de Paris. Tout le monde tremble devant lui, à commencer par le Préfet actuel, M. Gragnon, un homme de progrès pourtant et qui, nous en sommes certains, serait tout disposé, s'il avait l'énergie de secouer le joug du *Maire du Palais*, à accomplir de grandes réformes.

Mais ce serait un coup d'État trop dur à tenter.

Un jour nous étions dans le cabinet de M. Camescasse et nous lui exposions l'urgence qu'il y aurait pour son administration à donner aux journalistes des cartes d'identité pour leur permettre de se distinguer des « Amateurs » qui à chaque instant usurpent la qualité de rédacteurs de tel ou tel journal où ils n'ont jamais mis les pieds.

— Avec ces cartes, lui disions-nous, non seulement vous êtes sûr d'avoir affaire à un journaliste véritable qui est là pour son métier, mais encore en cas de discussion, de délit même, vous savez à qui vous en prendre et à quel journal retrouver le délinquant. Ces cartes avaient du reste été tentées par votre prédécesseur et on ne s'en était pas mal trouvé.

— Je le sais bien, répondit le Préfet, *mais M. Caubet ne voudrait jamais.*

Plus tard, la même tentative fut faite par nous auprès de M. Gragnon. Il ne nous répondit pas si nettement, mais il hésita, tergiversa, promit d'examiner la question et finalement nous renvoya sans une réponse catégorique. Nous sommes certains que, comme M. Camescasse, il n'osait prendre aucune décision sans avoir consulté le Chef de la police municipale.

Ces cartes, du reste, lorsqu'on en donne exceptionnellement, pour une cérémonie comme les obsèques de Victor Hugo, par exemple, ne sont nullement respectées par les agents de M. Caubet. Il faut la croix et la bannière pour qu'ils se décident à les regarder et encore font-ils toutes sortes d'observations, ce qui prouve une consigne mal donnée ou tout au moins donnée de mauvaise grâce.

Nous avons pu voir la différence lors des obsèques de M. Barême, le préfet de l'Eure assassiné. Il y avait là dans Évreux, en dehors de toute la population, mise sur pied par une circonstance extraordinaire, quarante à cinquante mille personnes venues du dehors. Toutes les rues étaient barrées par des cordons de troupes. Eh! bien, à la simple inspection d'une des cartes que la Préfecture avait délivrée aux journalistes, sergents de ville, soldats, pompiers, s'écartaient, s'inclinaient et facilitaient au porteur non seulement le passage, mais la circulation à travers la foule.

Qu'on compare avec ce qui se passe à Paris!

Si pour une aussi minime question que celle d'une carte, le Préfet n'ose pas prendre l'initiative, que doit donc être son attitude lorsqu'il s'agit d'une réforme?

Eh bien, cette situation si haute et si puissante qui fait du chef de la police municipale actuel le véritable maître de Paris, cette situation est illégale.

En effet, l'article 34 de l'arrêté préfectoral du 14 avril 1856 et l'arrêté présidentiel du 20 juin 1871 disposent que le chef de la police municipale doit être commissaire de police.

Et les commissaires de police, nous l'avons vu en

nous occupant d'eux, doivent être nommés par le Président de la République.

Or, M. Caubet a été nommé par un simple arrêté du Préfet et n'a pas le grade de Commissaire.

Pourquoi cela? La réponse est difficile à faire. Dans le début, à un de ses anciens collègues du Conseil Municipal qui s'étonnait de cette anomalie, M. Caubet répondit que ses principes politiques lui défendaient de ceindre l'écharpe tricolore.

Alors pourquoi agissait-il comme s'il l'avait autour du corps ? Il paraît assez étrange que les principes vous permettent de faire de la police, mais à la condition qu'elle ne sera pas faite régulièrement.

Il a couru à l'époque une autre légende dans laquelle les mauvaises langues prétendaient que la politique était complètement étrangère à l'évènement et que ce qui empêchait d'élever M. Caubet au grade de Commissaire était d'une nature tout à fait différente. Nous ne voulons pas insister sur cette médisance que nous sommes persuadés être une calomnie. M. Caubet a été en quelques années nommé chevalier et promu officier de la Légion d'honneur. Si la cause qu'on a alléguée avait été réelle, le ruban rouge n'aurait pu décorer sa boutonnière. Nous le répéterons donc, c'était une calomnie. Nous croyons que le véritable empêchement a été la difficulté de présenter à la signature de M. le Président de la République la nomination d'un homme choisi en dehors de tout le personnel pour occuper des fonctions si délicates. M. Andrieux a tourné la difficulté par une simple arrêté.

M. Caubet n'est donc en réalité qu'un chef de bureau, un plumitif, et non un magistrat, comme le veut l'arrêté présidentiel du 20 janvier 1871.

Or, qu'on le sache bien, ce n'est point sans raison que cet arrêté veut à la tête de la police municipale un commissaire de police. Le Chef de la police municipale a, en effet, à chaque instant à faire acte de magistrat en signant des contraventions dressées par les officiers de paix et leurs agents, afin que les procès-verbaux puissent être mis à exécution.

Sans s'occuper de rechercher s'il en avait le droit, M. Caubet a donné ces signatures. Pendant trois ans, il a agi ainsi. Pendant trois ans il a donc rempli *illégalement* des fonctions qui ne lui appartenaient pas.

Quel beau tapage, si les gens ainsi condamnés sur pièces illégales venaient réclamer aujourd'hui !

Un beau jour, sur la représentation qui lui en a été faite, M. Caubet a compris à quel danger il exposait lui et l'administration, en usurpant ainsi la qualité de magistrat. M. Coubet avait fait acte de commissaire de police. Or, le Code pénal, article 258, punit de deux à cinq ans de prison tout individu qui « sans titre s'est immiscé dans des fonctions publiques civiles ou militaires, ou a fait les actes d'une de ces fonctions. » Il s'empressa donc de régulariser la chose à sa manière, c'est-à-dire en faisant nommer commissaire de police le 10 mars 1882, un de ses sous-ordres, M. Caulier, chef de bureau, dont la signature couvre aujourd'hui la responsabilité du grand chef. Il a même depuis fait adjoindre un second commissaire pour les mêmes fonctions.

Mais, pour être régularisée au point de vue de la signature des mandats, la situation n'en reste pas moins toujours anormale, puisque un simple *employé*, nommé par le Préfet, commande à deux magistrats. — Nous pourrions même dire trois, grâce à la *soumission* actuelle du chef de la Sûreté —, nommés par le Président de la République et à trente et quelques officiers de paix nommés par le Ministre de l'Intérieur.

C'est absolument comme si on mettait un colonel, des commandants et des capitaines sous les ordres d'un sergent-fourrier.

Mais qu'importe à M. Caubet ? Illégale ou non, la situation reste telle qu'il l'a faite et elle restera ainsi jusqu'à ce qu'il lui plaise de s'en aller.

De renseignements certains nous croyons savoir que M. Caubet se maintiendra à la tête de la police municipale jusqu'à l'exposition de 1889. A ce moment, sa fortune, grâce à de sages économies, se sera arrondie d'une façon sérieuse, il se fera nommer commandeur de la Légion d'honneur et ayant rempli ses fonctions pendant dix ans, il se fera accorder une jolie retraite pour *infirmités* contractées dans le service.

Patientons donc deux ans et espérons qu'à cette époque le Préfet en fonctions, — que nous désirerions être encore M. Gragnon —, saura choisir un sous-ordre, qui, tout en ayant l'autorité nécessaire à lui-même, n'empiétera pas sur celle des autres au grand détriment du fonctionnement général.

Ainsi soit-il !

XLIII

LA FUTURE POLICE MUNICIPALE

On a vu dans les chapitres précédents que la première, la primordiale raison qui avait fait choisi M. Caubet était sa qualité de Conseiller municipal et le désir d'amener enfin l'accord entre le Conseil et la Préfecture.

On y a réussi pendant quelque temps, mais aujourd'hui c'est bien fini et M. Caubet ne sert plus le moins du monde de *tampon*.

On l'accuse même depuis longtemps d'être un faux frère et les projets de réorganisation, — ou plutôt de désorganisation de la police parisienne, suivent leur train.

Chaque année le Conseil municipal s'amuse, pour faire joujou, à refuser le vote des fonds du budget et on est obligé de le rétablir d'office. Aussi, a-t-on, il y a quelques années proposé à la Chambre des Députés un projet de loi rattachant le budget de la Préfecture au budget de l'État.

Voici à titre de document, le texte de ce projet, tel qu'il avait été modifié et remis à la commission par le gouvernement.

Art. 1er — Le budget de la Préfecture de police est rattaché au budget de l'État. A partir de 1882, les crédits nécessaires à ce service seront ouverts dans un chapitre spécial du budget du Ministère de l'intérieur.

Art. 2. — Les dispositions du décret du 10 octobre sont maintenues avec les additions suivantes :

1° La police des halles et marchés; l'inspection des denrées de toute nature;

2° Le service de la navigation et des ports;

3° Le service des poids et mesures;

4° La police du matériel des voitures publiques et le contrôle de leur exploitation ;

5° L'administration de la fourrière;

6° La police de la salubrité, le conseil d'hygiène, le laboratoire municipal de chimie, les établissements insalubres ;

7° Le service des sapeurs-pompiers et le matériel des incendies.

Art. 3. — Les crédits nécessaires au fonctionnement de tous les services figureront au budget de la Ville de Paris à titre obligatoire.

Art. 4. — Le Préfet de police sera tenu, à l'égard des matières énumérées en l'article 2. d'indiquer et au besoin de requérir les mesures qu'il jugera utiles.

Si ces indications ne sont pas suivies d'effet, il en référera au Ministre compétent.

Art. 5. — Pour les mesures d'exécution relatives aux services ci-dessus; le personnel de la police municipale sera à la disposition du Préfet de la Seine dans des conditions et des formes à déterminer par un règlement d'administration publique.

Dans le cas où des agents du personnel de la police municipale seront détachés en permanence pour des services spéciaux, ils seront payés sur le budget de la Ville de Paris.

Mais ce projet n'est pas tout à fait celui que rêvent

les anciens amis, devenus maintenant les adversaires de M. Caubet; ceux auxquels il s'efforce de faire la cour sans songer que depuis longtemps *il a cessé de plaire*. Il est vrai qu'il ne rendra pas l'argent.

Ce projet nous le trouvons esquissé brièvement dans un article paru il y a un an au Figaro.

LA FUTURE POLICE MUNICIPALE

C'était au théâtre. J'étais avec des amis et pendant un entr'acte, on causait comme toujours, de cette éternelle question des crimes dont on ne découvre pas les auteurs. — « C'est inimaginable. C'est inouï. Jamais on n'a vu pareille chose. Que fait donc la police? »

Et de plus audacieux ajoutaient :

— Comment se fait-il qu'on n'ait pas encore remplacé le chef de la sûreté à qui une pareille situation doit être imputée?

C'est la kyrielle accoutumée. Certes les oreilles doivent bien lui corner à ce pauvre M. Taylor; car, du matin au soir, on ne fait que parler de lui dans Paris. Et, malheureusement, pas avec des éloges.

Je répondais ce que j'ai déjà cent fois répondu :

— Que voulez-vous, M. Taylor fait ce qu'il peut. Mais, il l'a déclaré lui-même, on l'a mis à la tête d'un service dont il ne connaissait pas le premier mot. C'est comme si l'on nommait un écuyer du cirque capitaine de frégate. Pourtant il s'est mis courageusement à la besogne. Mais, dès les premiers jours sont arrivés coup sur coup, quatre crimes mystérieux. C'était vraiment trop pour un début.

— Alors, pourquoi ne s'en va-t-il pas?

— Parce qu'il espère, d'ici à quelque temps, se mettre au courant de son service et faire alors de la bonne besogne.

On mettrait un autre à sa place, d'ailleurs, que ce serait exactement la même chose. Non pas qu'on manque d'hommes capables, mais parce que, à l'heure actuelle, le service de la sûreté est complètement paralysé, annihilé, pour ainsi dire.

— Ce sont pourtant les mêmes agents.

— Jusqu'à un certain point, oui ; quoique de nombreuses mutations aient été faites. On raconte même que ces mutations n'ont pas été étrangères à la mort de M. Kuehn. En prenant possession de son service, il avait trouvé là un grand nombre de vieux limiers, datant du temps de M. Claude et, comme on dit vulgairement : « la connaissant dans les coins. » A la fin de l'année dernière, ces agents, encore pleins d'intelligence et de vigueur ont été brusquement mis à la retraite. C'était une perte. Il restait heureusement un certain nombre de jeunes sur lesquels on pouvait compter. Comme le départ des vieux, presque tous gradés, laissait des places vides, M. Kuehn fit une liste d'avancement. On la lui renvoya bâtonnée. Presque tous ses candidats étaient repoussés et remplacés par d'autres. M. Kuehn ne dit rien, mais il devint très pâle et, prenant son chapeau, rentra chez lui se mettre au lit. Il ne fut que quelques heures malade, mais trois jours après, en plein bureau, il tombait mortellement frappé d'une embolie. Son cœur, torturé par les tracasseries et les déboires, s'était brisé.

M. Taylor l'a remplacé. Comme il l'a avoué lui-même, il était nouveau dans le service. On en a profité pour lui faire supprimer toutes les améliorations qu'avaient laborieusement apportées ses prédécesseurs.

Ainsi, M. Macé avait créé une brigade de douze hommes dont il avait placé le poste à côté de son cabinet. Aussitôt qu'une nouvelle lui arrivait, il n'avait qu'à ouvrir une porte et, en attendant que son enquête fût faite, il lançait à l'aventure deux ou trois agents. Dans certains cas, cela était fort utile. Voyez le crime de la rue Monsieur-le-Prince, où l'assassin s'est promené sans chapeau, plein de sang, toute la journée, pendant qu'on faisait l'enquête. Quand, après avoir bien paperassé, on a donné aux agents l'ordre de le rechercher, il était trop tard, il avait disparu.

Cette brigade d'essai, composée d'hommes intelligents et dévoués a été licenciée et versée dans le « cadre ». C'est un froissement d'amour-propre qui influe même sans qu'ils s'en rendent compte, sur le moral de ces braves gens qui ne se figuraient pas l'avoir mérité.

Autre modification plus grave encore. Les agents de la sûreté, pour ce service qui n'a ni commencement ni fin, qui peut durer quelquefois vingt-quatre heures, où il faut marcher par les temps les plus horribles, entouré d'ennemis, risquant sa peau à chaque minute, touchent 1,400 francs — moins la retenue pour pension.

Ce n'est pas énorme, n'est-ce pas ? Il faut vraiment avoir « du chien dans le ventre » pour exercer un pareil métier.

Et cependant, non seulement ils l'exercent, mais ils l'aiment, les braves gens, ce métier difficile et dangereux. Ils l'aiment comme le contrebandier aime ses périls, comme le douanier aime sa surveillance, comme le limier aime la chasse, parce que c'est la lutte, la difficulté, l'inconnu.

Mais s'il leur fallait prélever sur leurs maigres appointements les dépenses de leur vie vagabonde, comment feraient-ils, eux qui presque tous sont pères de famille, ont une femme et des enfants ? Cette famille, avec les trois francs treize sous qu'on touche par jour, ne vit certainement pas dans un luxe asiatique. Le père ne peut donc rien prélever pour ses dépenses du métier. Dans ces conditions, M. Macé avait fait allouer à l'agent certaines indemnités destinées à couvrir les frais que lui occasionnait son service. Si, par hasard, il était retenu hors de chez lui toute une journée, on lui payait son déjeuner, trente ou trente-cinq sous, je crois. De plus, pour le tabac, le verre de vin qu'il faut prendre dans un cabaret où l'on a reconnu une figure louche afin d'y motiver son entrée, l'omnibus sur lequel il faut monter si un pick-pocket y a pris place, etc., etc., les agents touchaient à peu près vingt sous par jour.

A la mort de M. Kuehn, tout cela a été changé. Les dépenses imprévues ont été basées sur la somme absolument dérisoire de dix francs par mois, — sept sous par jour, en tout et pour tout.

Voyez-vous cet inspecteur obligé de rester dix heures en surveillance dans une rue de La Villette ou des Batignolles et ayant pour toutes ses dépenses trente-cinq centimes dans sa poche, juste deux sous de plus que le Juif-Errant ! Il lui faut arpenter le pavé de long en large comme une sentinelle. Au bout d'une heure, tout le quartier l'a remarqué et se le montre. Comme on dit en termes du métier « il est brûlé ».

Ces changements et bien d'autres choses encore, ont profondément dégoûté les hommes qui déclarent aujourd'hui hautement qu'ils ne veulent plus travailler « pour la peau ». Ils ne donnent pas leur démission parce que les temps sont durs, qu'on ne se case pas facilement et qu'ils ont une famille, mais ils attendent que « cela change ».

Est-ce la faute de M. Taylor? Pas complètement. Le mal qu'il a fait, il l'a fait inconsciemment, sous une impulsion qu'il a crue bonne. M. Macé et M. Kuehn, qui avaient passé par tous les grades, qui avaient débuté eux-mêmes par le dur métier d'inspecteur, savaient comment il faut prendre les hommes. M. Taylor, qui n'a préludé à ses fonctions que par celles d'inspecteur des parapluies, était facile à abuser.

La faute, la grande faute en est à ceux qui, voulant ménager les cinquante mille francs de fonds secrets qui sont censés consacrés aux dépenses extraordinaires du service de Sûreté, lésinent, liardent et finiront par annihiler complètement ce service si dévoué et si utile.

— C'est bien sur quoi nous comptons, dit tout à coup en se retournant un monsieur placé devant moi et qui avait entendu mon homélie.

— Comment cela?

— Oui, parce que, pour la police comme pour tout le reste, une désorganisation complète nous permettra seule, d'obtenir la réorganisation. C'est seulement lorsque tout le monde sera bien convaincu de l'inutilité du système actuel que la Chambre consentira à nous donner la police municipale que nous rêvons.

— En quoi cela améliorera-t-il la situation?

— En tout. Les agents d'abord seront mieux choisis et mieux payés, grâce à l'économie que procurera la suppression des hauts fonctionnaires.

En effet, nous faisons disparaître la Préfecture et nous mettons toute la police de Paris sous les ordres du Conseil municipal en attendant que la Mairie centrale nous soit accordée. Plus d'officiers de paix. Un commissaire central dans chaque arrondissement, ayant sous ses ordres les sergents de ville et correspondant directement avec le directeur de la police.

Sous la direction de ce commissaire central, les commissaires de quartiers, ou plutôt de sections, car il est certains arrondissements populeux où quatre commissaires sont insuffisants. Nous en mettrons cinq et six s'il le faut. Ces commissaires ne s'occupant que de leur région, n'ayant de rapports qu'avec leur chef immédiat, auront beaucoup plus de temps à consacrer à leur service. La politique sera rendue tout entière au Ministère de l'intérieur. La Sûreté et les délégations seront données au Parquet.

— Mais alors ce ne serait plus la Ville de Paris qui paierait la Sûreté ?

— Si, mais indirectement, en remboursant son budget à la Justice, comme elle rembourse celui des pompiers au Ministère de la guerre. Le projet est tout fait, du reste, et d'ici peu nous comptons le publier.

— Et quel serait le directeur de votre police municipale ? M. Caubet, sans doute.

— Il y compte, parce que c'est le Conseil municipal qui lui a valu sa place actuelle. Et nous le lui laissons croire. Mais son remplaçant est tout prêt..., comme les remplaçants des autres.

— Ah ! vous faites beaucoup de changements ?

— Nous changeons tout ou presque tout, Il n'y a rien de mauvais comme les replâtrages. A quelques rares exceptions près, tout le personnel actuel doit disparaître. Il nous faut des gens nouveaux qui ne risquent pas d'être entraînés aux anciens errements. Tous nos cadres sont prêts, nos candidats prévenus, nos nominations préparées, En vingt-quatre heures notre service nouveau peut être installé et commencer à fonctionner. J'espère vous en donner prochainement la preuve... Mais la toile se lève ; oublions, pour le moment, la police et ses tristes réalités pour la fiction qui nous amuse.

Voilà, chers lecteurs, ce que j'ai appris dans un entr'acte. J'aurais bien voulu en savoir davantage, mais mon interlocuteur avait pris sa lorgnette et paraissait avoir tout oublié pour le spectacle.

Je n'ai même pas pu savoir le nom de cet interlocuteur; on m'a dit cependant que c'était un de nos derniers élus et qu'il siégeait à la Chambre tout à la Gauche,

(GEORGES GRISON. *Figaro*, 17 février 1884).

XLIV

LA SÛRETÉ GÉNÉRALE

Notre travail ne serait pas complet si nous nous bornions à parler de la police de Paris. La police de province se prête tout autant, sinon davantage, à la critique, et le service de la *Sûreté générale* demande lui aussi à être consciencieusement examiné.

Beaucoup de gens ne savent pas très bien ce qu'est la *Sûreté générale*, et ceux qui ne sont pas initiés aux choses de l'administration confondent volontiers cette direction avec le service de la *Sûreté*. La *Sûreté générale* est un service du ministère de l'intérieur, dont les attributions consistent à diriger toute la police de France, moins celle du département de la Seine, qui appartient exclusivement à la Préfecture de police.

Du temps de M. Léon Renault, la *Sûreté générale* passa à la Préfecture de police et, de ce fait, le Préfet de police devint en réalité ministre, puisque son action rayonnait sur toute la France. Si nous ne nous trompons, ce fut M. de Broglie qui exigea, au 16 mai, le retour de la *Sûreté générale* au ministère de l'intérieur, qu'elle n'a pas quitté depuis.

Nous rechercherons point si ce ne fut pas là une erreur de l'éminent homme d'Etat et s'il est utile qu'une police soit scindée plutôt que de former une force unique et homogène. Pour le moment nous n'avons qu'à étudier le fonctionnement de la *Sûreté générale*.

Sauf pour l'agglomération lyonnaise où la police, toutes proportions gardées, est organisée à peu près comme celle de Paris, sous la direction d'un secrétaire-général spécial, la police des villes de province est quelque chose d'absolument primitif.

Pour en donner une idée, nous raconterons le fait suivant que nous tenons d'un de nos amis.

Il y a quelques années, notre ami faisait une saison dans une des plus importantes villes d'eaux de France, une ville où il y a tous les ans trente mille baigneurs. Nous n'avons pas besoin de la nommer. Il avait loué une petite maison isolée à quelque distance du centre. Un soir, en regagnant son logis à la sortie du Casino, il fut attaqué *dans la ville même*, par une bande de vauriens. Après avoir essayé de résister, il dut s'enfuir pour ne pas être assassiné et il s'en alla tout droit à la mairie pour requérir l'assistance de la police. D'agent dans les rues, pas l'ombre. A la mairie, il trouva un vieux brave homme tranquillement couché à côté de sa femme et qui lui déclara d'abord qu'il était, lui, seul et unique, chargé de la police de la ville sous les ordres du commissaire.

— Il est de mon devoir de vous accompagner, lui dit-il, et je vais le faire si vous l'exigez ; mais je vous avertis que ça ne vous avancera à rien. Au lieu que vous soyez assommé tout seul, nous le serons tous les deux, voilà tout.

Notre ami est un homme énergique. Décidé à châtier ses agresseurs, il s'arma d'un solide gourdin et insista pour que l'agent l'accompagnât. Celui-ci prit son revolver et tous deux partirent.

Ils ne furent assommés ni l'un ni l'autre, la bande avait disparu et l'affaire en resta là. Mais que dites-vous de cette ville qui a, pendant tout l'été, trente à trente-cinq mille habitants, qui est infestée de brigands attirés par l'affluence de gens riches qu'ils espèrent dévaliser, et dont la police se compose d'un seul agent vieux et impotent ?

Eh bien, il en est à peu près ainsi dans toutes les petites villes de province.

Les grandes villes sont plus favorisées. A Marseille, à Lille, à Bordeaux, à Nantes, à Toulouse, il y a de la police, c'est vrai.

Mais enfin les petites villes comptent bien aussi pour quelque chose et il n'y a pas de bonne raison pour qu'on permette qu'un assassinat soit plus facile à perpétrer dans la grande rue de Brive-la-Gaillarde que sur la Cannebière. On ne pourra jamais nous prouver que la peau d'un citoyen quelconque vaut moins que celle de n'importe quel autre citoyen.

La Sûreté générale peut dire qu'elle n'y peut rien, que les agents de province sont payés par les municipalités et qu'il ne lui appartient pas de fixer le nombre des agents nécessaires dans une ville alors qu'elle ne les rétribue pas. Fort bien. Mais est-ce qu'au-dessus des municipalités il n'y a pas l'autorité supérieure du Gouvernement qui a le droit et le devoir d'intervenir lorsque pour une misérable question d'argent les municipalités compromettent la sécurité et l'existence des citoyens ?

Est-ce que l'Etat n'intervient pas dans les affaires de la municipalité de Paris et n'annule pas les votes du Conseil municipal qui lui paraissent dangereux ou illégaux ? Est-ce qu'il n'inscrit pas d'office au budget de la Ville de Paris les crédits indispensables refusés par le Conseil, notamment en ce qui concerne la police ?

Le gouvernement a, nous supposons, envers les municipalités de province, les mêmes droits qu'envers la municipalité de Paris.

Nous en concluons que la Sûreté générale devrait exiger des municipalités l'entretien d'une police suffisante.

Nous ne nous en prendrons certainement pas à l'honorable et intelligent directeur actuel de la Sûreté générale. M. Le Vaillant, nous le déclarons, est un fonctionnaire énergique, juste, entendu, ayant beaucoup de tact. Il a laissé dans toutes les hautes fonctions qu'il a remplies, les meilleurs souvenirs et nous croyons que, si cela ne dépendait que de lui, certains services de sa direction seraient déjà réorganisés et d'autres, dont nous allons parler, seraient créés.

Mais, il n'est pas seul maître, et c'est pour cela que nous nous permettons de parler des créations et des modifications qu'il y aurait à apporter dans ce service.

La Direction de la Sûreté générale fait beaucoup plus de police administrative que de police active; elle manque de policiers, de criminalistes et, au double point de vue de son organisation et de son personnel, il y aurait une réforme capitale à opérer.

Nous allons examiner cela tout à l'heure.

XLV

LA POLICE DE LYON

Seule, après Paris, la ville de Lyon possède une véritable police. Nous dirions même que la police lyonnaise est plus *pratique* à certains points de vue que celle de la ville de Paris.

Voici, puisés dans les documents officiels, les règlements qui la régissent.

COMMISSAIRES DE POLICE DE L'AGGLOMÉRATION LYONNAISE

Le nombre des commissaires de police de l'agglomération lyonnaise, a été fixé à vingt, par un arrêté du Préfet du Rhône en date du 20 novembre 1814.

Il y a :

1º Un commissaire spécial attaché à la Préfecture et chargé du service politique ;

2º Un commissaire spécial chargé du service de sûreté et des délégations judiciaires ;

3º Un commissaire chargé des fonctions du ministère public, près le tribunal de simple police de Lyon ;

4° Quinze commissaires de quartier à Lyon ;
5° Un commissaire à Villeurbanne ;
6° Un commissaire à Oullins.

Le commissaire de police du quartier de la Croix-Rousse a, dans sa circonscription, la commune de Caluire.

Le commissaire d'Oullins a, dans sa circonscription, les communes d'Oullins et de Sainte-Foy, qui font partie de l'agglomération lyonnaise, ainsi que les communes de Saint-Genis-Laval, Chaponost et Irigny, qui ont été annexées à la juridiction de ce fonctionnaire par le décret du 3 mars 1873.

Le commissaire de Villeurbanne a, dans sa circonscription, les communes de Villeurbanne, Vaux, Bron et Vénissieux.

Le commissaire spécial, près la Préfecture, est spécialement chargé du service politique, de l'exécution des mandats du Préfet et de la surveillance de l'imprimerie, de la librairie et du colportage.

Le commissaire spécial chargé du service de sûreté, donne l'impulsion à ce service et reçoit les délégations judiciaires.

Les commissaires spéciaux ne sont, ni par leur titre, ni par leurs attributions, placés hiérarchiquement au-dessus des commissaires de quartiers. — Ils surveillent, dans la limite de leurs attributions respectives, l'ensemble des opérations de la police, sans pouvoir jamais, à l'égard de leurs collègues, agir par voie d'autorité ; ce droit appartient exclusivement au Préfet, au secrétaire général chargé de la police et aux magistrats compétents.

Les autres commissaires de police sont chargés, dans leur circonscriptions, des attributions générales qui leur sont conférées par les lois et règlements ; ils tiennent le Préfet ou le secrétaire général au courant des faits intéressant le service, au moyen de rapports quotidiens, et, au besoin, de rapports particuliers.

Les commissaires spéciaux et les quinze commissaires de quartier, touchent un traitement annuel de 4,800 francs ; — les commissaires d'Oullins et de Villeurbanne, touchent un traitement annuel de 3,600 francs.

Le commissaire spécial de la sûreté a trois commissaires :

les appointements du secrétaire principal sont de 2,500 fr. ; ceux des deux autres secrétaires sont de 1,800 francs.

Les deux autres commissaires de police spéciaux et les quinze commissaires de quartiers, ceux d'Oullins et de Villeurbanne, ont chacun un secrétaire, qui touche un traitement de 1,800 francs par an.

(Les dispositions qui précèdent sont extraites de l'arrêté préfectoral du 24 novembre 1874, sur les services de la police dans l'agglomération lyonnaise.)

AGENTS DE POLICE DANS L'AGGLOMÉRATION LYONNAISE

Le service de la police, à Lyon, est effectué par des *inspecteurs de police*, des *agents de police* et des *gardiens de la paix publique*.

1° *Inspecteurs*. — Les inspecteurs de police, au nombre de *sept*, sont nommés par le Préfet du Rhône.

Un est attaché au commissariat spécial, près la Préfecture ;

Deux sont attachés au service de la sûreté ;

Un est proposé à la surveillance des maisons de tolérance et des filles soumises ;

Un autre est chargé de la surveillance et de l'inspection des hôtels, auberges et maisons garnies ;

Un autre est chargé de la surveillance des théâtres et cafés-concerts ;

Et le septième, attaché au secrétariat général de la préfecture, par les cas imprévues, ou la surveillance des agents de police (contrôle).

2° *Agents*. — Il y a, à Lyon, cent douze *agents de police*, répartis par le Préfet entre les divers services et nommés par lui.

Un *inspecteur spécial* et un *agent spécial* sont chargés de la surveillance des dépôts et magasins d'huile de pétrole, schistes, essences et autres hydrocarbures, et notamment l'exécution du décret du 19 mai 1873 et des opérations de vérification prescrites par ce décret.

Les appointements de l'inspecteur sont de 1800 francs; — ceux de l'agent sont de 1,500 francs.

Il y a, en outre, à Lyon, un *contrôleur-chef* et trois contrôleurs spécialement chargés de la surveillance des voitures publiques et de l'exécution des règlements particuliers concernant ce service.

Le traitement du contrôleur-chef est de 2,100 francs; — un contrôleur touche 1,800 francs et les deux autres 1,600 francs.

3° *Gardiens de la Paix*. — Le corps des gardiens de la paix est placé sous la direction immédiate du secrétaire général de la préfecture du Rhône, qui en règle le service, et sous le commandement d'un officier supérieur.

Les gardiens de la paix sont casernés et astreints à la discipline et aux exercices militaires.

Le corps se compose de 608 hommes, y compris le commandant, les officiers, adjudants, brigadiers et sous-brigadiers.

Le commandant et les officiers sont nommés et révoqués par le ministre de l'Intérieur.

Les sous-officiers et gardes sont nommés et révoqués par le Préfet.

Les gardiens de la paix sont répartis en trois compagnies; chaque compagnie est commandée par un capitaine et subdivisée en brigade.

Les brigades de quartier sont chargées de parcourir et de surveiller, de jour et de nuit, les quartiers qui leurs sont assignés.

Une ou plusieurs brigades de réserve sont à la disposition constante du préfet.

La surveillance du service est exercée par trois *adjudants* conjointement avec les capitaines.

Les gardiens de la paix sont armés, — dans le service ordinaire ils portent... le sabre d'infanterie.

Lorsque le Préfet le juge convenable, ils peuvent indépendamment du sabre, être armés d'un fusil d'une carabine ou d'un revolver.

Comme on le voit, à Lyon, tous les services sont dans la même main, celle du secrétaire général chargé de la police — le préfet de police de Lyon — et il n'y a pas, comme à Paris, compétition.

De plus, le service de nuit — permanence — qui n'existe pas à Paris, fonctionne parfaitement.

Il en est de même à Marseille, à Bordeaux, etc.

A Paris, il y a, il est vrai une *permanence*, mais elle n'est point, comme en province, sous les ordres d'un commissaire. C'est un simple poste, installé à la Préfecture.

La police lyonnaise mise à part, continuons donc notre étude.

XLVI

LA POLICE EN PROVINCE

Si la recherche des criminels est difficile à Paris, où il y a une police nombreuse et organisée, que doit-elle donc être en province où la police est rare, disséminée et sans cohésion ?

En province, tout le monde fait de la police — sans trop savoir ce que c'est. Maires, adjoints, juges de paix et officiers de gendarmerie sont pourvus de la qualité d'officiers de police judiciaire, au même titre que les commissaires de police. Agents, gardiens de la paix, sergents de ville gendarmes, gardes-champêtres, gardes-forestiers, gardes-pêche concourent chacun selon sa fantaisie, à la recherche des malfaiteurs.

Si tout cela allait ensemble, s'il y avait une entente, évidemment les résultats seraient excellents. Mais au contraire — comme à Paris d'ailleurs — chaque corps, chaque section jalouse les autres...

Il nous a été donné d'assister récemment à une instruction criminelle à quelques lieues de Paris. Un homme avait été tué la nuit, deux heures après avoir eu, à propos d'une femme, une violente querelle, dans un bal public, avec un rival préféré.

Il était donc tout indiqué d'arrêter ce rival. C'est ce que fit le maire, agissant comme officier de police judiciaire, en vertu de l'article 11 du Code d'instruction criminelle.

L'inculpé niait, naturellement, invoquant un alibi. A l'heure où avait été commis le crime, il était, disait-il, couché dans un garni qu'il désignait.

Le maire s'occupait de vérifier cette assertion, lorsque survint le juge de paix qui, réclamant l'instruction, interrogea à nouveau l'accusé, admit son alibi sur la déposition du logeur, et déclara qu'il fallait le remettre en liberté.

Mais le maire se rebiffa. Le commissaire de police, d'ailleurs, ayant de son côté fait son enquête, avait constaté que la porte du garni ne fermait qu'avec un simple loquet; que l'inculpé, par conséquent, avait pu sortir et rentrer sans être vu et que, d'ailleurs, un mur de clôture du garni, donnant sur la campagne, portait des traces visibles d'escalade récente.

Fureur du juge de paix, qui appela le lieutenant de gendarmerie à la rescousse. Si bien que, lorsqu'arriva le juge d'instruction, les quatre autorités en bisbille avaient tant et tant fait, que les traces d'escalade avaient disparu, que l'inculpé, au lieu d'un témoin de son alibi en avait dix, que toute enquête était devenue impossible et qu'il fallut classer l'affaire.

Et, par-dessus le marché, le maire et le commissaire qui dépend de lui, se sont juré alliance pour faire à leur tour « rater » la première affaire que ferait le juge de paix ou le lieutenant.

Voilà une circonscription bien protégée.

Cela n'arriverait pas si la police de province, au lieu d'être divisée, était *une*, et confiée uniquement à ceux qui en ont l'attribution : les commissaires.

Mais il faudrait des commissaires plus nombreux. Peut-être — mais certainement plus instruits de leur métier.

Ce serait difficile à obtenir, dit-on. Qu'importe ? Nous ne demandons pas que la réforme se fasse en un jour. Qu'on la commence seulement Petit à petit le résultat s'obtiendra.

Et quand les maires, adjoints et juges de paix sauront qu'ils ont, sous la main, ou à leur portée des policiers capables, ils ne chercheront plus à en faire simplement leurs auxiliaires, ils se feront au contraire — en ce qui concerne la police, bien entendu — les auxiliaires des gens du métier.

Ce n'est malheureusement pas ainsi que cela se passe en ce moment.

Les commissaires de province, appartenant à la Sûreté générale et payés par le budget du ministère de l'Intérieur, sont de quatre catégories différentes.

Les commissaires spéciaux des gares et frontières, les commissaires centraux, les commissaires d'arrondissement et les commissaires cantonaux.

Il faut d'abord avouer une chose. C'est que de tous ces commissaires dits de police, les commissaires de province ne sont pas, comme ceux de Paris, des hommes instruits, compétents, ayant passé de sérieux examens de droit, des *magistrats*, en un mot. Sauf les commissaires centraux des grandes gares, ce sont presque tous d'anciens sous-officiers ceints de l'écharpe à la sortie du régiment et investis de fonctions auxquelles l'école de bataillon et le maniement du fusil Gras n'ont pu, on en conviendra, qu'imparfaitement les préparer. Certainement, ce sont des braves gens, des hommes honnêtes, estimables et dévoués. Mais quoi? De tant de bonne volonté que fasse preuve un cordonnier, vous ferez une pitoyable affaire en lui confiant la fabrication d'un chronomètre à répétition !

La police est un métier qui demande de la pratique et de l'acquit. Il est impossible qu'un homme fasse un bon commissaire de police s'il ne sait pas le premier mot de son nouveau métier.

Qu'on recrute les commissaires de province parmi les sous-officiers, rien de mieux. On ne pourra les recruter parmi des gens plus honorables et plus aptes à remplir des fonctions militantes comme celles-là. Mais au moins qu'on commence par leur apprendre quelque chose.

Et puis, qu'on s'arrange donc aussi de façon à ce qu'ils sachent exactement quels sont leurs chefs, car ces malheureux fonctionnaires sont à la disposition de tant d'autorités qu'ils ne savent plus du tout de laquelle ils dépendent positivement.

Prenons par exemple un commissaire de police de département. Il a d'abord pour chefs supérieurs le ministre de l'Intérieur, le directeur de la Sûreté générale, les chefs de bureau de la direction. Toutefois il n'a que des rapports indirects avec la Sûreté générale. Son chef direct, c'est le Préfet du département. Mais, par suite d'un chef-d'œuvre de législation administrative, il se trouve que le maire est aussi le chef direct du commissaire de police ; que le secrétaire général de la Préfecture, les adjoints au maire, les conseillers municipaux sont ses chefs non moins directs.

Ledit chef-d'œuvre de la législation administrative se complique d'une admirable combinaison de législation judiciaire qui, faisant du commissaire de police un officier de police judiciaire en même temps qu'un officier de police administrative, le place aussi sous les ordres directs du président d'appel, du procureur-général, du procureur de la République et de ses substituts, des juges d'instruction...

Ce n'est pas fini... il a encore à compter avec l'autorité du général commandant la subdivision, de l'évêque ou de l'archevêque, du juge de paix, de l'ingénieur en chef du département, avec l'influence du sénateur, du député de l'arrondissement, des conseillers généraux, etc.

Bref il a tant de chefs directs, indirects, semi-directs et autres qu'il ne sait plus du tout quel est son chef et que ce qu'il y a de plus direct dans tout cela c'est le chemin de la folie sur lequel se trouve placé le commissaire de police de province ; houspillé par ci, tiraillé par là, menacé par l'un, puni par l'autre, changé, disgracié, soupçonné et finalement ahuri, il en arrive à saluer très bas les cantonniers, n'étant pas bien sûr que ceux-là ne sont pas aussi tant soit peu ses chefs.

Pense-t-on qu'un fonctionnaire ainsi commandé puisse faire de la bonne besogne ?

Parlons un peu des villes d'eaux. Cela concerne particulièrement la Sûreté générale.

Malgré les efforts, les créations et les circulaires récentes de M. Levaillant, la police y est encore déplorablement faite surtout au point de vue des jeux.

Quiconque a fait une saison dans une ville d'eaux sait que les sources thermales sont le cadet des soucis de trois quarts et demi des gens qui vont aux eaux. On voit bien autour des sources quelques rachitiques qui essayent de se régénérer le sang et quelques farceurs qui viennent là débiter des énormités sur les propriétés médicales du liquide. Mais il est reconnu que les villes d'eaux ne sont plus que des rendez-vous de joueurs et des foyers de haute et basse galanterie.

Les grecs foisonnent dans les Casinos, et les prostituées s'étalent avec une telle audace dans tous les endroits publics que les honnêtes femmes scandalisées en sont réduites à se cloîtrer dans leurs chambres d'hôtel.

Que voulez-vous qu'on y fasse ? Il n'y a pas de police ! Il y a bien « le commissaire » qui est chargé de la surveillance du Casino ; mais ce brave fonctionnaire est aussi incapable de reconnaître un grec que de trouver la direction des ballons.

Aussi les villes d'eaux sont-elles les endroits préférés des grecs. Ils y vont tous les ans, y filoutent tranquillement pendant toute la saison et s'en reviennent avec de grosses dépouilles.

La police n'y a rien vu.

Est-ce que la Sûreté générale ne devrait pas faire surveiller les villes d'eaux par des hommes compétents, aptes à démasquer ces dangereux coquins et à en purger les casinos ?

Que font donc, par exemple, les commissaires de police de Nice, de Marseille, de Toulouse, de Montpellier, de Bordeaux ?

C'est dans ces villes qu'il y a le plus de grecs ; ce sont ces villes qui sont le berceau des tricheurs français ; c'est là que se forment les plus adroits d'entre eux ; ceux qui inventent et éditent les tricheries nouvelles.

Est-ce que la police ne peut rien y faire ? Elle pourrait y faire quelque chose, mais il lui manque les éléments nécessaires ?

Quelques mots sur les commissaires spéciaux.

Il y a des commissaires spéciaux sur les frontières et dans toutes les grandes gares de chemin de fer.

Sur les frontières, nous comprenons cela ; mais dans les gares des villes intérieures, à quoi servent-ils ? A quoi bon par exemple un commissaire spécial dans la gare de Poitiers ? Avez-vous jamais entendu parler d'un acte quelconque accompli par un comsaire spécial ?

Il peut arrêter des malfaiteurs signalés, mais un simple agent peut en faire autant et mener ses prisonniers chez le commissaire le plus voisin de la gare.

Les commissaires des frontières ont quelquefois des communications à faire à l'administration, mais les commissaires spéciaux ?... Ils n'ont qu'à transmettre les dépêches qu'ils reçoivent. On n'a besoin d'eux pour rien absolument, ni pour les accidents qui concernent les commissaires de surveillance, ni pour les vols ou les crimes en chemin de fer, qui sont rares d'abord et qui ne font travailler que les inspecteurs spéciaux.

Pourrait-on nous dire notamment quelle est la mission des commissaires spéciaux des gares de Paris ?

Pour ceux-là, la situation est même fort singulière. Dans les salles d'attente, la police regarde la préfecture. Sur le quai la police appartient au commissaire spécial.

Mais quelle police assez importante peut-il y avoir à faire sur les quais pour nécessiter l'emploi d'un commissaire spécial ? Il y en a bien une, mais on ne la fait pas. Tous les gens qui prennent un train de banlieue un jour de courses dans les gares de Paris, ont pu remarquer l'envahissement des trains par une nuée de souteneurs et de bonneteurs, qui s'installent dans les wagons pour dévaliser leurs compagnons de route pendant le trajet. Ces gens-là font d'un train de chemin de fer leur chose, leur propriété. Ils s'emparent des portières et prétendent ne laisser monter dans leur compartiment que les gens qui leur conviennent, c'est-à-dire ceux qu'ils jugent faciles à exploiter.

Que fait le commissaire spécial pendant ce temps-là ? C'est lui que cela regarde, pensons-nous, à moins qu'on n'ait pas encore réussi à délimiter les attributions respectives de la Préfecture et des commissaires spéciaux en ce qui concerne la police des gares de Paris.

Pour revenir aux commissaires de province, il est facile de comprendre que tous ces fonctionnaires ne peuvent pas avoir, sans enseignement, la foule de connaissances spéciales qui leur seraient nécessaires dans leurs fonctions; mais pourquoi la Sûreté générale n'aurait-elle pas quelques hommes spéciaux auxquels elle donnerait la mission de former les commissaires de police.

Elle a eu autrefois des commissaires-inspecteurs. Elle les a supprimés et elle a parfaitement fait. Ces commissaires inspecteurs étaient pour la plupart des jeunes gens de famille qui ne voyaient dans leurs fonctions que prétextes à voyages et à distractions.

Lorsqu'ils arrivaient dans une ville, ils n'avaient d'autre souci que d'en connaître les agréments et, pilotés par les commissaires qu'ils étaient chargés d'inspecter, ils se livraient à tous les amusements que la localité pouvait leur offrir.

Ce qu'il faudrait et ce qui manque à la Sûreté générale ce sont des inspecteurs sérieux, des policiers expérimentés, capables d'instruire les commissaires débutants, de leur apprendre leur métier et de faire d'eux ce que doivent être des commissaires de police, les protecteurs des honnêtes gens et la terreur des malfaiteurs.

Voyez ce qui vient de se passer en province, rien que depuis six mois. Placards et bombes anarchistes de Dijon et de Lyon, attaques à main armée du couvent de Fontefroide (Aude), et de la gare d'Agde (Hérault), attaques sur les grandes routes aux environs de Carcassonne, de Perpignan et de Narbonne, etc., etc.

Croyez-vous que, si la Direction de la Sûreté générale possédait des Agents actifs, « débrouillards » et énergiques, les auteurs de ces crimes, battraient encore la campagne ?

Ce qu'il faudrait, d'abord, ce serait la création de deux postes d'inspecteurs généraux de police, lesquels, certes, ne jouiraient pas d'une sinécure : Ils seraient chargés d'inspecter tous les commissariats de France, d'Algérie et de Tunisie et de prendre connaissance de toutes les affaires traitées par le Commissaire de police, et de la suite qu'il leur aurait donnée. Ils feraient, à ce magistrat, les remarques voulues, ils lui donneraient les conseils qu'ils croiraient être utiles et, en un mot, ils feraient une revue complète du travail accompli par le Commissaire de police entre deux inspections.

Comme on le voit ce serait un véritable cours de police qui serait des plus profitables aux Commissaires.

Les Inspecteurs généraux seraient encore dirigés par M. le directeur de la Sûreté générale, sur un point de la France où un fait anormal se passerait : crimes, menées anarchistes, échauffourées, grèves, etc., et viendraient, ainsi, apporter leur concours précieux et leur expérience indiscutable à la police locale.

Nous n'ignorons pas que l'important service dont nous parlons possède de hauts fonctionnaires qui prennent le titre, un peu long, de : « contrôleurs généraux de tous les services extérieurs du Ministère de l'Intérieur. »

Mais ces messieurs qui rendent d'éminents services, nous n'en doutons pas, sont des légistes qui ne s'occupent nullement des questions de police criminelle et autres.

Qu'on nous permette d'ouvrir ici une parenthèse.

Le Sénat et la Chambre ont quelque peu chicané M. le Ministre de l'Intérieur sur le nombre de Directeurs généraux dont il est entouré, nous avouons même qu'il les a défendus avec autant de tact que d'énergie; nous voulons bien croire aussi que ces hauts fonctionnaires aient autant d'utilité que le Directeur de la Sûreté générale.

Toutefois, M. le Président du conseil ne pourrait-il supprimer un de ces emplois supérieurs et en reverser les émoluments qui y sont attachés sur les deux Inspecteurs de police dont nous demandons la création?

Que l'honorable M. Goblet veuille bien le remarquer, ces deux Inspecteurs que nous demandons de nommer, ainsi que leurs inférieurs dont nous parlons plus loin, seraient chargés d'une mission importante, difficile et dangereuse.

D'abord, celle d'instruire les Commissaires et les Inspecteurs de police, puis d'inspecter leurs travaux et les affaires traitées par eux: puis, ensuite, de s'employer activement pour que les crimes et les délits que nous enregistrons chaque jour cessent: enfin, faire en sorte que les vices qui nous gangrènent d'une façon inquiétante, notamment le jeu et la prostitution diminuent d'intensité.

Comme on le voit le rôle de ces nouveaux fonctionnaires aurait une réelle importance et cette création, sur laquelle nous appelons l'attention de M. le Ministre, mérite qu'il s'y intéresse et qu'il la prenne en considération.

Mais, continuons :
Pour que ce service d'Inspection générale de police, que nous préconisons, soit complet, il faudrait lui adjoindre des Inspecteurs ambulants de police qui devraient être des policiers éprouvés, ayant vieilli dans le métier, connaissant à fond les « dessous » de la vie, ainsi que les Polices municipales, criminelles, des mœurs, des jeux, etc., etc...

Voici quel pourrait être le rôle de ces modestes agents :
Lorsqu'un crime quelconque est commis en province, qu'il est entouré de circonstances mystérieuses, qu'enfin l'enquête en est laborieuse, le Parquet n'a pour « débrouiller » cette affaire, et pour en faire l'enquête, que la police locale.

Eh bien ! nous avouons franchement que ce n'est pas assez et que c'est là un des principaux motifs du nombre, malheureusement trop élevé, « d'*Affaires classées* » que nous avons en France.

Nous voudrions que deux de ces Inspecteurs ambulants soient placés, à poste fixe, près du Commissaire central de chaque chef-lieu de Préfecture et que les autres soient lancés sur les points où leur présence serait nécessaire.

Telles sont les deux créations que nous voudrions voir prendre en considération par M. le Directeur de la Sûreté générale.

L'honorable M. Levaillant a déjà, ou croit avoir déjà beaucoup fait pour le service qu'il dirige; avant lui les « Grecs », notamment, vivaient et agissaient comme dans un pays de Cocagne ; grâce à son énergie ils en ont beaucoup rabattu ; les directeurs de jeux ne tenaient aucun compte des avertissements de la Police, aujourd'hui ils y font attention et ils ont raison. Mais est-il certain que toutes les mesures qu'il prend frappent juste ?

Ainsi, par exemple, on lui a dit que Nice fourmillait de grecs et il a aboli... quoi ? Le jeu des *Petits Chevaux* du Casino !...

On sait l'effet déplorable qu'a produit cette mesure, provoqua la fermeture du Casino et de deux théâtres, à la veille des fêtes du carnaval. Ce fut tel qu'on alla jusqu'à dire que cette prohibition avait été *inspirée* par Monte-Carlo qui voyait avec déplaisir les joueurs rester à Nice...

On l'a retirée, d'ailleurs, cette prohibition, mais avec des restrictions telles que c'est comme si on l'avait maintenue... Et M. Levaillant s'est imaginé avoir accompli un progrès !...

M. Levaillant est certes un honnête homme ; mais est-il bien sûr de ne pas subir, à son insu, certaines influences ?... On lui a déjà reproché d'avoir accepté une dédicace... fâcheuse... Et bientôt il entendra dire « qu'il n'y a pas de fumée sans feu ! »

Qu'il y prenne garde.

XLVII

LA GENDARMERIE

Si, dans les petites villes, la police est insuffisante, que dirons-nous donc des chefs-lieux de canton, des communes, des villages, où elle n'existe pas ?

Là, en effet, comme force armée, à la réquisition du Maire, il n'y a que le garde-champêtre. Inutile d'insister n'est-ce pas ?

La seule troupe chargée de la police et en état de la faire est donc la gendarmerie.

Les fonctions habituelles et ordinaires des brigades sont de faire des tournées, courses ou patrouilles sur les grandes routes, chemins vicinaux, dans les communes, hameaux, fermes et bois, enfin, dans tous les lieux de leur circonscription respective. (Paris du 1er mars 1854, art. 271).

Mais les brigades sont peu nombreuses pour la grande étendue de terrain qu'elles ont à surveiller.

L'article suivant nous en donne une idée de la façon dont peut être exercée la surveillance.

> Chaque commune doit être visitée *au moins deux fois par mois* et explorée dans tous les sens, indépendamment des jours où elle est traversée par les sous-officiers, brigadiers et gendarmes au retour des correspondances. (id. art. 272)

Cependant la police de ces communes doit être faite et c'est aux gendarmes à remplir à la fois les fonctions de gardiens de la paix, d'agents des recherches, d'agents des garnis, d'agents de la Sûreté etc.

> Dans leurs tournées, les sous-officiers, brigadier et gendarmes s'informent, avec mesure et discrétion, auprès des voyageurs, s'il n'a pas été commis quelque crime ou délit sur la route qu'ils ont parcourue ; ils prennent les mêmes renseignements auprès du maire ou de leurs adjoints. (id. 263)
> Ils tâchent de connaître les noms, signalements, demeures ou lieux de retraite de ceux qui ont commis les crimes et les délits ; ils reçoivent les déclarations qui leur sont faites volontairement par les témoins, et les engagent à les signer, sans cependant pouvoir les y contraindre.
> Ils se mettent immédiatement à la poursuite de ces malfaiteurs pour les joindre, et, s'il y a lieu pour les arrêter au nom de la loi. (id. 274)
> Après s'être assurés de l'identité de ces individus, par l'examen de leurs papiers et les questions qu'ils leurs font sur leurs noms, leur état, leur domicile et les lieux d'où ils viennent, ils se saisissent de ceux qui demeurent prévenus de crimes délits ou vagabondage, et ils en dressent procès-verbal, mais ils relâchent immédiatement ceux qui, étant désignés comme vagabonds ou gens sans aveu, se justifient, par le compte qu'ils rendent de leur conduite, ainsi que par le contenu de leurs certificats et passeports.

Nous sommes d'avis, comme tout le monde, que

la gendarmerie constitue un magnifique corps d'élite admirable et responsable.

Mais les hommes, quels que soient leur bravoure et leur dévouement, sont-ils à la hauteur de la tâche qu'on leur impose au point de vue de la police ? Hélas, non. Qui leur aurait appris ce métier tout à fait différent du métier des armes ?

Aussi, pour eux, comme pour les commissaires et plus encore, une école, un apprentissage seraient-ils nécessaires.

Il nous paraîtrait donc absolument indispensable de faire faire, dans chaque légion, des Cours de police auxquels assisteraient les officiers et sous-officiers. Nous n'entendons pas que ce soit un cours de police judiciaire que MM. les officiers connaissent, mais bien un cours de police active, criminelle dans lequel on ferait connaître aux hommes les moyens, les habitudes, le langage, tous les « trucs », enfin, des gredins qui opèrent le plus particulièrement en province.

Une autre modification importante doit porter sur le costume.

Elle est belle, elle est majestueuse, elle est imposante, certes, cette tenue du gendarme, avec les grosses bottes, le baudrier jaune, les aiguillettes et le chapeau en bataille... A part l'habit, remplacé depuis une vingtaine d'années par la tunique, c'est l'ancienne tenue — unique aujourd'hui — des vieilles troupes de la République et du premier Empire.

Une légende est une belle et respectable légende.

Mais, cette tenue, superbe pour une revue, pour

une parade, est-elle bien pratique pour le métier de tous les jours ?

N'est-elle pas beaucoup trop voyante et ne gêne-t-elle pas beaucoup dans la recherche des voleurs et des assassins qui voient venir le gendarme à un kilomètre de distance et peuvent s'enfuir ou se cacher à temps ?

Dans beaucoup de pays, en Espagne, par exemple, où la gendarmerie est, comme chez nous, la meilleure troupe du pays, elle est habillée et équipée d'une façon légère et peu voyante, ce qui l'aide beaucoup dans la poursuite des malfaiteurs.

Sans demander donc la suppression de la légendaire et vraiment belle tenue de parade, nous pensons qu'on pourrait pour les tournées — d'été surtout — donner à la gendarmerie une « petite » tenue commode, pratique, moins solennelle, mais moins encombrante que l'ancienne.

Une tenue imposante — il la faut — pour les cérémonies. Une tenue commode — il la faudrait — pour la chasse aux malfaiteurs.

Un uniforme, toujours — le gendarme, pas plus que le gardien de la paix, ne doit agir en bourgeois — mais un uniforme aussi simplifié que possible.

Que MM. les ministres de la Guerre et de l'Intérieur dont dépend également la gendarmerie, s'entendent pour ces deux modifications et le service de la police en France y gagnera considérablement.

XLVIII

CONCLUSION

Nous arrivons au terme de notre besogne. Nous avons à peu près passé en revue toutes les branches diverses de la police.

Il y a certainement dans notre travail bien des lacunes, mais la place nous limite et cette étude finirait par prendre des proportions trop considérables.

Nous nous bornerons donc à résumer brièvement les points principaux qu'il en faut retenir.

Loin de vouloir déprécier la police, nous la considérons comme une institution utile entre toutes, respectable à l'égal de la Justice dont elle est l'auxiliaire et que tous les bons citoyens doivent aider, seconder.

Nous voulons donc que la police devienne aussi forte et aussi parfaite que possible afin que son but qui est la protection de l'honnête homme contre le criminel, puisse être rempli.

Pour cela nous croyons utile de supprimer cette

division de la police en police de Paris et police de la province. Nous voudrions une police, *une*, grande et forte, s'étendant sur toute la France sous la direction d'un ministre.

A défaut de cela, que le Préfet, devenant un peu moins homme politique et un peu plus policier, soit moins exposé aux fluctuations des ministères et reste en fonctions le plus longtemps possible afin de bien pénétrer tous les secrets de son métier et de faire s'il le faut d'utiles réformes. Le Préfet actuel, M. Gragnon, administrateur intelligent, travailleur capable, doit être certainement de notre avis. Il y a deux ans à peine qu'il est nommé et chaque jour il découvre de nouvelles choses.

Certes, si quelqu'un est apte à apporter dans l'administration des améliorations possibles, c'est lui. Aussi désirons-nous le voir rester au boulevard du Palais de longues années.

En même temps nous voudrions au Préfet plus de pouvoir et surtout plus de liberté d'action. La certitude d'être ferme à son poste lui donnerait peut-être d'ailleurs plus d'indépendance et moins de propension à suivre certaines influences néfastes.

Pour les bureaux de la Préfecture, nous voudrions un service moins *bureaucratiquement* réglé. Nous l'avons dit, la police, comme le télégraphe et la poste, doit fonctionner sans interruption. Cela ne peut se faire, du reste, qu'à la condition de trancher dans le vif en se débarrassant de tous ces *employés* portraicturés par Balzac et Gavarni, de ces *gens de bureau* dont Émile Gaboriau nous a dépeint les mœurs et coutumes, de tous ces parasites qui considèrent leur place comme une sinécure obligatoire, leur rond de cuir comme un sanctuaire, qui croient que le public a été créé pour leur fournir des appointements et non pas qu'ils ont des appointements pour être au service du public.

Il faut que le Contrôle général, reprenant toutes ses fonctions et n'en laissant usurper par personne une partie quelle que faible qu'elle soit, rentre sous la main du Préfet qui seul sache quelles sont les fautes commises, et seul prononce sur les mesures de rigueur à appliquer.

Ce que nous avons dit pour les bureaux, s'applique aux commissariats de police. Une permanence d'arrondissement est absolument indispensable et, pour bien l'établir, il est nécessaire de donner aux secrétaires qui ont atteint la première classe une autorité et un titre qui leur permettent d'agir.

Pour les gardiens de la paix, le recrutement a besoin d'être fait avec toutes les précautions possibles. On s'occupe en ce moment beaucoup trop des recommandations politiques ou autres. On tient trop à faire plaisir aux députés, aux sénateurs, aux conseillers municipaux et surtout aux F∴ de toutes les loges imaginables. De bons états de service vaudraient mieux.

Quant à l'organisation de leur travail, elle est défectueuse en ceci qu'on se préoccupe trop de certaines vétilles pour négliger les choses d'une utilité primordiale. La sûreté de l'Etat ne serait point compromise certainement si les volets d'un café ou d'un débit de vins étaient fermés cinq minutes plus tard et il est puéril de voir toute la police active de la Capitale occupée à cette besogne tandis que les voleurs et les escarpes ont toute liberté d'action.

Il y a mille points comme cela.

Nous demandons aussi formellement qu'on tienne la main à l'article du règlement qui défend aux gardiens de la paix toute promiscuité avec les prostituées. Sans se préoccuper des prérogatives de leurs collègues les agents des mœurs, les gardiens de la paix doivent, lorsque ces filles sont en dehors du règlement, agir envers elles exactement comme envers les autres malfaiteurs.

Le gardien de la paix ne doit pas quitter son uniforme, sans lequel il n'est plus rien et n'a plus aucun droit. M. Caubet qui a créé une école de gardiens de la paix, école dont le résultat se fait bien attendre, doit le savoir mieux que personne.

Les brigades de recherches doivent être exclusivement rendues aux fonctions que leur attribue le règlement ; celles qui s'occupent réellement de recherches dans l'intérêt des familles seraient avantageusement — sinon versées dans le service de Sûreté du moins adjointes à ce service. Cette soudure fournirait une unité de travail d'une incontestable utilité.

En ce qui concerne le service des jeux, on trouvera notre opinion dans les deux volumes *Le Monde où l'on triche* et *Pigeons et Vautours*.

Quant à la brigade politique, elle doit être forcément rendue au Préfet. Nous sommes certains que ce retour amènerait la suppression immédiate de toute cette bande noire d'agents qualifiés *secrets* et justement flétris du nom de *mouchards*, entretenus à grands frais sur notre budget, nuisibles plutôt qu'utiles, honte d'une police bien faite, reptiles dont le maintien n'a qu'une seule raison supposable, c'est la facilité de tripoter sans contrôle dans la caisse noire sur laquelle on solde leurs délations.

En ce qui concerne le service des garnis, ce n'est point au personnel, ni même à l'organisation que nous nous en prendrons. Nous dirons seulement qu'il y a une loi et que cette loi doit être observée. Tant que les agents des garnis ne seront employés qu'à relever des livres couverts d'inscriptions de fantaisie, ils feront une besogne inutile et perdront leur temps. Là aussi, nous voudrions voir un rattachement au service de Sûreté auquel une brigade des garnis, travaillant sérieusement, faciliterait beaucoup les recherches. La question a été bien controversée; mais, quand on voudra la discuter sérieusement sans parti pris et sans passion, on verra que notre idée est celle qui s'accorde le mieux avec l'intérêt général.

Au service de Sûreté maintenant. Ici le résumé serait trop long. Nous demanderons donc seulement trois choses indispensables :

Un bon chef, véritablement policier et assez indépendant pour marcher sans crainte partout où l'entraîne sa campagne contre le crime;

Des hommes;

De l'argent.

Des hommes, nous l'avons prouvé, ne manquent pas. Qu'on leur montre le but à poursuivre, ils sont prêts à tous les dévouements, à tous les sacrifices, même au sacrifice suprême, celui de leur vie.

Quant au chef et à l'argent, c'est autre chose, — malheureusement.

La police des mœurs, telle qu'elle est, ne peut pas suffire à la besogne. Son rôle doit être réduit vis-à-vis des prostituées délinquantes à celui que remplissent les agents de la Sûreté vis-à-vis des malfaiteurs. Mais, comme les agents de la Sûreté aussi ceux des mœurs doivent pour la prévention et l'*empêchement* des délits, être secondés par les gardiens de la paix.

Et, comme complément, la loi et les règlements qui régissent les filles publiques doivent être rigoureusement observés, surtout à l'égard des hôteliers cabaretiers et loueurs de garnis qui leur donnent, au nez et à la barbe de la Préfecture de police toutes facilités pour exercer illégalement leur hideux métier.

Nous voici maintenant au Chef de la police municipale.

Nous avons dit tout ce que nous pensions de ce fonctionnaire et des modifications fâcheuses que, pour assurer et grandir son pouvoir, il a apportées dans l'administration. Tant que M. Caubet sera en fonctions, les réformes seront difficiles. Nous attendons donc pour les espérer qu'il ait cédé la place, d'une façon ou d'une autre, à un moins envahissant et moins ambitieux.

La fin de notre résumé concerne la Sûreté générale, c'est-à-dire la police de province. Elle nous ramène à notre point de départ qui est le désir d'une unité de toute la police de France. En attendant, nous demanderons à M. Le Vaillant de continuer l'œuvre commencée par lui, mais en se défiant de certains *amis* qui tendent à introduire dans ses services cette plaie administrative qu'on appelle le *mangeage*. Il s'imagine quelquefois faire pour le mieux et, grâce aux mauvais conseils, risque d'arriver tout à fait au résultat contraire... S'il veut bien lire les quelques centaines de lignes que nous avons consacrées à son administration, il verra que nos observations et nos demandes sont dictées par l'intérêt général. Nous croyons qu'il est comme M. Gragnon, du reste, trop intelligent, trop juste et trop ami du progrès pour s'en offenser.

Dans les études prochaines que nous allons faire sur les voleurs, les assassins et les malfaiteurs de toutes sortes, nous aurons, du reste, bien souvent à revenir sur les imperfections de la police et les améliorations à apporter dans son fonctionnement.

TABLE DES CHAPITRES

Introduction	1
I. — Les deux polices	1
II. — Le Préfet de police	8
III. — Profils de préfets de police	14
IV. — Les bureaux	26
V. — Le contrôle général	36
VI. — Le laboratoire municipal	40
VII. — Le laboratoire de toxicologie	48
VIII. — Les objets trouvés	49
IX. — La photographie judiciaire	55
X. — Le service anthropométrique	62
XI. — Les services extérieurs	65
XII. — Les commissaires de police	69
XIII. — Le service des commissariats	91
XIV. — Création de commissaires-adjoints	97
XV. — Les commissaires aux délégations	102
XVI. — La police municipale	106
XVII. — La journée d'un sergent de ville	112
XVIII. — Lacunes dans le service des gardiens de la paix	118
XIX. — Gardiens de la paix en bourgeois	126
XX. — Les brigades centrales	133
XXI. — Les brigades de recherches	144
XXII. — La brigade des jeux	151
XXIII. — Brigades politiques	155

XXIV.	— La police secrète.	160
XXV.	— Les mouchards	165
XXVI.	— Le contrôle particulier.	172
XXVII.	— 4ᵉ, 5ᵉ, et 6ᵉ brigades de recherches	178
XXVIII.	— Les espions.	182
XXIX.	— La brigade des garnis.	191
XXX.	— La brigade de sûreté.	200
XXXI.	— Les agents de la sûreté	208
XXXII.	— Profils de chefs de la sûreté	219
XXXIII.	— Chez M. Macé.	223
XXXIV.	— Le Petit Etat.	228
XXXV.	— Trop de délicatesse	232
XXXVI.	— La réorganisation de la sûreté.	236
XXXVII.	— La police des mœurs	241
XXXVIII.	— Les étapes d'une prostituée	251
XXXIX.	— Soumises et insoumises	257
XL.	— La suppression du service des mœurs.	262
XLI.	— Documents.	265
XLII.	— Le chef de la police municipale	284
XLIII.	— La future police municipale.	295
XLIV.	— La sûreté générale.	303
XLV.	— La police de Lyon.	308
XLVI.	— La police en province.	313
XLVII.	— La gendarmerie.	326
XLVIII.	— Conclusion	330

F. Aureau. — Imprimerie de Lagny.

OUVRAGES D'HOGIER-GRISON

LE MONDE où l'On triche

Les joueurs et les tricheurs à toutes les époques. — Le Palais-Royal, Frascati, le 113, Paphos. — Les cercles, le Jockey, les Mirlitons. — Les tricheries dans les grands cercles : l'Affaire de la rue Royale, le Cercle artistique ; un Grec-pratik. — Les Chargeurs. — L'Engrenage. — La Police et les cercles. — L'Affaire Futhereau. Comment on devrait jouer le baccara. — Soixante tricheries : les Miroirs, l'Empilaire, la Pêche, la Pincette russe, le Biscuit, etc. — Les Tripots. — Tripots de haute volée, la Table d'hôte de Nana, la Garenne. — Tripots infâmes, le Père Tape-au-Sac. — Les casinos, comment il faut y jouer. — Les Bonneteurs, leurs trucs dévoilés. — Les Bookmakers, Monaco, le Casino de Monte-Carlo. Paradis ou Enfer ? La légende des suicides, les usuriers et les filles. — Triche-t-on à Monaco ? Les irréguliers, le jeu par procuration. — Histoire d'un jambon à la polonaise. — La Famille des Tricheurs.

Un fort volume in-18
Prix : 3 fr. 50

Pigeons et Vautours

Le Grec. — Le philosophe. — L'affaire Calzado-Garcia. — Faut-il tirer à cinq ? — La susceptibilité des Grecs. — Portée rose ou bleue. — Comment on devient tricheur. — Jeux de commerce et jeux de hasard. — Les cercles et les casinos. — Le suiffard. Le graisseur. — Le bedouin. — Maxime des tricheurs. — Les fétiches. — Les irréguliers du jeu. — Le protecteur. — Le gérant. — Le président. — Le secrétaire. — Le croupier. — Le racoleur. — Le rameneur. — Le tapissier. — L'allumeur. — Le chambrage et l'allumage. — L'éborgneur. — Le tapeur. — Le relanceur. — Le télégraphiste. — Le préparateur. — Le brûleur. — Le flancheur. — Roulette truquée. — Le petit cercle. La complainte. — La passion du jeu. — L'homme au. — L'opinion de M. Xavier Kyma sur le jeu. — L'opinion de M. de Villemessant. — L'opinion d'Émile Villenet. — L'opinion de M. Aurélien Scholl. — Nos conclusions.

Un fort volume in-18
Prix : 3 fr. 50

ASNIÈRES. — IMPRIMERIE LOUIS BOYER ET Cⁱᵉ

www.ingramcontent.com/pod-product-compliance
Lightning Source LLC
Chambersburg PA
CBHW060456170426
43199CB00011B/1229